U0897034

乡村振兴视域下梁漱溟社会教育思想与实践研究

琚挺挺　黄丽娟　著

山东大学出版社
SHANDONG UNIVERSITY PRESS
·济南·

图书在版编目(CIP)数据

乡村振兴视域下梁漱溟社会教育思想与实践研究 / 琚挺挺，黄丽娟著. -- 济南 ：山东大学出版社，2024. 9. -- ISBN 978-7-5607-8386-4

Ⅰ. G40-092.7

中国国家版本馆 CIP 数据核字第 2024AK2885 号

责任编辑　肖淑辉
封面设计　王秋忆

乡村振兴视域下梁漱溟社会教育思想与实践研究

XIANGCUN ZHENXING SHIYU XIA LIANG SHUMING SHEHUI JIAOYU SIXIANG YU SHIJIAN YANJIU

出版发行　山东大学出版社
社　　址　山东省济南市山大南路 20 号
邮政编码　250100
发行热线　(0531)88363008
经　　销　新华书店
印　　刷　济南乾丰云印刷科技有限公司
规　　格　720 毫米×1000 毫米　1/16
　　　　　15.25 印张　260 千字
版　　次　2024 年 9 月第 1 版
印　　次　2024 年 9 月第 1 次印刷
定　　价　68.00 元

国家社科基金后期资助项目
出版说明

后期资助项目是国家社科基金设立的一类重要项目，旨在鼓励广大社科研究者潜心治学，支持基础研究多出优秀成果。它是经过严格评审，从接近完成的科研成果中遴选立项的。为扩大后期资助项目的影响，更好地推动学术发展，促进成果转化，全国哲学社会科学工作办公室按照“统一设计、统一标识、统一版式、形成系列”的总体要求，组织出版国家社科基金后期资助项目成果。

全国哲学社会科学工作办公室

目　录

导　论 …… 1

一、解读视角与研究现状 …… 3

二、理论价值与现实意义 …… 13

三、研究路径与研究方法 …… 16

四、主要内容与基本框架 …… 20

第一章　知人论世:梁漱溟的人生与事业 …… 23

一、生逢乱世:青少年时代的求学与生活 …… 24

二、北大岁月:任教北大与东西文化论战 …… 29

三、投身实践:从乡村振兴中国 …… 33

四、文如其人:梁漱溟之典型人格特征 …… 46

五、本章小结 …… 52

第二章　寻求秩序:梁漱溟的秩序情结与社会教育思想 …… 54

一、儒家的“秩序情结”与社会教化思想 …… 55

二、梁漱溟对于传统中国社会秩序之文化哲学层面的解读 …… 65

三、梁漱溟对于传统中国社会秩序之社会史层面的解读 …… 75

四、以社会教育方法重建乡村社会秩序 …… 82

五、本章小结 …… 92

第三章　教育民众:梁漱溟社会教育思想的具体内容 …… 93

一、科学技术与合作理念 …… 94

二、精神陶炼与道德教育 …… 100
三、团体组织与新政治习惯 …… 111
四、乡村振兴视域下梁漱溟社会教育思想之审视 …… 122
五、本章小结 …… 125

第四章　山东乡建:梁漱溟社会教育思想的实践展开 …… 127

一、山东乡村建设与邹平实验模式 …… 128
二、知识分子下乡与社会教育的开展 …… 137
三、乡村教育系统的改造与社会教育的深入 …… 146
四、邹平实验中社会教育运用之实践成效 …… 157
五、乡村振兴视域下梁漱溟社会教育实践之审视 …… 160
六、本章小结 …… 163

第五章　鉴往知来:梁漱溟社会教育思想与实践的当代意义 …… 164

一、近代百年大变局中的山东乡村建设运动 …… 165
二、关于邹平实验中的社会教育方法之再认识 …… 178
三、乡村振兴视域下梁漱溟社会教育思想与实践的当代启示 …… 193
四、本章小结 …… 210

附　录 …… 211

一、21 世纪以来国内梁漱溟研究热点统计 …… 211
二、20 世纪 20—30 年代我国乡村建设运动相关团体和机构统计 …… 213
三、访谈提纲 …… 216

参考文献 …… 218

后　记 …… 235

导　论

梁漱溟（1893—1988），原名焕鼎，字寿铭。1912年，梁漱溟在天津《民国报》担任外勤记者期间，“偶而也写一点短评之类的文章”，笔名或用“寿民”，有时还写成“瘦民”，当时的《民国报》总编辑孙炳文（字浚明，四川人）有一次为其题写扇面，称呼上使用了“漱溟”这两个字。“我一看，这两个字比我的‘寿民’‘瘦民’两个字好”[①]，遂改名为梁漱溟，沿用终身。梁漱溟在五四新文化运动后期凭借《东西文化及其哲学》一书“暴得大名”[②]，后投身于乡村建设运动，奔走国内和平与国家建设。他既曾因学术贡献而被人们视为哲学家、思想家，被誉为“佛光烛照下的一代儒宗”“当代新儒家的先驱”，以至于“最后的儒家”（the last Confucian）[③]，亦曾因为祖国、为人民、为中华民族的命运辛勤奋斗、上下求索、“拼命地干”，被马歇尔呼作“中国的甘地”[④]，被大众赞许为“行动中的人”，而梁氏更以其特有的“表里如一、独立思考”的知识分子风骨卓立士林，傲然挺立起中国读书人的脊梁。梁漱溟的思想体系之庞杂，他的一生经历之跌宕起伏，其“一片真性情”的独特人格魅力之感

① 梁漱溟：《忆旧谈往录》，中国文化书院学术委员会编：《梁漱溟全集》第7卷，济南：山东人民出版社，2005年，第516页。本书所引《梁漱溟全集》皆为该版本，以下注文不再一一注明编者与版本信息。

② 如其子梁培恕所言，《东西文化及其哲学》一书的出版，立即改变了梁漱溟的生活，仿佛“一扇门打开了，他从这扇门走出去，进入另一个环境”，从此以后，“学术界遇有需要找人发表意见的事，不免想到让他讲话，乃至军阀政客附庸风雅为学者捧场，也请他去讲演”。梁培恕：《中国最后一个大儒：记父亲梁漱溟》，南京：江苏文艺出版社，2012年，第78页。

③ 参见黄克剑、周勤：《佛光烛照下的一代儒宗——梁漱溟文化思想探要》，《哲学研究》1990年第3期；罗义俊编著：《评新儒家》，上海：上海人民出版社，1991年，第577—583页；郑大华：《梁漱溟与现代新儒学》，台北：文津出版社，1993年，第188—202页；Guy S. Alitto, *The Last Confucian: Liang Shu-ming and the Chinese Dilemma of Modernity*, Berkeley: University of California Press, 1986。

④ 马勇：《中国圣雄：梁漱溟传》，石家庄：河北人民出版社，2010年，第2页。

召……都足以说明自从20世纪80年代以来，在中国思想界和文化界兴起的一股不大不小的“梁漱溟热”绝非偶然。

据武汉大学郭齐勇教授的总结，20世纪80年代中期之后，以同情、理解的方式来研究梁漱溟思想的工作得以开展，并且结出了累累硕果，涉及梁漱溟的现代新儒学思想、佛学思想、文化哲学思想、心理学思想、社会改造思想、教育学思想等方方面面。① 而根据笔者从中国知网（CNKI）初步检索的结果来看，21世纪以来，每年发表的关于梁漱溟的研究论文（含硕士、博士学位论文）基本在50篇以上，其中，2006—2019年更是始终每年维持在100篇左右。针对历年发表的论文主题再做更进一步的梳理与总结：在研究梁漱溟的现代新儒学、文化哲学、伦理学和中西文化比较等常见主题之外，梁漱溟基于“认识老中国，建设新中国”的信念，积极投身的社会改造活动、乡村建设运动及相应的理论构想，开始受到学界越来越多的关注。换言之，梁漱溟的政治社会思想体系，或者说梁漱溟的政治哲学、政治与社会思想逐渐成为当前国内梁漱溟研究的一大热点（参见本书“附录一”）②，而如何从梁漱溟当年在山东邹平主持的实验及其深识睿思中汲取有益于新时代中国乡村振兴的思想资源，则是近年来学界关注的重中之重。③ 这种新的学术动态或许足以令九泉之下的梁漱溟先生感到一丝欣慰，事实上，梁漱溟本人曾经一再声明，“我实在不是学问中人，我可算是‘问题中人’”，但愿人们能够将他看成一个“本着他的思想而行动”的社会改造者。④

我们关于梁漱溟社会教育思想及其相关实践活动的探讨，同样延续着学界呈现出的这一新近发展脉络，即将梁漱溟视为一个有思想的、果敢的

① 参见郭齐勇主编，问永宁副主编：《当代中国哲学研究（1949—2009）》，北京：中国社会科学出版社，2011年，第228—229页。

② 梁漱溟研究之详细综述，参见郭齐勇主编，问永宁副主编：《当代中国哲学研究（1949—2009）》，北京：中国社会科学出版社，2011年，第228—229页；柴文华、王杨秀：《梁漱溟研究60年（一）——批判类和传记类述评》，《学术交流》2019年第9期；段澜涛：《梁漱溟研究60年（二）——思想综合类和专题类述评》，《学术交流》2019年第9期。

③ 参见《文史哲》编辑部等：《2018年度中国人文学术十大热点》，《文史哲》2019年第3期。

④ 参见梁漱溟：《自述》，《梁漱溟全集》第2卷，第3页；梁漱溟：《中国文化要义·自序》，《梁漱溟全集》第3卷，第3—7页；梁漱溟：《如何成为今天的我》，《梁漱溟全集》第4卷，第853—865页。

行动者①，聚焦点仍是梁漱溟四方奔走以寻求乡治实验的机会，特别是其投身于山东乡村建设运动时期（约 1928 年至 1937 年）。这样就将梁漱溟的社会教育思想与实践放置在梁氏所谓的解决“中国问题”（或“社会问题”）的政治语境之中②，并在新时代乡村振兴的视域之下，重新审视和发掘梁漱溟社会教育思想与实践的当代价值与方法启示，而不是从梁漱溟的教育思想的角度予以解读③。但是，为什么需要关注梁漱溟的社会教育思想与实践？社会教育的方法在梁漱溟的山东乡村建设尤其是邹平实验过程中究竟发挥着什么样的作用？通过研究梁漱溟的社会教育思想与实践，我们有可能从中获得些什么？接下来的部分，针对本课题的研究现状、研究问题与解读视角（或学术旨趣）、研究方法与资料来源、理论价值与现实意义以及基本内容框架等，我们率先做出一个“破题”“解题”“立题”式的说明。

一、解读视角与研究现状

（一）解读视角

近代中国遭遇的“三千年未有之大变局”使中华民族的前途和命运面临前所未有的严峻挑战，而为了挽救国家与民族于危难，一大批志士仁人先后进行了不屈不挠的艰苦奋斗和艰辛探索。感受着亡国灭种的深重危机，这些奋斗与探索正如著名学者李泽厚所指出的，大多围绕“救亡”的

① 事实上，近年来的梁漱溟研究逐渐为我们呈现出的就是一个有思想的、果敢的行动者形象，诚如著名梁漱溟研究专家、美国学者艾恺在 2013 年 12 月 22 日由北京梁漱溟乡村建设中心举办的梁氏 120 周年诞辰纪念活动中所指出的，“我说可能再过一百年，当梁先生诞辰 220 周年的时候，他在历史上的形象将是以一个行动家为主，而不是以哲学家为主。……我觉得他最伟大的地方就是敢做、敢行动起来”。张兰英等：《激进与改良——民国乡村建设理论实践的现实启示》，《开放时代》2014 年第 3 期。

② 梁漱溟自承其一生的探求和奋斗恒围绕着两个大问题：一为人生问题，一为社会问题或中国问题。参见梁漱溟：《自述》，《梁漱溟全集》第 2 卷，第 15 页；梁漱溟：《人心与人生 · 自序》，《梁漱溟全集》第 3 卷，第 526 页。

③ 从教育学的角度出发解读梁漱溟的社会教育思想及其实践活动的相关研究，参见马勇：《梁漱溟教育思想研究》，沈阳：辽宁教育出版社，1994 年；吴洪成：《教育家梁漱溟研究》，济南：山东人民出版社，2016 年；吴洪成、姜柏强：《新儒家梁漱溟的教育事业》，太原：山西人民出版社，2018 年。

主题来展开①，表现为对社会发展、国家富强和民族崛起之“动力”的强烈追求。但就在这个“救亡”的主旋律之下，不少先行者同样越来越清楚地意识到，中国民众特别是生活在乡村社会中的广大民众教育程度的普遍不足，已经成为严重制约传统中国向近现代转型的瓶颈，由此掀起了中国近代史上一波又一波旨在“唤醒民众”“启发民众”的社会教育、平民教育或乡村教育的浪潮。②

根据现有研究，“社会教育”这一概念是在中日甲午战后“由日本教育界传入我国”(6)。随着南京临时政府的成立，过去的清学部被改为教育部，蔡元培受命担任首任教育总长，开始“拟订教育部官制，特设社会教育司与普通司、专门教育司并列”(39)，由此正式确立了社会教育的地位。纵观近代中国社会教育发展和演变的历史，概而言之，我们或许可以将“社会教育”之意涵界定为：

> 近代社会教育主要指学制系统以外、以政府推动为主导、私人和民间团体推动为辅助，为了提高失学民众以及全体国民的素质，利用和设置各种文化教育机构与设施，所进行的一种有目的、有计划、有组织的教育活动。(8)③

显然，梁漱溟本人所理解并在山东乡村建设运动尤其是邹平实验中付诸实践的社会教育（梁漱溟有时称之为“民众教育”），大致亦不外如是。但在梁漱溟这里，关于社会教育价值和意义的认识，还要大大地超出寻常的见解。

梁漱溟十分认同美国著名哲学家、教育家约翰·杜威（John Dewey）“把教育看成是人生和社会的中心和枢纽”④ 的教育哲学思想，而从收录

---

① 诚如李泽厚先生所指出的，“救亡”和“启蒙”是中国近现代思想史上的两大主题。他认为，尽管近代史上的“启蒙”与“救亡”有时表现为“相互促进”关系，但在严重的国家危难与民族危机面前，二者的关系更经常地表现为“救亡压倒启蒙”。参见李泽厚：《启蒙与救亡的双重变奏》，《中国现代思想史论》，北京：东方出版社，1987 年，第 7—49 页。

② 参见王雷：《中国近代社会教育史》，北京：人民教育出版社，2002 年；苗春德主编：《中国近代乡村教育史》，北京：人民教育出版社，2004 年。

③ 王雷：《中国近代社会教育史》，北京：人民教育出版社，2002 年。为避免过于烦琐的脚注，凡连续征引同一文献的，将在各引文处直接以“(页码)”的形式注明引文的页码，并在末尾以脚注形式统一说明引文出处。后文均循此例，不再一一赘述。

④ 马东玉：《梁漱溟传》，北京：东方出版社，1993 年，第 76 页。

在《梁漱溟全集》里面的相关文字来看，梁漱溟本人不仅曾经仔细阅读过杜威的名著《民主主义与教育》（邹恩润[1]先生翻译的版本），并撰写了《杜威教育哲学之根本观念》一文以专门介绍杜威的教育思想，更在谈及教育问题的时候多次征引杜威的教育哲学观点。[2] 从约翰·杜威的教育哲学理念——将教育活动视为人生与社会之中心和枢纽——出发，梁漱溟指出，当时社会普遍流行的将学校教育视为"教育之中心设施或正统"（394），而将社会教育片面理解成对学校教育的一种"补充的设施，非正规教育"（394）的观点是存在问题的。在他看来，社会教育的意义反倒有不少地方比学校教育更值得我们注意：首先，学校教育、社会教育二者的分判缺乏"学理真据"，而在具体形式上两者有时更是难以分辨清楚，故"学校教育社会教育不可分"（394）；其次，现代社会生活日渐繁复，使得人们一生所需要学习的知识和技能成倍地增长，以至于不可能在人生的早期阶段（如童年或青少年时期）集中学习完成，特别是由于儿童或青少年缺乏实际的社会经验，许多有价值的知识、技能的学习也"以缺少直接经验，效率转低，或至于不可能，势必延至成年而后可"（396），再加上现代社会及文化的变迁之迅速，使得早期阶段的学习往往难以有效地应对后来的需要，故"教育宜放长及于成年乃至终身"（395）；最后，教育同样应当尽其推进文化发展和改造社会之功。具体言之，平时需要以教育"为社会绵续文化而求其进步"（398），而在社会改造的特殊时期，则应当充分发挥教育"能减少暴力至可能最小限度于其前，能完成改造达可能最大限度于其后"（398）的功用。故在社会改造的特殊时期，教育之重心尤应"着重于成人"（398），"着眼于一般社会"（399），并且"宜就其人所在环境行之"（399）。换言之，社会改造或转型这一特殊时期的教育活动正有必要以社会教育为主，即应当将社会教育放在中心的位置。[3]

在梁漱溟看来，近代中国就处在这样一个社会转型或改造的特殊时期。由于近代中国问题的特殊性，亦即近代中国的危机主要是由西方文明的强势入侵引起的，"中国的革命是外部引发的……是由于少数最先接触外国的人，引发了改革社会的思想，这就是所谓从先知先觉者来谋社会的

---

① 邹恩润，笔名韬奋，祖籍江西余江，中国近代著名新闻记者、政论家、出版家。

② 参见梁漱溟：《杜威教育哲学之根本观念》，《梁漱溟全集》第7卷，第685—700页。诚如顾红亮教授指出的，梁漱溟主要是从其"生命哲学"的观念来解读杜威的教育哲学思想。参见顾红亮：《梁漱溟与杜威的生命哲学》，《学海》2010年第5期。

③ 梁漱溟：《社会本位的教育系统草案》，《梁漱溟全集》第5卷。

改造”（434—435）。从这个意义上来说，中国社会的旧秩序是因遽然面临西方世界的严峻挑战和冲击而摇摇欲坠，新秩序的“种子”并没有在旧社会的土壤中得到充分培育与生长，“正是一个顶需要教育”（435），尤其“应着重成人教育，应以全力办民众教育，办社会教育”（436）以除旧布新的时候——“所谓除旧，旧是在成人的身上，除旧则必对成人下工夫；所谓布新，尤须对成人而言，比如改良农业，或作农业推广”（436），从而实现改造旧社会、创造新文化的目标。①

综合起来看，梁漱溟认为，社会教育不拘泥于教学设施、课程体系和受教育对象的年龄等形式，社会教育所授之范围亦不限于知识，而应包罗万象（参见本书第三章），以解决各类现实问题，安顿世道人心，甚至“尽其推进文化改造社会之功”（397）。因此，梁漱溟本人极力主张，“以社会教育为本而建树一系统，今之学校转在此系统中，求得其地位也”（393）。② 换言之，在梁漱溟那里，社会教育的意义远胜于学校教育。事实上，梁漱溟对于一味模仿西方的“新式”学校教育多有批评，认为这种教育模式不但太过偏重对知识的传授，忽视了情意一面的教育③，且新式教育所需不菲，尤为一般家庭难以承受④。基于多种因素的考虑，近代的中国天然需要注重的就是社会教育或民众教育，而绝大多数中国民众又生活在乡村，故中国的民众教育或社会教育也就是乡村民众教育或乡村社会教育，而山东乡村建设实际上就是在进行社会教育（民众教育）的工作，“既知余所从事者为乡村建设运动，余更希望诸同学能深知乡村建设之做法即为民众教育。此点毫不含糊，清清楚楚：走民众教育的途径完成乡村建设”⑤。虽然梁漱溟投身于乡村建设运动之初，没能清楚地意识到这一

---

① 梁漱溟:《社会教育与乡村建设之合流》,《梁漱溟全集》第5卷。

② 梁漱溟:《社会本位的教育系统草案》,《梁漱溟全集》第5卷。

③ 参见马勇:《梁漱溟教育思想研究》,沈阳:辽宁教育出版社,1994年,第63—73页;刘莉莎:《梁漱溟、马一浮、熊十力教育思想与实践研究》,北京:中国社会科学出版社,2020年,第49—106页。

④ 参见梁漱溟:《乡村建设理论》,《梁漱溟全集》第2卷,第210—211页。

⑤ 梁漱溟:《民众教育何以能救中国?》,《梁漱溟全集》第5卷,第479页。

点[①]，但随着山东乡村建设运动特别是邹平实验的深入开展，他越来越自觉地将社会教育视为乡村建设的一种主要途径或自觉的方法选择。如梁氏所言："吾人今日所从事之工作，从目的说为乡村建设，从方法说系民众教育。"[②] 在他看来，乡村建设运动与社会教育活动逐渐呈现出了合流之势，或者干脆直截了当地说，"乡村建设与社会教育，是一而二，二而一者"[③]。

正是意识到梁漱溟本人并不仅仅是在教育或教育改造的语境之中来理解社会教育的价值和意义，而主要是将社会教育作为乡村工作的一种方法选择，作为解决近代"中国问题"的一种重要途径，本书主张从乡村建设之方法的角度重新切入和解读梁漱溟的社会教育思想与实践，由此更进一步在新时代乡村振兴战略的视域下思考社会教育的当代价值和实践启示。诚如马勇先生所言："梁漱溟不是一个职业教育家，更不是一个职业教育思想家。……如果按照梁漱溟的本意，他是不愿意，或者说不甘心于仅仅做个教育家或教育思想家，他所渴望的一种职业选择是政治实践家，他的理想目的几乎与中国传统社会的知识分子一样，是为生民立命，为万世开太平。"[④] 而从梁漱溟本人思想体系的特点来看，若将其与一并被学界尊崇为现代新儒家"三圣"的熊十力先生和马一浮先生相比，则梁漱溟的思想也确实表现出了更明显的实践取向和更浓厚的实用色彩。[⑤] 梁漱溟坦言，他本人一生的思想或"学问"从来就不是为了学问而学问，都是为了解决其心目中的"问题"所逼迫得来，而近代中国遭遇的"三千年未有之大变局"更是时时促逼着梁漱溟，使他无法像大多数学者那样端坐在书斋

---

① 根据梁漱溟的自述，他的一生经历了所谓的"四不料"：第一个"不料"即"当初最反对高玄最嫌厌哲学，却不料以后反而到大学中去讲哲学，致为人目之为哲学家"；第二个"不料"是"小时候未尝读四书五经，而后来乃变为一个拥护儒家思想赞扬孔子的人"；第三个"不料"为以出生在北京、世代皆为都市人的身份，转入从事乡村工作，大力提倡乡村建设；第四个"不料"就是"不自料乡村建设运动民众教育或说是社会教育为一回事"。从这一自述可见，梁漱溟当初并未意识到社会教育在乡村建设过程中的重要地位与作用。参见梁漱溟：《自述》，《梁漱溟全集》第 2 卷，第 3—34 页。

② 梁漱溟：《民众教育何以能救中国?》，《梁漱溟全集》第 5 卷，第 487 页。

③ 梁漱溟：《社会教育与乡村建设之合流》，《梁漱溟全集》第 5 卷，第 436 页。

④ 马勇：《梁漱溟教育思想研究》，沈阳：辽宁教育出版社，1994 年，"引言"第 1 页。

⑤ 相较于同被视为现代新儒家"三圣"的熊十力、马一浮，梁漱溟先生的思想无疑在"学"的层面稍显不足，而在"用"的层面集中着力。例如，刘梦溪先生认为："如果把马先生和梁先生相比，我觉得梁先生未免太过讲究学问的实用性，而马先生更强调对学问本身的体验。"（刘梦溪：《马一浮与国学》，北京：生活 · 读书 · 新知三联书店，2018 年，第 2 页）

中从容论道，梁漱溟所深切体会的“道”（道理）无时无刻不在敦促其投身于解决“中国问题”的社会改造和文化复兴的实践活动，为国家前途、为民族命运，“拼命地干”。

因此，社会教育在梁漱溟这里同样不是为了教育而谈教育，而主要是从乡村建设来解决整个“中国问题”或“社会问题”的一种主要途径与方法。再从梁漱溟个人思想的发展脉络来看，梁漱溟虽然早在任教北大时期出版的《东西文化及其哲学》一书中便提出了要大倡宋明“讲学”之风的主张并积极地付诸实践，但他的社会教育思想却是在山东乡村建设运动时期，随着邹平实验的深入开展而逐渐发展、走向成熟的。（见表 1）因此，从作为乡村建设之一种主要途径或方法的视角，更有助于我们体会梁漱溟社会教育思想与实践乃至其乡村建设运动的个中深意。换言之，从作为乡村建设之一种主要途径或方法的视角来研究梁漱溟的社会教育思想与实践，应属可得之论。

表 1　山东乡村建设运动时期梁漱溟关于社会教育的主要论述

年份	篇名	数量
1931 年	《〈述吾乡之小学教育及民众教育〉一文编后记》	1
1932 年	《山东乡村建设研究院之工作》	1
1933 年	《乡农学校的办法及其意义》 《社会本位的教育系统草案》 《山东乡村建设研究院县政建设实验区邹平县实验计划（摘录）》	3
1934 年	《山东乡村建设研究院及邹平实验县工作报告》 《村学乡学释义》 《村学乡学须知》 《邹平乡村建设一般》 《民众教育何以能救中国？》 《乡村建设与社会教育》 《山东乡村建设研究院最近工作概述》 《村学乡学之具体办法》 《乡村青年的训练问题》 《社会教育与乡村建设之合流》	10

续表

年份	篇名	数量
1935 年	《乡村建设运动中的三大问题》 《政教合一》 《什么是政教合一?》 《广西国民基础教育与乡村建设运动》 《邹平工作概谈》 《办村学的目标》 《村学的做法》	7
1936 年	《中国民众的组织问题》 《乡村工作人员修养法》 《〈欧洲民众教育概观〉序言》	3
1937 年	《中国今日需要哪一种教育?》 《我们在山东的工作》	2

资料来源：依据《梁漱溟全集》第 5 卷整理。

（二）研究现状

20 世纪 80 年代中后期，学界从同情和理解的立场出发，开展了关于梁漱溟其人其学的丰富研究。这些学术成果以梁漱溟的传记类著作规模最为庞大，思想综合类的研究偏少，主要有曹跃明、郑大华等人的相关著述①，而针对梁漱溟思想专题的研究则呈现出了十分多样化的态势，涵盖文化哲学、新儒学、佛学（宗教学）、心理学、社会改造构想、乡村建设(理论与实践)、政治思想、政治哲学和教育学等方方面面。② 仅就梁漱溟的社会教育思想与实践而言，则学界现有的相关研究大致可以划分为以下三种取向：

第一种是在梁漱溟的人物传记类研究或乡村建设、社会改造等专题研究中兼及梁漱溟的社会教育思想与实践。

梁漱溟的传记类研究最为丰富，以艾恺、马勇、王宗昱、景海峰、郑大华等人为代表的国内外知名学者先后出版了有关梁漱溟生平事迹及思想

① 参见曹跃明:《梁漱溟思想研究》,天津:天津人民出版社,1995 年;郑大华:《梁漱溟学术思想评传》,北京:北京图书馆出版社,1999 年。

② 参见郭齐勇主编,问永宁副主编:《当代中国哲学研究(1949—2009)》,北京:中国社会科学出版社,2011 年,第 228—229 页;段澜涛:《梁漱溟研究 60 年(二)——思想综合类和专题类述评》,《学术交流》2019 年第 9 期。

研究的传记类著作。山东乡村建设是梁漱溟一生奋斗中最为浓墨重彩的一笔，是他的新儒学思想的一次重要实践[①]，自然成为研究者关注的焦点。而社会教育作为梁漱溟山东乡村建设特别是其主持的邹平实验中所运用的主要方法，也就或多或少地受到了学界的关注。

这些传记类研究作品，包括一些关于梁漱溟乡村建设、社会改造思想的专题研究，虽在一定程度上涉及了梁漱溟的社会教育思想及其在邹平等地开展的乡村教育系统改造的实践，但基本上仍是将社会教育或教育改造仅仅视为梁漱溟乡村建设运动中的一项事业，并将之与邹平实验中的经济改革、社会改良等相提并论。[②] 这样的处理方式当然也无可厚非，因为梁漱溟投身山东乡村建设运动之初，实际上仅将社会教育（教育）视为其中的一项工作。例如，在梁漱溟撰写的《山东乡村建设研究院设立旨趣及办法概要》一文中，他认为："所谓乡村建设，事项虽多，要可类归为三大方面：经济一面，政治一面，教育或文化一面。"[③] 可见，这一时期梁漱溟的社会教育思想尚未充分发展成熟，在梁漱溟那里，教育与经济、政治都属于乡村建设的具体事项。但这样的处理方式显然忽视了此后梁漱溟明确将社会教育视为乡村建设的主要途径与方法，因此，对社会教育在梁漱溟邹平实验中的地位和作用的理解仍然是不够充分的。

第二种是从教育学或教育理论的视角关注梁漱溟的社会教育。

梁漱溟的思想体系十分驳杂，举凡政治、伦理、宗教、教育等皆具其卓识，而教育亦是梁氏之学的重要组成部分，故有关梁漱溟专题思想的研究每每关注梁氏的教育思想与教育实践，至于梁漱溟的社会教育思想与实践自然也在这一视角下得到了相应的探讨。例如，国内梁漱溟研究专家马勇先生较早出版了《梁漱溟教育思想研究》的专著，认为梁漱溟的"毕生精力……在大多数的时间里主要用于'传道、授业与解惑'方面"，系统研究梁漱溟的教育思想与教育实践，"不仅是梁漱溟研究、中国近现代教育史研究中的一个重要课题，而且其价值所在势必影响其他学科的进展，

---

① 参见郑大华：《梁漱溟与现代新儒学》，台北：文津出版社，1993 年，第 32—48 页。

② 关于山东乡村建设作为梁漱溟新儒学思想之实践的详细论述，可参见景海峰、黎业明：《梁漱溟评传》，南昌：百花洲文艺出版社，1995 年，第 84—140 页；善峰：《梁漱溟社会改造构想研究》，济南：山东大学出版社，1996 年，第 303—355 页；郑大华：《民国乡村建设运动》，北京：社会科学文献出版社，2000 年，第 261—319 页；马东玉：《梁漱溟传》，北京：东方出版社，2008 年，第 56—74 页；马勇：《中国圣雄：梁漱溟传》，石家庄：河北人民出版社，2010 年，第 124—162 页。

③ 梁漱溟：《山东乡村建设研究院设立旨趣及办法概要》，《梁漱溟全集》第 5 卷，第 227 页。

至少有助于重新认识20世纪中国社会与文化，有助于理解梁漱溟那一代文化人的真实心态与追求目标”。[①] 因此，该著全面论及了梁漱溟对东西教育之异同的辨识、梁漱溟的办学理想及其早期在山东曹州和广东广州等地的办学经历，河南村治时期以及此后在重庆的办学思想与实践，其中，山东乡村建设时期的社会教育思想与教育改造实践更是该著探讨的重中之重。

吴洪成等人也相继出版了关于梁漱溟教育思想和教育实践的研究专著，主要围绕梁漱溟乡村建设时期的教育活动，从教育目的论、教育社会论、乡村教育课程论与教学方法论等多维度勘定梁漱溟教育理论的现代意义。[②] 刘莉莎则从“哲学与文化的视角”出发，在与马一浮、熊十力等人比较的基础上，把握梁漱溟教育思想与实践的特征，阐述其教育思想的现代启示。[③] 此外，围绕梁漱溟的社会教育思想与实践这一主题同样有不少研究论文发表。例如，宋恩荣先生曾就梁漱溟的社会教育思想及社会教育实践撰写了多篇论文，不仅考察了梁漱溟社会教育思想的形成与发展历程，并呼吁教育理论界关注梁漱溟的教育思想，认为梁漱溟的社会教育思想与相应实践对于当前的教育改革仍具有重要的借鉴意义。[④]

显然，上述从教育学或教育理论出发的研究，有助于我们深入了解梁漱溟社会教育思想与实践，特别是理解梁漱溟的社会教育思想与教育改造实践在现代教育理论体系和教育改革过程中的现实意义。但这样一种视角的解读并不能就社会教育在梁漱溟乡村建设中的地位与作用进行充分探讨。

第三种是从作为乡村建设之方法出发对于梁漱溟社会教育的研究。

随着山东乡村建设尤其是邹平实验的逐步深入，梁漱溟本人越来越明确地意识到社会教育是乡村建设应当运用的主要途径或方法。据梁氏本人

---

① 马勇：《梁漱溟教育思想研究》，沈阳：辽宁教育出版社，1994年，“引言”第1—2页。

② 参见吴洪成：《教育家梁漱溟研究》，济南：山东人民出版社，2016年；吴洪成、姜柏强：《新儒家梁漱溟的教育事业》，太原：山西人民出版社，2018年。

③ 参见刘莉莎：《梁漱溟、马一浮、熊十力教育思想与实践研究》，北京：中国社会科学出版社，2020年，第192—221页。

④ 宋恩荣先生较早关注梁漱溟的社会教育思想与实践，并以独著或与他人合作的方式公开发表了多篇论文。参见宋恩荣：《梁漱溟的乡村教育实验》，《教育研究与实验》1988年第2期；宋恩荣、毕诚：《论梁漱溟的教育社会学思想》，《湖北大学学报》(哲学社会科学版)1989年第6期；宋恩荣：《梁漱溟在中国教育现代化进程中的思考》，《华东师范大学学报》(教育科学版)1998年第4期；周逸先、宋恩荣：《试论梁漱溟乡村教育理论的形成与发展》，《教育探索》2002年第1期。

的说明，山东乡村建设主要有两种方式，“一种方式是拿教育同地方自治合起来作，一种是拿教育同下级地方行政合起来做”①。无论何种方式，社会教育均是其采用的具体方法。梁漱溟的类似表述引起了部分研究者的注意，他们开始从作为乡村建设之主要途径或方法选择的角度出发，研究梁漱溟的社会教育思想及其相应的实践活动。

举例来说，唐现之先生（1897—1975，广西灌阳人，曾编辑出版《梁漱溟教育文集》）早就意识到，梁漱溟的社会教育始终是作为解决“中国问题”“社会问题”的一种途径与方法而在他那里得到重视的，不是为办教育而办教育。② 事实上，在前文已经提及的《梁漱溟教育思想研究》一书中，马勇先生同样注意到了这一点，因此特别重视梁漱溟在山东乡村建设运动中涉及的社会教育问题。③ 宋恩荣先生在与毕诚合撰的《论梁漱溟的教育社会学思想》一文中，着重介绍了梁漱溟等人的山东乡村建设所呈现出的“以乡村为中国文化之本，以教育为乡村改造之手段”的特征，并由此初步考察了梁漱溟的教育社会学思想。④ 而据笔者有限的阅读所及，当前最为明确地从乡村建设之途径与方法的角度考察梁漱溟社会教育思想的研究，当属胥仕元于 2005 年发表的《教育：梁漱溟乡村建设之途径》一文。胥文认为，教育是梁漱溟开展乡村建设的重要方式或途径，此所谓“教育”在梁漱溟那里“是个人与社会结合的教育，是学校教育与社会教育为一体的教育，是知识分子与农民结合的教育，是‘政教合一’的教育”。梁漱溟本人正是试图通过这样一种全方位的、温和的教育模式，以一种相对平和的改良主义手段达到改造乡村社会的目的，进而实现改造整个社会的宏伟目标。⑤

上述的研究直接为本课题研究视角的选择提供了有益的启示，而本课题不仅更明确地从作为乡村建设之一种主要方法或途径的视角出发，深入考察梁漱溟的社会教育思想与实践，更试图从理论渊源、具体内容和实践展开等方面详细考察梁漱溟的社会教育思想及其教育改造实践，并紧扣新时代乡村振兴战略，阐述梁漱溟社会教育思想的当代价值及其可能的实践

① 梁漱溟：《中国今日需要哪一种教育？》，《梁漱溟全集》第 5 卷，第 971 页。

② 转引自胥仕元：《教育：梁漱溟乡村建设之途径》，《当代世界社会主义问题》2005 年第 3 期。

③ 参见马勇：《梁漱溟教育思想研究》，沈阳：辽宁教育出版社，1994 年，第 187—231 页。

④ 参见宋恩荣、毕诚：《论梁漱溟的教育社会学思想》，《湖北大学学报》（哲学社会科学版）1989 年第 6 期。

⑤ 参见胥仕元：《教育：梁漱溟乡村建设之途径》，《当代世界社会主义问题》2005 年第 3 期。

启示。具体言之，本书试图回答以下问题：首先，梁漱溟的社会教育思想是如何产生、发展并走向成熟的？为什么梁漱溟主张以社会教育作为开展乡村建设、振兴乡村社会的主要方法？梁漱溟的社会教育与传统儒家的社会教化之间有着怎样的区别与关联？其次，梁漱溟的社会教育思想包含哪些重要的内容？或者说，在梁漱溟看来，社会教育的侧重点是什么？再次，在邹平实验中，梁漱溟的社会教育思想是如何付诸实践的，取得了哪些实践成效？又次，如何评价梁漱溟的社会教育思想与实践？如何评价梁漱溟以社会教育作为建设乡村、振兴乡村主要途径或方法的构想？在这一方面，社会教育方法的优势与不足之处何在？最后，从新时代全面实施的乡村振兴战略出发，我们可以从梁漱溟当年的社会教育思想与实践中获得哪些重要的启示？

二、理论价值与现实意义

（一）理论价值

梁漱溟的社会教育思想与实践，特别是其在山东乡村建设和邹平实验中对于乡村教育系统的改造、对于社会教育方法的自觉选择与运用，都已经在学界引起了关注和讨论。不过，如前文综述中指出的，当前绝大多数有关梁漱溟社会教育思想与实践的研究主要是从其教育思想专题的角度来展开的，虽然亦有部分研究，如马勇先生关于梁漱溟教育（社会教育）思想的探讨，已经注意到了社会教育在山东乡村建设，尤其是在梁漱溟本人主持的邹平实验中扮演着关键的角色，发挥着重要的作用①，但当前的研究仍鲜有能够从作为乡村建设运用之一种主要途径或乡村工作方法的角度，对梁漱溟的社会教育思想与实践活动进行深入、细致的分析与解读。

问题在于，梁漱溟的社会教育思想与实践并不完全是从教育学或教育改造的角度提出来的、进行的，在他那里，对社会教育方法的自觉选择和运用自始至终都是为了解决他自己心目中的“中国问题”或“社会问题”，因而带有浓厚的实用主义色彩和乡村社会改造的意蕴。从某种意义上来

① 参见马勇：《梁漱溟教育思想研究》，沈阳：辽宁教育出版社，1994 年，第 187—270 页。

说，对社会教育方法的自觉选择和运用正是梁漱溟等人发起的山东乡村建设运动，特别是其本人主持的邹平实验不可或缺的有机组成。如果忽视了梁漱溟的社会教育理论，忽视了作为一种主要方法的社会教育在乡村社会改造以及在梁漱溟所说的创造“新文化”或“新礼俗”的乡村建设过程中的地位和作用，我们实际上也就难以准确地把握梁漱溟的乡村建设理论与实践，尤其是难以准确地理解梁漱溟本人为乡村建设所设定的一系列宏伟目标——“改造社会，创造新文化，创造理想的社会，建立新组织”①。因此，本研究不仅有助于准确认知梁漱溟的社会教育思想与实践活动，更能在一定程度上帮助我们进一步加深对山东乡村建设或邹平实验的理解。

（二）现实意义

从乡村建设方法这一角度来解读梁漱溟的社会教育思想与实践，同样具有重要的现实意义。首先，孔子、孟子和荀子等先秦儒家代表人物都无一例外地主张“教民”（社会教化）在治国理政中的基础性作用，如萧公权先生所言：“孔子所举之治术有三：曰养、曰教、曰治。……德礼为主，政刑为助，而教化又为孔子所最重之中心政策。”② 从历史上来看，儒家思想正是借助社会教化这一途径广泛渗入民间社会，并在逐渐取得正统地位的过程中，获得不少封建王朝政权的支持，形成了一套自上而下的社会教化体系③，从而成为传统中国社会与民间生活的一股源头活水。近年来，学界开始注意到儒学传统中蕴藏着丰富的“教化”思想资源④，重新强调应当充分发挥儒家社会教化在现代社会中的功能，甚至有论者直接将“百姓的教化”列入当代儒学需要承担的四大使命之一⑤。显然，儒家社会教化在当代社会中的正面效用的充分彰显，必须借助一种新的实践模式

---

① 梁漱溟：《乡村建设理论》，《梁漱溟全集》第2卷，第333页。

② 萧公权：《中国政治思想史（一）》，沈阳：辽宁教育出版社，1998年，第60页。

③ 参见黄书光主编：《中国社会教化的传统与变革》，济南：山东教育出版社，2005年。

④ 对于儒家“教化”思想资源的深入发掘，近年已积累了丰硕成果，可参见李景林：《教化的哲学——儒家思想的一种新诠释》，哈尔滨：黑龙江人民出版社，2005年；李景林：《教化视域中的儒学》，北京：中国社会科学出版社，2013年；李景林：《教化儒学续说》，北京：中国社会科学出版社，2020年；陈嘉明：《哲学与教化》，《光明日报》2010年1月19日；景海峰：《教化：理解中国哲学的新视角》，《中国社会科学报》2011年8月9日；景海峰：《从诠释学看儒家哲学的教化观念》，《深圳大学学报》（人文社会科学版）2011年第6期；吴新颖、杨定明：《儒家教化论》，杭州：浙江大学出版社，2018年。

⑤ 参见李承贵：《当代儒学的四大使命》，《杭州师范大学学报》（社会科学版）2012年第6期。

或者说现代的开展方式，无论是“教化”的具体内容，还是“教化”的实施方式等方面，都应当经过“创造性转化、创新性发展”，以更好地契合现代政治与社会发展的需要。而梁漱溟等人在山东乡村建设运动中对于社会教育方法的选择和运用，从某种意义上来说，正体现为传统儒家社会教化的一种新的开展方式或新的实践模式，也为今天更进一步地发挥传统儒家的社会教化功能，促使包括儒家优秀传统文化在内的丰富的教化资源重新融入并渗透现代乡村社会，激发乡村民众的精神意志和道德观念，盘活乡村治理的“德治”资源等，提供了一种值得参考与借鉴的实践思路或实践模式。①

更重要的是，21 世纪以来，党和国家高度重视“三农”问题，不仅连续二十余年的中央一号文件都是围绕着“三农”问题展开，更先后实施了全面取消农业税、加大对农业生产（如粮食种植、农机购置等）的补贴、推行农村新型合作医疗制度、开展新农村建设等一系列惠农政策和发展战略。2017 年 10 月，习近平总书记在党的十九大报告中高瞻远瞩地提出，“按照产业兴旺、生态宜居、乡风文明、治理有效、生活富裕的总要求”，全面出台和实施乡村振兴战略。2018 年，中共中央、国务院发布了《关于实施乡村振兴战略的意见》和《乡村振兴战略规划（2018—2022年）》，进一步部署乡村振兴战略的全面实施。2021 年 4 月，《中华人民共和国乡村振兴促进法》经第十三届全国人民代表大会常务委员会第二十八次会议审议通过，为乡村振兴保驾护航。作为“以习近平同志为核心的党中央着眼党和国家事业全局，深刻把握现代化建设规律和城乡关系变化特征，顺应亿万农民对美好生活的期待”② 的一项重大决策部署，乡村振兴已然成为新时代我国“三农”工作的重中之重。

新时代中国的乡村振兴战略无论是在历史意义、总体布局，还是在实施规模、影响范围等各个方面，都远远超出了民国时期如火如荼开展的乡村建设运动③，但作为民国时期由知识分子发起的振兴乡村社会的一次重

---

① 值得注意的是，由牟钟鉴、颜炳罡、赵法生等国内知名学者发起，从 2012 年底在山东各地开设乡村儒学讲堂和开展“儒学下乡”活动，在一定程度上仿效的正是梁漱溟先生当年的实践模式。参见孔德永：《“儒学下乡”与乡村治理》，《东岳论丛》2016 年第 5 期。

② 韩俊：《关于实施乡村振兴战略的八个关键性问题》，《中国党政干部论坛》2018 年第 4 期。

③ 如南开大学王先明教授所言，乡村振兴战略是对百年乡村发展困境的全面超越，也是对“解决‘三农’问题历史经验的总结和升华”。参见王先明：《从农村复兴到乡村振兴的百年跨越》，《开放时代》2018 年第 3 期。

要尝试，梁漱溟主持的邹平实验仍然对新时代中国的乡村振兴具有重要的启示。而作为山东乡村建设特别是邹平实验所运用的主要方法，社会教育不仅能够在方法层面为新时代乡村振兴提供直接的参考与借鉴，并且梁漱溟关于政府行政手段与社会教育方法二者之间关系的思辨，关于知识分子如何通过开展社会教育的途径进入乡村社会、在乡村社会发挥自身的积极作用，关于如何通过社会教育实现对乡村民众的教育和塑造以及邹平实验中对于乡村教育系统的改造、对于社会教育方法的具体运用等，都能够为新时代乡村振兴战略提供具体的实践启示。

三、研究路径与研究方法

梁漱溟先生虽一再声称自己不是学问中人，无心著书立说，但他本人十分热衷于思考和发表演讲，其漫长的一生同样为我们留下了一笔丰厚的思想财富。仅以分卷先后出版于 1989 年 5 月到 1993 年 6 月之间的《梁漱溟全集》八卷精装本而论，其规模就已经达到了 524.5 万字之巨①，2005 年再版时，又增补了《〈人心与人生〉自序》（第 3 卷）、《香港脱险寄宽恕两儿》（第 6 卷）多篇文字。② 梁漱溟一生出入于儒佛中西，广泛涉猎从人文社会科学到自然科学各个学科的知识，并在现代新儒学、佛学、文化哲学（尤其是中西文化比较）、伦理学、政治学、教育学、社会学和心理学等多个不同领域都取得了颇为世人所瞩目的建树。③ 梁漱溟“从十四五岁会用心思起”，他的思想如其本人所总结的那样更是经历了从第一期的崇尚西洋“实用主义”思想，到第二期的倾心于佛家“出世思想”，“最末

① 参见陈越光：《是谁主持编辑了〈梁漱溟全集〉？》，《文史哲》2018 年第 1 期。

② 参见中国文化书院学术委员会编：《梁漱溟全集》，济南：山东人民出版社，2005 年，各卷之“再版说明”。本书参照的《梁漱溟全集》即 2005 年的第二版，对于一些质量较好的单行本，例如，由一耽学堂整理的梁漱溟晚年接受艾恺教授的访谈录（《这个世界会好吗？：梁漱溟晚年口述》，天津：天津教育出版社，2011 年），我们亦有所参照并随文注明。

③ 这里姑且不论关于梁漱溟现代新儒学、佛学、伦理学、政治学、教育学等“热门”领域思想的研究（详见本书“附录一”），即以相对“冷门”的梁漱溟心理学、社会学思想而论，学界亦已经有了大量的研究。参见柳友荣：《梁漱溟心理学思想研究》，合肥：安徽人民出版社，2004 年；李抗：《生命心理学：梁漱溟的心理学范式取向》，《心理学探新》2017 年第 4 期；李抗、汪凤炎：《人心是何？现代新儒家的心理观》，《心理科学》2018 年第 5 期；闻翔：《梁漱溟与现代中国社会学——以“中国问题”与“人生问题”为线索》，《江海学刊》2019 年第 2 期。

才转到中国的儒家思想”的三期转变。[①] 而梁漱溟从小“经过两度家塾四个小学”(667)、“五年半底中学”(676)的特殊求学经历，美其名曰一切皆靠着“一片向上心”(674)自学[②]，老实不客气地讲，则是既缺乏旧学问的深厚积淀，又尚未得到新学问的充分滋养[③]。梁漱溟的治学方式正如罗志田教授所指出的，完全是一种“凭直觉成大学问”[④]，因而不仅他的思想学说体系呈现出了超乎寻常思想家的斑驳庞杂，并且梁氏的著书立说也颇有不合乎现代学术规范，乃至于思想自相矛盾与冲突的地方，这些客观的事实无疑加大了我们阅读和理解梁漱溟的难度，需要我们在研究过程中更审慎地选择合适的研究路径与研究方法。

(一) 研究路径

本书不拟整体性把握并评价梁漱溟的思想学说体系，转而采用一种相对较容易掌握的研究进路，即围绕一个明确的中心问题展开。首先，如前文所述，我们确立以梁漱溟的社会教育思想及其相应的实践活动作为本研究的中心问题，并主要从作为乡村建设的主要途径或乡村工作方法的解读视角对其进行考察，其中，尤以梁漱溟的社会教育思想为主、以梁漱溟为实现其社会教育思想而开展的实践活动为辅。然后再从确立起来的这个中心问题出发，依次梳理梁漱溟的人生经历与人格特征、梁漱溟社会教育思想的理论渊源及其对传统儒家社会教化的继承与发展、梁漱溟社会教育包含的具体内容，并结合梁漱溟等人发起的山东乡村建设运动，着重考察社会教育在邹平实验中的实践形态。当然，为了更准确地理解梁漱溟的社会教育思想与实践，我们始终注意结合时人的评论和学界已有的研究，对梁漱溟的社会教育思想与实践做出分析和评论。最后，紧扣新时代中国全面实施的乡村振兴战略，阐发梁漱溟社会教育思想与实践的当代价值或启示意义。

---

① 梁漱溟:《精神陶炼要旨》,《梁漱溟全集》第 5 卷,第 510 页。

② 梁漱溟:《我的自学小史》,《梁漱溟全集》第 2 卷。

③ 梁先生本人亦有此自我剖析。参见梁漱溟:《如何成为今天的我》,《梁漱溟全集》第 4 卷,第 854 页。

④ 罗志田:《凭直觉成大学问:梁漱溟的治学取向和方法》,《读书》2018 年第 5 期。

（二）具体的研究方法

1. 文本分析与文本诠释法

任何关于思想家的研究都应以忠实于其本人的思想为前提，而对于梁漱溟这样一位著述颇丰的思想家来说，准确地理解和把握他的思想尤为如此。显然，思想家本人留下的文字使我们有机会走进他的世界，特别是像我们的主人公梁漱溟这样一位虽然无心著书立说，但始终坚持独立思考、认真写作，在各种公开场合发表演讲的学者，其一生同样为我们留下了丰富的文字。得益于中国文化书院学术委员会的辛劳付出，由我国著名学者汤一介先生担任院长的民间学术机构主持编辑了卷帙浩繁、内容庞杂的八卷本《梁漱溟全集》，全集的正式出版为我们研究其思想提供了极大的便利。因此，本书关于梁漱溟社会教育思想与实践的研究，首先对《梁漱溟全集》进行文本分析，以呈现梁漱溟关于社会教育及其实践价值的丰富思考。

当然，为了厘清梁漱溟先生经常使用的一些关键术语（如“理性”“社会教育”“社会构造”等）的意涵，除充分利用梁先生本人的解释和说明之外，我们还综合运用了现代西方分析哲学与诠释学的方法——西方分析哲学的主要特征在于运用逻辑分析技术对概念、命题的意义予以澄清，而诠释学则是一种注重对文本展开历史的、整体的、无间断的理解和解释的方法，也就是所谓的文本诠释方法。[①] 综合运用文本分析和文本诠释的方法，有助于细致辨析梁漱溟本人经常使用的某些关键性概念或术语，从而准确界定其内涵，并厘清这些概念或术语之间的关联。有必要说明的是，对文本诠释方法的运用有时候难免会超出对文本原意的忠实解读，并融入诠释者自身的理解，因为“相较于原作者，诠释者总可能会以一种后来居上的姿态，到达比原作者更宽广也更深远的视野，从而取得对于事理本身的更佳的掌握”[②]。换言之，追求比原作者本人更好的理解，本来就是所谓文本诠释法的应有之义。

2. 历史分析研究法

历史分析的研究方法首先要以丰富的历史材料为基础，然后通过运用

---

① 参见洪汉鼎：《当代西方哲学两大思潮》，北京：商务印书馆，2010 年。

② 张鼎国：《“较好地”还是“不同地”理解：从诠释学论争看经典注疏中的诠释定位与取向问题》，黄俊杰编：《中国经典诠释传统（一）：通论篇》，上海：华东师范大学出版社，2008 年，第 11—37 页。

大量的历史材料，或按照一定的顺序清楚地呈现事件发展演变的历程，或据此提出理论假设并予以验证。具体来说，本书在研究过程中始终坚持运用历史分析的研究方法，注重广泛搜罗相关的历史材料。一是呈现梁漱溟丰富的人生经历和梁氏思想发展、演变的历程，这使梁漱溟其人的形象变得更加丰富、饱满；二是呈现梁漱溟在山东邹平开展的乡村建设实验，特别是关于乡村教育系统的改造和推行社会教育的实践活动；三是通过时人的评论、一些当事人的回忆、地方史等有价值的文史资料，更准确地评判梁漱溟的社会教育思想与实践，乃至梁漱溟等人发起的山东乡村建设运动。诚如钱穆先生所言，评判历史人物与事件不能够忽视当时人的意见或其所谓的"历史意见"，倘若一味地从评判者所处时代来苛求古人（钱先生称之为"时代意见"），显然未必是一种公正的、历史的态度。① 因此，对于梁漱溟这样一位历史人物及其邹平实验的准确评判，不仅应借重梁漱溟本人的剖析与回忆，更需要广泛采纳其他当事人的观点，尤其是注重兼采陈序经（西化派）、孙冶方（马克思主义学者）等不同立场的批评者的意见。

有必要说明的是，由于笔者是历史学的外行，在史料搜集方面并未经过任何专业的训练，因此，本书对于历史材料的搜集和利用多限于已经正式出版的文献，如山东省政协文史资料委员会和邹平县政协文史资料委员会联合编辑的《梁漱溟与山东乡村建设》（山东人民出版社 1991 年版）、曲延庆先生的《邹平通史》（中华书局 1999 年版），以及山东省社科院近年来组织编纂的《当代齐鲁文库 · 20 世纪"乡村建设运动"文库》（均由中国社会科学出版社出版），等等。

3. 田野调查方法

所谓田野调查的方法，通常是指研究者带着疑问深入实地进行考察，了解情况，找出答案。田野调查法的最大优势是直接和直观，研究者进入现场，能够直面最真实、最新鲜的生活，也容易看到原原本本的问题——尽管这些问题通常隐藏在杂乱无章的生活表象之下，需要研究者耐心细致地予以总结和提炼。本书在研究过程中，为了真切地把握当前我国乡村社会存在的突出问题，找准新时代中国乡村振兴面临的主要困难和挑战，我们分别从东部、中部和西部选取了不同省份（如东部的江苏；中部的安

---

① 关于"历史意见"和"时代意见"之区别的具体论述，可参见钱穆：《中国历代政治得失》，北京：九州出版社，2012 年，第 175—180 页。

徽、江西、河南、山西四省；西部的陕西和云南两省），通过实地调研、参与观察和访谈等方式，搜集相关的实证材料，在此基础上，有针对性地阐发梁漱溟社会教育思想与实践可能提供的当代启示。

四、主要内容与基本框架

本书以梁漱溟的社会教育思想与实践作为中心议题。“导论”部分主要是引入性的思考，围绕“社会教育”这一核心概念，我们分别说明了本书采取的解读视角、立论依据、研究方法和研究意义等内容。在这一略显冗长的导论之后，全书的主体部分主要由以下五章内容构成：

第一章梳理梁漱溟的人生经历及其思想发展历程，以达到孟子所谓的“知人论世”。针对梁漱溟这样一位积极身体力行其哲学理念，“跟他的哲学不讲办公时间”的典型“中国哲学家”①，解读梁漱溟的思想自然离不开对于梁氏其人其事的真实了解。但考虑到梁漱溟在近代中国知识分子当中一直拥有很高的声望，特别是国内外目前已经出版了大量的梁漱溟传记或评传，因此，本章并不试图总体介绍梁漱溟的生平及其思想发展历程，而是根据研究主题的相关性，从梁漱溟早年生活、求学经历说起，并以梁漱溟主持的邹平实验由于抗日战争的全面爆发不得不宣告终止作为本章考察的时间节点，以着重呈现梁漱溟因受“中国问题”（或者说“社会问题”）的刺激，为解决“中国问题”而展开的一系列打上了其个人鲜明特色的理论致思与实践探索，尤其是重点说明梁漱溟为何会从都市转入乡村，投身于从乡村振兴中国的乡村建设事业。

第二章正式进入对梁漱溟社会教育思想与实践的考察。从传统儒家的“秩序情结”出发，本章首先分析了儒家传统的秩序观念及传统儒家社会教化在秩序维持过程中的作用，紧接着从文化哲学和社会史这两个不同的层面，分别梳理了梁漱溟对于传统中国社会秩序及其维持方式的分析。具体言之，“理性”是梁漱溟对于中国文化特征或中华民族精神的独到体认，是梁漱溟在文化哲学层面认知传统中国社会秩序及其维持方式的核心概

① 在对中国哲学、西方哲学以及中国哲学家、西方哲学家进行比较的基础上，金岳霖先生对于“中国哲学家”的特点进行了非常精彩的阐释。参见金岳霖：《中国哲学》，《哲学研究》1985年第9期。

念，而在社会史层面，梁漱溟从所谓“伦理本位”“职业分立”及二者的交相为用，概括传统中国社会的主要特点，并认为教化（社会教化）、礼俗和自力（“向里用力的人生”）是传统中国社会秩序维持的几个着力点。正是延续了儒家传统的这一“秩序情结”，梁漱溟将近代中国问题的本质认定为“秩序的饥荒”，且在“认识老中国”的基础上，开启了以社会教育作为主要方法的乡村建设运动（所谓“建设新中国”）。

第三章关注的是梁漱溟社会教育思想的具体内容。社会教育是梁漱溟在山东乡村建设，特别是邹平实验中自觉的方法选择，而社会教育之所以引起梁漱溟本人如此高度的重视，主要源于梁氏的社会教育是一种广义的教育，包含诸多方面的内容。展开来说，在经济层面，梁漱溟试图通过社会教育为乡村社会引入科学技术，引导乡村民众形成合作的理念，走上合作生产与经营的道路。在道德伦理层面，梁漱溟希望社会教育能够在乡村社会中发挥提振乡村民众的精神状态、激励和调动乡村民众积极性的功效，从而使乡村民众真正在乡村建设过程中发挥主体的功能与作用。在政治层面，梁漱溟的社会教育以培养乡村民众的“新政治习惯”为重心，使乡村社会能够有效组织并运转起来，最终实现社会改造和创造“新文化”或“新礼俗”的长远目标。

第四章主要依据梁漱溟本人主持的邹平实验，探讨其社会教育思想的实践展开。从某种意义上来说，梁漱溟的邹平实验主要体现为一种社会教育的工作，为了有效开展乡村社会教育，梁漱溟呼吁广大知识分子转入乡村社会，以所谓“出家的精神”从事乡村工作，并抓住邹平设立为“县政建设实验县”的契机，一方面雷厉风行地开展了县政改革，力争实现“行政机关教育化”；另一方面，在各实验县区大刀阔斧地开启了对于乡村教育系统的改造，通过在邹平各地广泛筹建的乡学、村学，让山东乡村建设研究院研究部和训练部的两部学员得以深入乡村社会，切实保障乡村社会教育的顺利进行，并使社会教育真正发挥出在教育乡村民众、改造乡土社会、发展乡村经济等方面的功效。

第五章着重阐述梁漱溟社会教育思想与实践的现代意义。在这一章中，我们首先从近代中国百年大变局的大历史视野出发，兼采时人的评论和学界已有的研究，对梁漱溟山东乡村建设运动进行了分析和评价，在此基础上，进一步考察了邹平实验中所运用的社会教育这一主要方法。结合学界有关“第三方”改造困境的研究，本章主要从“第三方”改造的行为逻辑与策略选择角度，再次对邹平实验选择社会教育这一改良主义方法的成败得失进行了剖析，由此解释了邹平实验何以最终陷入“依附政权”和“乡村不动”的尴尬处境。最后，紧扣新时代中国正式全面实施的乡村振兴战略，根据实地调研、访谈等方式搜集起来的实证材料，探讨了社会教育可能在乡村振兴过程中发挥的积极作用，并更具针对性地阐发了梁漱溟社会教育思想与实践的思路启发和实践借鉴。

第一章 知人论世：梁漱溟的人生与事业

本章梳理梁漱溟在1893—1937年的人生经历及其投身乡村建设运动的心路历程[①]，重点在于呈现梁漱溟因受“中国问题”（或曰“社会问题”）刺激而展开的一系列思考与探索，并通过对梁漱溟典型人格特征的分析，试图拉近与人物的距离。金岳霖先生在比较中西哲学家时曾指出，现代西方哲学的专业化分工、技术性训练已经使得苏格拉底式的哲学人物再难出现，今天的西方哲学家超脱在自己的哲学之外——“他推理、论证，但是并不传道”——这样的人可能是职业的逻辑学家、认识论者或形上学家，但哲学在他们那里只不过是一套成系统的理论、符合逻辑的哲学体系，“他懂哲学，却不用哲学”，与之相反，“中国哲学家都是不同程度的苏格拉底式人物。其所以如此，是因为伦理、政治、反思和认识集于哲学家一身，在他那里知识和美德是不可分的一体。他的哲学要求他身体力行，他本人是实行他的哲学的工具。按照自己的哲学信念生活，是他的哲学的一部分”。[②] 梁漱溟先生正可谓这一意义上的“中国哲学家”之典范。因此，要想真正地走进其丰富的思想世界，就必须首先对梁氏本人下一番孟子所谓“知人论世”的功夫。

---

① 梁漱溟先生得享高寿95岁，一生经历了清末、民国和新中国三个时期，考虑到主题的相关性，本章梳理以抗日战争全面爆发、梁漱溟邹平实验被迫宣告结束为止。笔者曾有幸请教梁漱溟长孙梁钦元先生，他认为了解其祖生平事迹与思想的最好作品一为艾恺对晚年梁漱溟的访谈（收入《梁漱溟全集》第8卷，第1137—1178页；并以单行本出版，即〔美〕艾恺采访，梁漱溟口述，一耽学堂整理：《这个世界会好吗？：梁漱溟晚年口述》，天津：天津教育出版社，2011年），另一是其叔父梁培恕先生撰写的传记（梁培恕：《中国最后一个大儒：记父亲梁漱溟》，南京：江苏文艺出版社，2012年）。此外，笔者认为，梁漱溟的学生李渊庭和阎秉华夫妇编著的《梁漱溟先生年谱》（桂林：广西师范大学出版社，2003年）也是了解梁漱溟生平事迹较好的参考材料，而艾恺、汪东林、景海峰、郑大华、王宗昱、马勇、马东玉等人撰写的相关传记亦可一并作为参考。

② 金岳霖：《中国哲学》，《哲学研究》1985年第9期。

一、生逢乱世：青少年时代的求学与生活

（一）家世背景

1893 年 10 月 18 日这一天，也是清朝光绪十九年的重阳节，梁漱溟出生在北京西城安福胡同一个官宦人家。据他本人介绍，梁氏先祖和元朝皇室同宗，姓“也先帖木耳”，元亡，末代皇帝（元顺帝）偕皇室宗亲逃回草原，而其家仍留在河南汝阳，因当地属大梁（今开封市西北），遂改汉姓梁。到清朝乾嘉年间，梁氏第十八代梁兆鹏赴任广东永安县令，兆鹏的第三子迁居广西桂林。因此，梁漱溟每每自称“广西桂林人”。不久，梁漱溟的曾祖父梁宝书继乡试中举之后，又进京会试得中进士，历任直隶、正定等地知县和遵化知州，梁家从此便基本上生活在北京，没有再回桂林。到梁漱溟之时，无论是语言还是生活习惯等方面，梁家都颇接近地道的北京人。① 梁漱溟的祖父梁承光少负才气，十八岁即应顺天府乡试中举人，历任内阁中书、委署侍读，后“外宦山西，以瘁力防寇遽卒于官，年三十六”②。梁承光的英年早逝无疑使整个梁家陷入了困顿之境，梁漱溟的父亲梁济（字巨川）便是在这样家道衰落的环境中，由其生母陈氏、嫡母刘氏含辛茹苦地养育成人，并于 1885 年应顺天乡试中举，后至内阁任职（内阁中书），官衔从七品一直升到四品。而梁漱溟的外祖父同样曾经中过进士并做官，“祖母、母亲都能诗文”，因此，梁家称得上“仕宦之家，也算是书香门第”。③

梁漱溟本人曾经多次表示，对他一生“帮助最大的最有好处的，恐怕还是先父”④。虽然在晚清“三千年未有之大变局”中，梁父巨川先生谈不上是一位如何了不起的人物，但也确实有其不同寻常的一面。梁漱溟曾坦言，自己的父亲是一位秉性笃实但天资不高的人——“作学问没有过人

---

① 梁漱溟自己说，他们一家人“兼有南北两种气息，而富于一种中间性”，以至“由南方人来看我们，则每当成我们是北方人；而在当地北方人看我们，又以为是来自南方的了”。（梁漱溟：《我的自学小史》，《梁漱溟全集》第 2 卷，第 662 页）

② 梁漱溟：《桂林梁先生遗书・年谱》，《梁漱溟全集》第 1 卷，第 552 页。

③ 汪东林：《我对于生活如此认真：梁漱溟问答录》，北京：当代中国出版社，2013 年，第 2 页。

④ 梁漱溟：《朝话》，《梁漱溟全集》第 2 卷，第 77 页。

的才思”，“作事情更不以才略见长”。但他的“最不可及处，是意趣超俗，不肯随俗流转，而有一腔热肠，一身侠骨”。[①] 梁济的这种“不肯随俗流转”“一腔热肠，一身侠骨”便体现在他一生行事当中。作为晚清举人出身并曾担任内阁中书等职，在晚年更是以“殉清”之举震动整个北京舆论圈的人物[②]，梁济其人绝非人们印象中的清朝遗老，反倒是当时一位思想开明的人物。[③] 他热心洋务、新学，在政治上主张君主立宪，并不遗余力地支持好友彭诒孙（号翼仲，又号子嘉，江苏苏州人）的办报事业，认为办报有助于开启民智、改良社会。尤为令人惊叹的是，梁济在子女教养方式上表现出当时社会罕见的宽容和开明。据梁漱溟的回忆，他只记得自己的大哥梁焕鼐小时候曾经挨过打，但也是很少的事，父亲梁济不仅“很少正言厉色地教训过我们”，“从未以端凝严肃的神气对儿童或少年人”，甚至梁漱溟少年懵懂时参加京津同盟会而闹出了一些手枪炸弹的名堂，以及他后来倾心佛教出世思想，一度有过不结婚、要出家当和尚的打算，梁济对此“仍然不加干涉，而听我去”。[④]

有必要指出的是，梁济的这种教养方式颇有类于当代西方心理学界所论及的“自由型/放任型”教养风格，盖采取这种教养风格的父母更有可能与子女成为朋友，并向子女们传递他们的信任与期待，但却不会对子女的言行举止施以太多的指导和控制。[⑤] 多年后，当梁漱溟面对山东乡村建设研究院的众多师生发表讲话，揣摩父亲当年之所以会对自己抱有如此宽容态度的时候，他认为，这或许是因为在父亲眼里，自己“事虽荒谬，而动机则为向上心的驱使，处处是要好，并非自甘沦入下流；所行所为心中经过揣量审决，并非一味乱来”[⑥]。显然，梁漱溟人格特征的形成是与其父梁济

① 梁漱溟：《我的自学小史》，《梁漱溟全集》第2卷，第664页。

② 关于梁济自杀引起当时人的一些讨论，参见 Guy S. Alitto, *The Last Confucian: Liang Shu-ming and the Chinese Dilemma of Modernity*, Berkeley: University of California Press, 1986, pp. 62-69；林毓生：《论梁巨川先生的自杀——一个道德保守主义含混性的实例》，《中国传统的创造性转化》，北京：生活·读书·新知三联书店，1988年，第205—226页。

③ 参见梁漱溟：《答陈仲甫先生书》，《梁漱溟全集》第4卷，第543—549页。

④ 梁漱溟：《我的自学小史》，《梁漱溟全集》第2卷，第664—665页。

⑤ 现代西方心理学界关于各种教养风格之区分的详细讨论，参见 Martin Pinquart and Rainer K. Silberesin, “Influences of Parents and Siblings on the Development of Children and Adolescents”, in Vern L. Bengtson et al., *Sourcebook of Family Theory and Research*, Thousand Oaks, CA: Sage Publications, 2005, pp. 367-392.

⑥ 梁漱溟：《自述》，《梁漱溟全集》第2卷，第10页。

先生采取的这种特殊教养方式息息相关的[①]，而这亦令梁漱溟本人感念终身。

（二）求学生涯

在子女教育方面，梁济在当时更有惊人之举，即不主张儿童读经。梁济从来看不起中国的旧式文人，他痛恨读书人空谈误国，反而主张“洋务西学新出各书深切时事，断不可以不看”（562），并谆谆告诫家中子弟“务必以出洋当一件正大要紧之事”（573），为此“勿惜费，勿惮劳”（573），即便倾尽家财亦不足惜。[②] 在这种情况下，梁漱溟小时候读过《三字经》《百家姓》之后，就没有继续往下读四书五经，而是遵照梁济的要求改读《地球韵言》这一类世界地理启蒙读物。1899 年，也就是戊戌变法的次年，福建人陈鑅在北京创办了第一所“洋学堂”——中西小学堂，梁济便命梁漱溟入学，从此开启了梁漱溟早年“四个小学”“五年半底中学”的求学生涯。[③] 毋庸讳言，这样一种颇为独特的“求学”经历未能遵照一个相对稳妥的次序前进，而这在当时社会动荡不安、学制改来变去的情况下，恐怕也是一件既无可奈何却又不可避免的事情，但梁漱溟本人正是在这种环境中养成了使其终身受益的习惯——自学。

在《我的自学小史》一文中，梁漱溟详细讲述了他早年的这段求学经历。当年遇到的一些同学，如顺天中学堂的廖福申（字尉慈，福建人，梁漱溟呼为“廖大哥”）、郭人麟（一作仁林，字晓峰，河北人，梁漱溟曾尊其为“郭师”，并郑重其事地记有“郭氏语录”一大册）等人，皆有助成其自学之举，当时在北京发行的《启蒙画报》《京话日报》（均为其父执彭诒孙先生所办，而其父梁济先生亦多有襄助），以及后来梁启超主编的《新民丛报》《新小说》和革命派创办的《民主报》等，更是为他的自学提供了丰富的资料。在梁漱溟看来，所谓“自学”，并不单纯是指知识的学

① 尽管学界仍存在着不小的争议，但现代西方心理学界基本认可父母的教养方式会对子女的人格形成产生重要的影响。值得注意的是，这种教养方式也被梁漱溟先生用于对自己子女的教育。〔美〕罗斯·埃什尔曼、理查德·布拉克罗夫特：《心理学：关于家庭》，徐晶星等译，上海：上海人民出版社，2012 年，第 384—390 页；梁培恕：《中国最后一个大儒：记父亲梁漱溟》，南京：江苏文艺出版社，2012 年，第 16—29 页。

② 梁漱溟：《桂林梁先生遗书·年谱》，《梁漱溟全集》第 1 卷。

③ 梁济的这种做法固然是与清政府宣布即将废止科举的政策分不开的，但这在当时仍是十分超前的，因而是比较罕见的。参见马勇：《思想奇人梁漱溟》，北京：北京大学出版社，2008 年，第 11 页。

习，毋宁说自学的关键不仅在于对知识的学习，而且包括“一个人整个生命的向上自强，要紧在生活中有自觉”（674）。正是受益早年这番自学的经历，并将之贯彻终身，梁漱溟相信，“任何一个人的学问成就，都是出于自学”（661），而所谓“学问”也必须是“经自己求得来者，方才切实有受用”（661）。①

然而，就是在这样独立思考的“自学”过程中，梁漱溟渐渐与父亲梁济产生了思想分歧。梁济本就是一位有理想、有抱负的知识分子，他有一套关于民族自救的计划，并有传统士人式的——艾恺称之为“道德贵族”②（moral aristocrat）——责任担当③，而梁漱溟同样“留心时事，向志事功”（593），父子“并嗜读新会梁氏书”（594），原本最得父亲“所深爱”（593）。④ 但随后在其顺天中学堂同学甄元熙（字亮甫，广东台山县人）的影响下，梁漱溟渐渐从过去的立宪立场转向革命，甚至和甄元熙一起加入京津同盟会，闹出一些手枪炸弹的名堂⑤，梁氏父子之间原来亲密融洽的关系遂“渐以生乖”（594）。盖父亲梁济既厌薄革命党人的投机钻营，又鄙弃当时议员之流的蝇营狗苟，自然对于革命、对于议会制度之类统统没有什么好感，而年少的梁漱溟涉世未深，对于社会的复杂、人心之叵测尚未有清楚的认知，因此，他并不怀疑这些人的动机，反倒常常天真地予以“力护”“故祖之”（594），父子二人经常为这些问题朝夕相争，“其间词气暴慢，至于喧声达户外者有之”（594），每每闹到不欢而散。⑥

（三）初入社会

1912年，二十岁不到的梁漱溟初入社会，在《民国报》担任外勤记者和编辑（短期的）。《民国报》是当时的革命党人（主要是京津同盟会成员）在天津创立的一份报纸，因办报时“敲了直隶督军张镇芳十万大洋”⑦，所以经费很充足。梁漱溟既得到了新闻记者这一便利的身份，再加上他素来关心政治，于是，“所有民元临时参议院民二国会的两院，几

---

① 梁漱溟：《我的自学小史》，《梁漱溟全集》第2卷。

② Guy S. Alitto, *The Last Confucian: Liang Shu-ming and the Chinese Dilemma of Modernity*, Berkeley: University of California Press, 1986, pp. 26-28.

③ 参见梁济著，黄曙辉编校：《梁巨川遗书》，上海：华东师范大学出版社，2008年。

④ 梁漱溟：《桂林梁先生遗书・思亲记》，《梁漱溟全集》第1卷。

⑤ 参见梁漱溟：《朝话》，《梁漱溟全集》第2卷，第77页。

⑥ 梁漱溟：《桂林梁先生遗书・思亲记》，《梁漱溟全集》第1卷。

⑦ 李渊庭、阎秉华编著：《梁漱溟先生年谱》，桂林：广西师范大学出版社，2003年，第25页。

乎无日不出入其间”（687）。此外，同盟会总部和改组之后的国民党本部、国务院等处，亦是梁漱溟经常出入的地方，他自然也就从此接触到了当时中国政治上的一些“大人物”——“许多政治上人物，他不熟习我，我却熟习他”（687）。当与社会频繁接触之后，梁漱溟原来抱有的一些幻想逐步破灭，渐渐明白了事实和理想之间的距离，“对于‘革命’‘政治’‘伟大人物’……皆有‘不过如此’之感”，甚至“有些下流行径、鄙俗心理、以及尖刻、狠毒、凶暴之事，以前在家庭在学校所遇不到底，此时却看见了”（687）。[①]

这些经历对于一位年轻人心灵的冲击、触动与震撼可想而知，更何况是梁漱溟这样一个心思异常敏感的年轻人。在这种情况下，梁漱溟曾短暂迷恋过社会主义思想[②]，并撰成《社会主义粹言》一小册，大肆抨击财产私有制度[③]，他自己很郑重其事地将其写在蜡纸上，油印数十本赠人，甚至因为对人生感到厌倦而产生了轻生的念头和举动。据梁漱溟回忆，他在二十岁左右的时候尝试过两次自杀，其缘故就在于当时自己的内心实在是矛盾冲突得厉害，一面“自己要强的心太高，看不起人家”；另一面“自己的毛病又很多，所以‘悔恨’的意思就重”，自己跟自己打架，“打到糊涂得真是受不了的时候，他就要自杀”。[④] 可以说，这一时期的梁漱溟几乎完全为如何安顿自己的生命（所谓“人生问题”）所困扰，最终干脆躲进家中，全身心地研读佛书并萌生了出家的念头。

值得注意的是，在梁漱溟那里，所谓“佛教”仍带有其个人的一番思索和体认。照他看来，佛是“以出世间法救拔一切众生”（493）的，故梁

---

① 梁漱溟：《我的自学小史》，《梁漱溟全集》第 2 卷。

② 需要指出的是，梁漱溟迷恋社会主义思想虽然只是短暂一段时间，但社会主义思想对他的影响却并非转瞬即逝，而恰恰是始终于其心有戚戚的，这一点已经有不少论者指出（参见王宗昱：《梁漱溟》，台北：东大图书公司，1992 年，第 11 页；善峰：《梁漱溟社会改造构想研究》，济南：山东大学出版社，1996 年，第 22 页），而从梁漱溟后来的思想与实践看，社会主义思想实际上对于他的“乡治”、乡村建设构想都有直接的影响，例如，梁漱溟非常强调经济上的合作主义，这一点我们将在后文中再做详论。

③ 这一转变的契机是梁漱溟偶然读到日本人幸德秋水的《社会主义之神髓》一书，其中反对财产私有的一些话令他印象深刻，故围绕此不断展开思考，但这时候梁漱溟对社会主义的理解仍是从人生问题出发的，即认为人类生活需要社会主义，而从中国问题上见出社会主义的必要性，仍需俟之将来。参见李渊庭、阎秉华编著：《梁漱溟先生年谱》，桂林：广西师范大学出版社，2003 年，第 28—29 页。

④ 梁漱溟：《朝话》，《梁漱溟全集》第 2 卷，第 42 页。按照艾恺的说法，这个时候的梁漱溟很可能患有精神上的疾病（Guy S. Alitto, *The Last Confucian: Liang Shu-ming and the Chinese Dilemma of Modernity*, Berkeley: University of California Press, 1986, pp. 51-52）。

漱溟所谓的“出家”也是“誓不舍众生而取涅槃”（496）的。在给其舅氏张耀曾（号镕西，云南大理人，白族，辛亥革命先驱、法学学者）的一封信中，梁漱溟虽谓自己“年来思想者，一字括之，曰佛而已矣！……今后志趣者，一字括之，曰僧而已矣”（491），但他同时郑重其事地声称，自己出家以后的“布衣蔬食之费”（496）不靠募化，而需要通过务农、行医等方式来获取，他的“出家”说到底是为了完成两个深心大愿：“一曰研考哲理，以阐佛学。一曰唱导社会主义，以促佛教之成功。”（496）①

二、北大岁月：任教北大与东西文化论战

（一）任教北大

梁漱溟沉迷佛学，一心以出家为念，自然大伤老父慈母之心，这在当时的中国社会环境中尤其如此，但令人感到奇怪同时又不得不衷心敬佩的是，梁济仍然没有对儿子的行为横加干涉，反嘱梁漱溟要“以自己意思为主”②。梁漱溟钻研佛学虽然并没有真正走到出家这一步，但却由此奠定了他本人的思想基础，终其一生，他都愿意声称自己思想的根本在佛家和儒家。③ 而梁漱溟的佛学研究更是在机缘巧合之中为他开启了全新的人生际遇——1916 年，凭借发表在《东方杂志》的一篇研究佛学义理的文章《究元决疑论》，梁漱溟受到蔡元培先生的邀请，要他到北京大学任讲师，讲授印度哲学。关于这一过程，梁漱溟本人曾经多次予以说明：

> 民国五年（1916 年）……教育总长范源廉邀请蔡元培先生从欧洲回国担任北京大学校长。我以《究元决疑论》一文为贽，造谒先生于官菜园上街寓所，先生欣然欢迎，谓路经上海时已经阅及此文，称

① 梁漱溟：《谈佛》，《梁漱溟全集》第 4 卷。

② 梁漱溟：《朝话》，《梁漱溟全集》第 2 卷，第 78 页。特别值得注意的是，梁济的大儿子、梁漱溟的大哥此时已结婚十年但无子，而梁济这个时候也已经抱定了以身殉道的想法，但他“仍无半句话”责成梁漱溟尽快完婚。参见梁漱溟：《朝话》，《梁漱溟全集》第 2 卷，第 77—78 页。

③ 晚年的梁漱溟曾对艾恺说：“我思想的根本就是儒家跟佛家。”《答：美国学者艾恺先生访谈记录摘要》，《梁漱溟全集》第 8 卷，第 1137 页；〔美〕艾恺采访，梁漱溟口述，一耽学堂整理：《这个世界会好吗?：梁漱溟晚年口述》，天津：天津教育出版社，2011 年，第 7 页。

> 赏不置。自云：此番出长北大将聚合爱好哲学的朋友，共同讲习，印度哲学一门即烦足下担任。我辞谢云：据闻欧洲日本之谈印度哲学者，均指目印度六派哲学如数论胜论等派而言，佛学不在其内，我所好者独佛法耳，其他学派非所夙习，不胜此任。先生仍一意相属，旋且同新任文科学长陈独秀邀我相会于北大二院校长室，卒不得辞脱。①

虽然接受了邀请，但其时的梁漱溟正担任司法部总长张耀曾的机要秘书一职，公务十分繁忙，故到北京大学任教一事只好暂缓，印度哲学课程也由其推荐的许丹（字季上，浙江钱塘人）暂代。但在这之后的一年里，中国政局又相继发生巨大变动——先是府院之争，继以张勋复辟，然后段祺瑞马厂誓师，“再造共和”。张耀曾在政府改组的过程中下野，梁漱溟亦随之去职，并因家事南下入湘，途中目睹国内战火连绵、民不聊生的种种惨状，感时伤世，写下了那篇颇有名气的《吾曹不出如苍生何》，呼吁“吾曹好人”一起出来组织国民息兵会，共同制止内战。② 等到他回京之后，恰好这时候的许丹身体健康欠佳，印度哲学这门课程已经处在停课状态，蔡元培听闻梁漱溟回京，遂催促他赶紧到校接替。于是，1917 年下学期，在经过一番波折以后，梁漱溟正式走上北京大学的讲台，开启了自己“替释迦孔子说个明白”的教学和研究生涯。

（二）文化论战

梁漱溟赴北大任教时正值五四新文化运动前夕，而在当时开风气之先的北京大学，文化论战的氛围已经颇为浓厚，形势对于梁漱溟这样“讲旧学问”的人来说实在不容乐观，甚至令他“十二分的感觉到压迫之严重”③。原因在于，尽管蔡元培先生坚持“思想自由，兼容并蓄”的办学理念，但一个时代毕竟有一个时代的风气，这时候的北京大学思想界风头正劲的人物是陈独秀、胡适、高一涵等“新青年派”，他们针对传统文化展开了锋锐的批判。④

---

① 梁漱溟：《忆入北大任教事》，《梁漱溟全集》第 7 卷，第 460 页。
② 参见梁漱溟：《吾曹不出如苍生何》，《梁漱溟全集》第 4 卷，第 524—542 页。
③ 梁漱溟：《自述》，《梁漱溟全集》第 2 卷，第 12 页。
④ 参见梁漱溟：《自述》，《梁漱溟全集》第 2 卷，第 11—12 页。

而就在这一时期，梁漱溟的个人思想和生活也开始在佛、儒之间摇摆。当梁漱溟屡次发布《征求研究东方学者》等启事，并于1918年在孔子哲学第一次研究会上发表讲演的时候，他本人仍然没有下定出佛入儒的决心，但已经明显感觉到思想的摇摆不定对自己生活造成了极大的困扰。如其本人所言："年来生活，既甚不合世间生活正轨，又甚不合出世生活正轨，精神憔悴，自己不觉苦，而实难久支，一年后非专走一条路不可也。"① 此后，梁漱溟的父亲梁济先生心伤国难民艰、世风日下，留下了《敬告世人书》后，自沉于净业湖，试图通过这种"以身殉道"的方式稍微唤醒日趋败坏的世道人心。② 这或许对梁漱溟产生了非常大的触动，不久，梁漱溟即宣告："要作孔家的生活，而把这些年来预备要作佛家生活的心愿断然放弃。"③ 1921年，梁漱溟应邀到山东济南发表关于东西文化问题的系列演讲，旋即又在这次演讲记录的基础上，编辑而成《东西文化及其哲学》一书，提出了在当时学界就曾引起广泛议论、至今仍备受关注的"世界文化三期重现说"，认为"世界未来文化就是中国文化的复兴"。④

然而，有些吊诡和令人意外的是，就在梁漱溟对于中国文化将在未来世界复兴表现出极大乐观的同时，在政治社会方面，梁漱溟却一点都没有要排斥西方的民主、科学，拒之于千里之外的意思。恰恰相反，梁漱溟主张应当"全盘承受"西方文明，就此而言，《东西文化及其哲学》时期的梁漱溟非但不应被贴上"保守主义"的标签，反倒可以被视为"全盘西化论"之滥觞的一位首倡者。⑤ 这也难怪梁漱溟要一再地声称自己不是胡适、陈独秀等新青年派的"敌人"，而是他们的"一伙子""好朋友"：

---

① 梁漱溟：《在孔子哲学第一次研究会上的演讲》，《梁漱溟全集》第4卷，第555页。

② 参见梁济著，黄曙辉编校：《梁巨川遗书》，上海：华东师范大学出版社，2008年，第51—70页。应该说，梁济的自杀确实曾在当时社会引起一定的关注，但其实质性影响非常有限。Guy S. Alitto, *The Last Confucian: Liang Shu-ming and the Chinese Dilemma of Modernity*, Berkeley: University of California Press, 1986, pp. 62-69。

③ 梁漱溟：《〈东西文化及其哲学〉扉页照片题记》，《梁漱溟全集》第4卷，第655页。根据一些学者的说法，梁漱溟的"出佛入儒"直接受到其父梁济自杀事件的影响。参见郭齐勇、龚建平：《梁漱溟哲学思想》，北京：北京大学出版社，2011年，第25—32页。

④ 梁漱溟：《东西文化及其哲学》，《梁漱溟全集》第1卷，第525页。

⑤ 参见罗志田：《异化的保守者：梁漱溟与"东方文化派"》，《社会科学战线》2016年第3期；黄玉顺：《梁漱溟先生的全盘西化论——重读〈东西文化及其哲学〉》，《社会科学研究》2018年第5期。当然，亦有论者对此予以反驳，认为梁漱溟的新儒家思想与"全盘西化论"是既对立又互补的关系。参见张三萍、马慧玲：《梁漱溟是全盘西化论者吗？——与黄玉顺教授商榷》，《理论月刊》2022年第7期。

> 我不觉得我反对他们的运动！我不觉得我是他们的敌人，他们是我的敌人。我是没有敌人的！……在这时候，天下肯干的人都是好朋友！我们都是一伙子！此刻天下只有两种人：一种是积极努力的，一种是苟偷卑劣只想抢便宜的，苟偷卑劣只想抢便宜的弥漫满中国，我们同胡适之、陈独秀都是难得遇着的好朋友呀！我总觉得你们所作的都对，都是好极的，你们在前努力，我来吆喝助声鼓励你们！因为，你们要领导着大家走的路难道不是我愿领大家走的么？我们意思原来是差不多的。[①]

不过，梁漱溟的《东西文化及其哲学》到底不是新青年一派的论著[②]，在书中，他既宣称我们要对西方文化予以“全盘承受”，又指出需要对西方文化“根本改过，就是对其态度要改一改”[③]。推究梁漱溟的意思，无非是要本着中国古人（儒家）的态度来“全盘承受”西方的长处，我们姑且将之简单概括为“文化中国（儒家）＋政治经济西方（民主、科学）”的公式，这实际上并没有离开张之洞等人的“中体西用说”太远。但是，梁漱溟的高明之处在于将这一问题的讨论放在关于东西文化及其哲学的比较分析之上，这为他本人的倡议奠定了一个文化哲学的基础（尽管并不十分牢靠）。遗憾的是，这种处理方式使得《东西文化及其哲学》一书既充满各种矛盾与晦涩难懂之处（特别是其“三期文化重现说”），又在新（如胡适、陈独秀等“新青年派”）、旧（如梁启超、张君劢等“东方文化派”）两派人物那里都得不到认同。[④] 然这一时期的梁漱溟在政治社会思想上倾向于西方的民主政治自属可得之论。

文化上对于中国或儒家文化的充分自信和政治社会上的改弦更张乃至“全盘西化论”被梁漱溟整合在一起，这显然与那个动乱的时代大背景有关，诚如本杰明·史华慈教授所言，保守主义在近现代中国呈现出的一大特色就是，“它主要是一种文化的保守主义，基本上不牵涉主要的社会政

---

① 梁漱溟：《答胡评〈东西文化及其哲学〉》，《梁漱溟全集》第4卷，第743—744页。

② 本节不就两者之间的比较再做具体的展开，感兴趣的读者可详阅郑大华教授关于梁漱溟与胡适的比较研究。参见郑大华：《梁漱溟与胡适——文化保守主义与西化思潮的比较》，北京：中华书局，1994年。

③ 梁漱溟：《东西文化及其哲学》，《梁漱溟全集》第1卷，第525页。

④ 参见罗志田：《异化的保守者：梁漱溟与“东方文化派”》，《社会科学战线》2016年第3期；罗志田：《守旧的趋新者：梁漱溟与民初新旧东西的缠结》，《学术月刊》2016年第12期。

治现状”[1]。当时许多被贴上“保守主义”标签的人物（如同为“新儒家”代表人物的熊十力先生）都对西方的科学、民主不乏认同[2]，更重要的原因恐怕还是梁漱溟此后自我反省时所指出的，这个时候的他既没有多少实际的政治经验，又对中国社会缺乏深入的了解，仅仅因为看到西方政治制度的合理与巧妙，遂“模糊肯定中国……在政治和社会的改造上，物质的增进上，大致要如西洋近代或其未来模样”[3]。

三、投身实践：从乡村振兴中国

梁漱溟毕竟不是一位甘心端坐在书斋里面的学者，他想做的是真正能够“坐而言，起而行”的社会改造者，这样的人物不仅思考世界，更重要的是改变世界。因此，令人羡慕的国内最高学府的荣光、凭借《东西文化及其哲学》一书积聚起来的巨大声望，都没能继续将他留在北京大学的讲台上。离开北大的梁漱溟旋即转入了求解“中国问题”的人生新阶段。经历了一段并不成功的尝试和短暂的蛰伏之后，梁漱溟不懈探寻中国的立国之道，最终形成了从乡村拯救和振兴中国的思路，由此打开了通往乡村建设的道路。

（一）曹州办学

1924年夏天，梁漱溟毅然决然地辞去北京大学的讲席之职，宣告七年之久的北大教学和研究生涯至此画上句号。应该说，梁漱溟离开北京大学并不是突然的决定，早在1921年5月，他就曾致书胡适话别，引得胡适不住感叹：“此父子皆富于刺激性，故出此（他父巨川先生前年自杀）。”[4] 梁漱溟离开北大的主要原因在于其对当时教育制度的不满。他在《东西文化及其哲学》一书中提出：“要如宋明人那样再创讲学之风”(539)，以儒家思想“为现在的青年解决他烦闷的人生问题，一个个替他

---

① 〔美〕本杰明・史华慈：《论“五四”前后的文化保守主义》，许纪霖、宋宏编：《史华慈论中国》，北京：新星出版社，2006年，第80页。

② 关于当代新儒家与民主的关系，可参见何信全：《儒学与现代民主——当代新儒家政治哲学研究》，北京：中国社会科学出版社，2001年。

③ 梁漱溟：《主编本刊〈〈村治〉〉之自白》，《梁漱溟全集》第5卷，第8页。

④ 胡适：《胡适的日记》第1册，北京：中华书局，1985年，第42页。

开出一条路来去走”（539）。[①] 他曾在1922年的一次关于东西方教育不同的比较演讲中进一步指出：“中国人的教育偏着在情志的一边，例如孝弟……之教；西洋人的教育偏着知的一边，例如诸自然科学……之教。”（660—661）梁漱溟认为情志的教育更为根本，因此非常反对中国教育仿行西方模式，只注重传授各种知识，完全不顾及对学生的情志教育和人生道路的指引。[②] 梁漱溟恰好又在这时得着了一个实践其教育理想的机会，那就是王朝俊等人邀请他赴山东办学，从而为梁漱溟离开北大提供了一个重要的契机。[③]

邀请梁漱溟赴山东办学的王朝俊在山东地方上是一个极有力的人物，他本人早在1921年就已经与梁漱溟相识和交往。梁漱溟当年之所以能够得到山东省教育厅的邀请去做“东西文化及其哲学”的系列演讲，实际上正是得益于王朝俊的力荐。而梁漱溟在济南发表演讲期间，王朝俊不仅每天列席听讲，从未有一天中断，更是在每次讲演之后往往还与梁漱溟有更进一层的交流。王朝俊对梁漱溟关于东西文化的看法和教育理念都颇为赞成，于是就谈到了办大学。实际上，王朝俊本人早就有了创办一所曲阜大学的念头。[④] 地点选在孔子故里、儒学重镇的曲阜，则这所大学的办学宗旨恐怕亦不难想见——“不外是要发挥东方文化，最初的指导思想是把国粹派对传统文化与史学研究的强调与作为国教的康有为的儒学思想结合起来”[⑤]。但当时王朝俊的这一想法并没能打动梁漱溟，故而梁漱溟以办学人才不足为由加以推脱。王朝俊却显然不是一位肯轻言放弃的人物，他此后仍不断游说梁漱溟，并介绍梁漱溟与当时的国务总理靳云鹏（字翼青，山东济宁人）等人相识，几次三番地晤谈下来，创办这所旨在发挥东方文化的大学，举凡老旧先生与新派人物皆不堪用，只有落在梁漱溟这样一位“不旧不新”的人物身上才最合适。于是，这反倒成为梁漱溟不好再推脱、再回绝的一项任务了。

---

① 梁漱溟：《东西文化及其哲学》，《梁漱溟全集》第1卷。

② 参见梁漱溟：《东西人的教育之不同》，《梁漱溟全集》第4卷，第660—664页。

③ 促使梁漱溟离开北大尚有一层难言之隐，即梁本人仅有初中学历，“常遭到北大那些具有外国博士、硕士头衔的同事们的奚落”。（郑大华：《梁漱溟与现代新儒学》，台北：文津出版社，1993年，第32页）

④ 按梁漱溟的说法，王朝俊之所以热心于办大学，一方面固然是出于乡土情结，要在山东办一所自己的大学；另一方面也是因为受到了多方襄助，有一定的办学资本。参见梁漱溟：《曲阜大学发起和进行的情形并我所怀意见之略述》，《梁漱溟全集》第4卷，第726—731页。

⑤ 马勇：《思想奇人梁漱溟》，北京：北京大学出版社，2008年，第79页。

不过，顾虑到人才的不足、众人的办学宗旨也不统一，再加上自忖个人能力和经验实在有限等，梁漱溟还是没有率尔着手创办曲阜大学，而是提出先组织一学会，集合一群有志趣、有一定学识、有天资的青年才俊，为他们提供一个机会，供给他们研究所需的图书仪器及种种设备，并付以相当的薪俸，使之不必顾虑生计。这样，再让他们各凭自己的兴趣去做某一学科的研究，从而既为后续的办大学储备人才，同时图书馆、实验室等基础条件也都建立了起来。而重华书院这个原本就有的学术研究机构，既在王朝俊多年经营的大本营曹州，又已经具备一定的规模，当然是组织这一学会的上上之选。于是，梁漱溟便来到曹州接手主持书院事务，开始为“自己求友，又与青年为友”的教育改造实验。①

遗憾的是，梁漱溟这段早期的办学经历不到一年便宣告结束。关于梁漱溟的曹州之行为何如此匆匆收场，追随梁氏多年的学生李渊庭仅以“因山东政局变化”② 作为解释。这固然是一个不容忽视的重要原因，但更深层次的原因实际上还在于梁漱溟与王朝俊等人的办学理念乃至文化理念、价值信仰等均不相契。诚如梁漱溟自己后来所分析的那样：

> ……我尝申举“东方文化”一说以倡于世。近觉此事难言，已不复愿谈说此等名号。而王先生在京办《中华报》，则特标盛唱，哄动朝野。……于是我所谓东方文化，乃杂于彼所谓东方文化之中，而无从识别。将不为识者所谅，而为无识者滋其误会。东方文化苟有一线生机，岂不将以此而斩！我诚爱东方文化者，即不可不与之分家。然而我在曹州办学，不啻处彼家中。即无与之分家之理，则非离曹不可。③

说到底，还是因为梁漱溟自己认同的“东方文化”与王朝俊等人的“东方文化”并不完全是一回事。我们看到，王朝俊等人所理解的“东方

① 关于梁漱溟曹州办学的经过，可参见其本人自述，主要有《曲阜大学发起和进行的情形并我所怀意见之略述》《办学意见述略》《重华书院简章》等文，均收录于《梁漱溟全集》第4卷。此外，马勇先生关于梁漱溟的这段曹州办学经历梳理得颇为清晰，且有不少独到的见解。参见马勇：《梁漱溟教育思想研究》，沈阳：辽宁教育出版社，1994年，第85—126页；马勇：《思想奇人梁漱溟》，北京：北京大学出版社，2008年。

② 李渊庭、阎秉华编著：《梁漱溟先生年谱》，桂林：广西师范大学出版社，2003年，第66页。

③ 梁漱溟：《致徐名鸿等》，《梁漱溟全集》第8卷，第97页。

文化”实际上颇有类于当时流行的“国故”“国粹”那一套，而这些其实早在《东西文化及其哲学》一书中就已经被梁漱溟讽刺为“陈旧骨董”“死板板烂货”，根本就不配去和“陈先生（陈独秀——引者注）那明晰的头脑，锐利的笔锋”对垒。[①] 因此，曹州办学虽然并非毫无成绩，如聚合了一班朋友，招收了一群青年学生，甚至有甘心追随梁漱溟数十年而不离者（上文提及的李渊庭就是其中之一），但他本人却于此行颇有自悔之处。梁漱溟的曹州之行固然是碍于人情和面子不好推脱，但毕竟是将自己轻率地置于每日不得不“与本地人士暨军人官吏等相周旋”（97）的境地，回想起马一浮先生当年以“礼闻来学，不闻往教”（《礼记·曲礼》）拒绝赴北京大学任教的往事，曾经引之为笑谈的梁漱溟自是别生一番感触，以至“今乃深悟古语之所谓”（97）。[②]

值得肯定的地方在于，这到底是梁漱溟这样一位志在社会改造的行动者离开北京大学这座象牙塔、奔赴理想的第一步。我们不必刻意夸大其当初投身教育改造实验的动机或远景构想，但梁漱溟对现行教育制度的改造仍是继承着宋明儒家通过讲学等途径以化民成俗的遗风余韵而来。[③] 可以说，教育改造、重倡宋明讲学之风在梁漱溟那里始终是“实现自己政治理想的一种途径或道路”[④]。更重要的是，虽然“在初涉社会教育之时，梁漱溟在这方面的设想并不如日后那样深刻博大，但是这项事业却在几年之后成为他进入乡村建设运动的终南捷径”[⑤]。

（二）短暂迷茫

从曹州返回北京之后，梁漱溟又经历了一段相对沉寂的岁月。但梁漱溟毕竟不再是当初那个二十来岁、涉世未深的毛头小伙子，那时令他苦恼的更多是个体的人生问题，于是他沉迷在佛学之中，整天想着出家当和尚；这时候令其感到压迫和烦闷的则是整个的中国问题，是中国到底有没

---

① 参见梁漱溟：《东西文化及其哲学》，《梁漱溟全集》第1卷，第531—532页。

② 梁漱溟：《致徐名鸿等》，《梁漱溟全集》第8卷。关于马先生以“礼闻来学，不闻往教”拒绝蔡元培先生邀请其赴北大任教一事的详细经过，参见刘梦溪：《马一浮与国学》，北京：生活·读书·新知三联书店，2018年，第56—57页。

③ 参见黄书光主编：《中国社会教化的传统与变革》，济南：山东教育出版社，2005年，第95—108页。

④ 马勇：《思想奇人梁漱溟》，北京：北京大学出版社，2008年，第77页；罗志田：《讲堂论学：梁漱溟特有的论学模式》，《文史哲》2017年第5期。

⑤ 王宗昱：《梁漱溟》，台北：东大图书公司，1992年，第29页。

有路可走，又要去走哪条路的大问题——“问题之来，要我如何能不问呢？眼前没有路走，逼到你讨一个解决，你能装聋作哑么？”① 他感到迷茫，他觉得困惑，他不知道路究竟在哪里，但他又必须去思考、必须去寻找，他的政治热情，他的拯救国家与社会的抱负，他对于生活如此认真、不肯随随便便的态度，都逼着他不能够放松或者糊里糊涂地跟着一班人去干。他必须首先解决的是自己心中的问题！必须要做的是首先扫除自己胸中的烦闷、犹豫和没有主张！

在这相对沉寂的几年，梁漱溟大体上做了以下几件事情：首先，梁漱溟回京后，暂住清华园，谢绝一切外务，专心完成了他本人多年来的一个心愿，即将父亲梁济先生的遗稿整理一遍，编为《桂林梁先生遗集》，凡六卷，包括《遗笔汇存》《感劬山房日记节抄》《侍疾日记》《辛壬类稿》《伏卵录》和《别竹辞花记》②，并为父亲撰写了年谱一卷，写成《思亲记》一文，既感念父亲当年的养育教导之恩，又深刻反省自己的种种过错，特别是在父亲生前死后的种种悖逆言行，以稍微求得某种精神上的解脱。上述事均在 1925 年。1926 年春，梁漱溟和熊十力、卫西琴（卫中，德国人）③ 等先生，以及薄蓬山、高赞非、李渊庭、云颂天等几个信得过的学生，十来人一起在北京西郊之大有庄赁屋同住共学，共同研讨儒家哲学和心理学。当年的 5 月间，梁漱溟开始撰写《人心与人生》，边写边为众人讲解，这是梁漱溟完成《东西文化及其哲学》一书之后不久，自感该书中谈论儒家的心理学完全错误，而立志要写成的一本书，但由于种种原因直到其晚年才最终得以完成。④ 1927 年寒假期间，北京的各大专院校学生会联合举办学术讲演会，梁漱溟应邀前往并做了以“人心与人生”为主题的系列演讲，前后达 3 个月、计 20 次。这次出来演讲实际上也是无奈之举。由于长年坐吃山空，当时的处境已是有债无粮，故希望做点力所能及的事情以赚钱补贴家用。因此，梁漱溟向组织者提议这次演讲印发听讲证，“向各听讲人收费银币一元”⑤，并且得到了组织者的同意，据说效果

① 梁漱溟：《主编本刊（〈村治〉）之自白》，《梁漱溟全集》第 5 卷，第 8 页。

② 参见梁漱溟：《桂林梁先生遗书叙目》，《梁漱溟全集》第 8 卷，第 597—598 页。

③ 梁漱溟曾撰文介绍其学说，可参见《卫中先生自述题序》《介绍卫中先生的学说》等，均收入《梁漱溟全集》第 4 卷。

④ 此书最终完成于 1975 年，当时的梁漱溟已经年过八十。参见梁漱溟：《〈人心与人生〉自序》，《梁漱溟全集》第 3 卷，第 525—535 页。

⑤ 梁漱溟：《人心与人生・书成自记》，《梁漱溟全集》第 3 卷，第 771 页。

还不错，先后发出去听讲证一百多份。同年，梁漱溟早先派去广东进行考察的学生王平叔、黄艮庸返京，向梁漱溟汇报了他们一年多来“随师北伐一路到了武汉”① 的一段新鲜经历，而这时候的梁漱溟自己心中的疑惑也在渐渐“开悟消释”，正如他后来在主编《村治月刊》的时候所言：

> 悟得了什么？并不曾悟得什么多少新鲜的。只是扫除了怀疑的云翳，透出了坦达的自信；于一向所怀疑而未能遽然否认者，现在断然地否认他了；于一向之所有见而未敢遽然自信者，现在断然地相信他了！否认了什么？否认了一切的西洋把戏，更不沾恋！相信了什么？相信了我们自有立国之道，更不虚怯！②

梁漱溟到底是一个行动中的人物，是一位热心的社会改造者，当他与几位先生、一班学生天天聚在一起讨论儒家哲学、心理学的时候，自己内心真正牵挂的仍是中国向何处去的大问题。③ 一旦想清楚了，一旦胸中重新有了自信和主见，也就是他再次回到实践当中来的时候了。1927 年 5 月，梁漱溟在王平叔、黄艮庸二人的陪同下前往广东，从此经历了另一番的人生际遇。

（三）广东乡治

梁漱溟到底悟出了些什么，让他如此自信地重新回到实践，再次奔赴改造社会的理想？简单地说，这就在于梁漱溟超越了当初“热心某一种政治制度表面之建立”的阶段，而开始“完全注意习惯之养成”。④ 他认识到政治制度与政治习惯之间有着莫大的关联。换言之，任何一种政治制度无论看上去多么合理、巧妙，如果没有与之相应的政治习惯作为支持，那么，就根本不可能真正地建立并运转起来。西方民主之所以难在中国社会落地、生根和发芽，就在于中国社会没有与之相应的政治习惯作为其生长

---

① 李渊庭、阎秉华编著：《梁漱溟先生年谱》，桂林：广西师范大学出版社，2003 年，第 72 页。

② 梁漱溟：《主编本刊〈村治〉之自白》，《梁漱溟全集》第 5 卷，第 13 页。引文中的着重号原文即有，并非笔者所加。

③ 诚如马勇先生所言，梁漱溟这个时候关心和思考的已经不是五四运动前后的东西文化问题，而是落在实实在在的政治问题上面，要为中华民族求得一个根本的前途。参见马勇：《思想奇人梁漱溟》，北京：北京大学出版社，2008 年，第 91 页。

④ 梁漱溟：《自述》，《梁漱溟全集》第 2 卷，第 21 页。

的土壤。

那么，梁漱溟所谓的“习惯之养成”是否即通过某种方式或途径在中国社会当中培育出可供西式民主成长的土壤呢？应该说，1927 年梁漱溟前往广东寻找机会的时候，他心目中所想的大概不外于是，并且，梁漱溟还相信自己已经找到了培养这种政治习惯的方式——从小范围的乡村自治入手。盖梁漱溟所理解的政治习惯“即团体生活之习惯”，具体言之，则要求一方面培养团体分子对于本团体或公共事务的注意力，另一方面则要培养团体成员参与本团体或公共事务的活动力，这就最好也最适合从小范围的乡村社会即梁漱溟所谓“乡村自治”入手。不过，诚如梁漱溟后来所指出的，他这个时候由于注意到政治习惯而关心乡村自治，其中的认识实际还谈不上多么深刻，因为“彼时我虽然觉悟到中国如果要实现西洋式的政治制度，非先从培养此种制度之基础即养成新习惯入手不为功。而未悟此种制度原不能实现于中国”①。易言之，他这时候要培养的正是能够让类似于西式民主制度在中国社会生根发芽并运转起来的政治习惯。

尽管这样的认识仍不够深刻，但到底是重新有了行动的思想和主张，对于梁漱溟这样一位“为行动而思考的儒者”② 来说，他在这个时候跑到当时从整个中国阴霾的政局中透出一缕明媚阳光的广东，恐怕并非一时的兴之所至，而是经过了自己内心的一番权衡和取舍，更何况这个时候在广东主政的正是梁的老熟人李济深（以总参谋长代总司令留守后方）。③ 梁漱溟心中既然已经打定主意，有了要做一番乡治事业的打算，所以，当他和李济深刚一见面，劈头就直接询问李对于时局的看法——“现在中国顶要紧的事是什么?”（18）不过，军人出身的李济深却是一位“厚重少文”、向来话不多的朋友。他对梁漱溟说，照他自己看，最要紧的是统一，建立一个有力的政府。然后，李济深慢慢地申言广东从前分裂的种种状况，到渐渐统一起来，内部整理得有个样子之后，才有力出师北伐，广东一省既是如此，全国也理应如是。但梁漱溟却故意要泼这位老朋友一盆冷水，告诉他：“国家是不能统一的；党是没有前途的；凡你的希望都是做不到的。”（18）于是，李济深“当下默然，许久不作声”（18），两人的第一次

---

① 梁漱溟：《自述》，《梁漱溟全集》第 2 卷，第 22 页。

② 韦政通：《梁漱溟：一个为行动而思考的儒者》，《时代人物各风流》，北京：中华书局，2011 年，第 159—187 页。

③ 除李济深外，广东政界还有梁漱溟非常尊重的伍观淇先生，有关李济深、伍观淇与梁漱溟的交往经过，可参见马勇：《思想奇人梁漱溟》，北京：北京大学出版社，2008 年，第 95—99 页。

谈话随即结束。①

此后，梁漱溟在广州稍住一周，就到同行的学生黄艮庸离广州五十里之外的家乡——新造细墟（在今广州市番禺区）——闲居读书，安心等待属于自己的机会。孰料当年的12月间，广州政局发生了动乱，李济深匆匆从上海赶回来“戡乱”，亟盼梁漱溟能够出山相助。这个时候的李济深——照梁漱溟的话来说——“似乎有点回味我那初见他时所说的怪话”(19)，而梁漱溟的广东之行本来就有自己的一番考量与打算，因此，他也愿意乘此机会和李济深作一番深谈，索性直接住到了李的总部，“每作夜谈”(19)。按梁漱溟告诉李济深，中国最近的未来实际上仍不外是一些分裂的小局面，原因在于，超个人的“法”和超个人的“党”都没办法建立起来，故李氏曾经希望的统一恐怕在短时期内是难以实现的。至于这些在各个分裂的小局面中掌权的人，好一点的或许能够做出些建设性的成绩，差的就只剩下为祸地方了，而他对于李济深的期望却在这两者之外，他希望李能够“替中国民族在政治上，在经济上、开出一条路来走，方为最上”(19)。具体应当如何去做呢？老实不客气地讲，这正是他梁某人所谓的乡治。李济深表示愿意接受梁漱溟的这一期望，认为可以在广东试办乡治。自此，梁漱溟便决心留在广东，有时也参与地方政务，大概不外乎替李济深等人出出主意。②

1928年3月中旬，李济深等人平定了广东政局的动乱，要去南京面见蒋介石，梁漱溟特意随行。因为李济深既在广东主政一方，则不难想见当他在广州的时候举凡军政事务在在不能或离，各种应酬自然更不会少，也就不可能从从容容地坐下来，听梁漱溟发表一些长篇大论，反倒是在旅途的行船上，抛开了诸多外务的干扰，他有大段的时间来听梁漱溟演讲。于是，在从香港到上海的三天船上时间，每天吃过早茶或午饭，众人便聚在客厅，围坐在一起，听梁漱溟讲他自己多年的研究心得，其中的重点显然是梁氏乡治的一套理论。到了上海以后，李济深等人随即转到南京会晤蒋介石，而梁漱溟则应邀前往参观了陶行知先生创办的南京晓庄师范学校，这次参观给梁漱溟留下了非常深刻的印象。③

从南京回来以后，梁漱溟即代李济深担任广州政治分会建设委员会主

---

① 梁漱溟:《主编本刊(〈村治〉)之自白》,《梁漱溟全集》第5卷。

② 梁漱溟:《主编本刊(〈村治〉)之自白》,《梁漱溟全集》第5卷。

③ 参见梁漱溟:《抱歉——痛苦——一件有兴味的事》,《梁漱溟全集》第4卷,第839—852页。

席一职，他在会中提出《请办乡治讲习所建议书》，并附有试办计划大纲。在获得建委会的通过之后，就要层层上报、审批，再层层批转下来，这原本是官僚体制运作的规定程序。但就在这段漫长的公文“旅行”中，梁漱溟又开始担心时机是否真的到来了，便主动请求到国内已经开展乡村运动的各地——当时的乡村运动虽然远没有到20世纪30年代蔚为大观的程度，但也已经有了不少的先行者（参见“附录二”），引起了梁漱溟的关切和兴致——先行作一番考察。在向广东省政府请得考察经费之后，梁漱溟便于1929年2月偕同冯炳奎、周用、伦国平等人离粤北上，经江苏昆山至河北定县再到山西汾阳、介休等县一路考察过去。

梁漱溟此行原本计划一个月左右即行返粤，伺机开展自己的乡治实验。孰曾料想，就在梁漱溟一行北上之后不久，广东政局再次发生大的变动。3月21日，李济深被蒋介石下令软禁在汤山，原因是当蒋介石打击桂系军阀的时候，李济深非但没有对蒋施以援手，反倒暗中帮助桂系，图谋推翻蒋介石。这样，梁漱溟想要在广东开展乡治实验的政治靠山就倒掉了，自然也就没有再回广东的必要，此后他便留在北方，继续等待和寻找自己的机会。

（四）河南村治

广东政局变动，让梁漱溟的乡治实验不得不胎死腹中，他再次借居在北京清华园内，准备着手写《中国民族之前途》一书（未果）。其间，北京大学、东北大学等高校皆来邀聘，梁漱溟一概谢而不就。显然，这个时候的梁漱溟早就不满足于只当一个发表言论的学者了。不久，老朋友王朝俊找到梁漱溟，介绍他和当时正在筹办河南村治学院的梁耀祖、彭禹廷等人认识，梁、彭二人遂商请梁漱溟共同合作。1929年秋，梁漱溟到河南辉县百泉（即河南村治学院所在地），受聘为村治学院教务长，并在众人的一致推定下，拟写了《河南村治学院旨趣书》及组织大纲、学则、课程等文件。①

从这份《河南村治学院旨趣书》来看，梁漱溟对于“村治”或“乡治”意义的理解，已经大大超越了他在《请办乡治讲习所建议书》中的观点，即通过乡治来训练人民的政治习惯，“以行训政之实，而立宪政之

① 参见马勇：《思想奇人梁漱溟》，北京：北京大学出版社，2008年，第117页。

基”①。这个时候的梁漱溟在开头便说：“我之于近代国家不必求，不可求，不能求。所谓不必求者，吾民族自救之道非必在是也。所谓不可求者，是非吾民族精神之所许也。……所谓不能求者，吾人今欲取径于资本主义以发达产业既不能也。”② 质言之，在他看来，乡治或村治的意义已不再是“当今建设事业之一”“训政期之一种紧要工作”，而实实在在的是一种文化运动，是“中国民族自救运动四五十年来再转再变，转变到今日——亦是到最后——的一新方面”③。

1930 年 1 月，河南村治学院开学，梁漱溟任教乡村自治组织等课。6 月，梁漱溟接编《村治月刊》——当梁漱溟还在广东的时候（1928 年），王朝俊就曾屡次电邀其北上，目的之一就是要办《村治月刊》，但看到梁漱溟一时来不了，于是王朝俊等人便先行办起了刊物——并陆续在这份刊物上发表了多篇重要的文章（见表 1.1）。这些文章后来大多收入梁漱溟于 1932 年出版的《中国民族自救运动之最后觉悟》一书，显示出梁漱溟政治社会思想的逐步成熟。

表 1.1 梁漱溟发表在《村治月刊》上的主要文章一览（1930—1932）

年份	文章	期次
1930	《主编本刊（〈村治〉）之自白》	一卷一期
	《中国民族自救运动的最后觉悟》	一卷二、三、四期
	《我们政治上的第一个不通的路——欧洲近代民主政治的路》	一卷三、六、七期
1931	《丹麦的教育与我们的教育——读〈丹麦民众学校与农村〉》	二卷五、八期
	《我们政治上的第二个不通的路——俄国共产党发明的路》	二卷五期
1932	《我们政治上的第二个不通的路——俄国共产党发明的路》	二卷九、十期合刊，二卷十一、十二期合刊

资料来源：据《梁漱溟先生年谱》（李渊庭、阎秉华编著）和《梁漱溟全集》等资料整理。

① 梁漱溟：《请办乡治讲习所建议书》，《梁漱溟全集》第 4 卷，第 832 页。

② 梁漱溟：《河南村治学院旨趣书》，《梁漱溟全集》第 4 卷，第 912—913 页。

③ 梁漱溟：《主编本刊（〈村治〉）之自白》，《梁漱溟全集》第 5 卷，第 21 页。

应该说，河南村治学院在梁漱溟等人的主持下进展得有声有色，学生们受到了训练，而梁漱溟本人多年的理想也有了一次试验的机会。① 但好景不长，1930 年 5 月，中原大战爆发，河南成为主战场，河南村治学院一度迁往北京，待到以蒋介石的军队进驻开封、取得胜利而宣告结束的时候，河南村治学院的政治靠山韩复榘亦被调往山东，这使得学院面临重重困难，反对者日渐增多。在这种情况下，学院不得不在成立未满周年、尚未真正等到开花结果的时候就匆匆收场。

（五）山东乡建

河南村治学院曲终人散，其政治大靠山原本是冯玉祥及其部将、担任河南省政府主席的韩复榘，当冯玉祥部向西撤退进入关中之时，韩即宣布脱冯投蒋，蒋介石遂以中央政府名义任命他为山东省政府主席。

河南村治学院停办之后，村治学院同学会仍在河南汲县继续创办学校，致力于一些乡村改造与建设工作，旨在改善农民生活，巩固地方治安，增加农业生产等。同学会的这些活动自然离不开河南村治学院的培养，于是商定公推王光普、孟宪光两人代表全院学生专程到济南向韩复榘表达谢意，而梁耀祖也需要就河南村治学院停办及善后事宜对韩当面做个交代，于是便和王、孟两人一起，经北平赴济南专程拜见韩复榘。孰料，听完梁耀祖的介绍之后，韩复榘当即表示，既然河南村治学院已经结束，不妨偕村治学院的同人们到山东来继续完成未竟之志。韩复榘的提议十分突然，大大出乎梁耀祖等人的意料，因此，梁耀祖只能回答说，容他回北平与梁漱溟等商量以后再做答复。

河南村治学院停办之后，梁漱溟就回到北京继续负责《村治月刊》的编辑工作，听梁耀祖说明情况后，心觉如果能在山东重办一个类似于河南村治学院的机构也未尝不是一件好事。这样，1931 年初，梁漱溟、梁耀祖一行再次来到济南，并与从河南赶来的王柄程以及原本就在山东的朱经古、陈亚三等人反复商讨如何在山东继续他们过去在河南未曾完成的事业，众人协商的结果是不再沿用“村治”“乡治”等词，而改称“乡村建

① 值得注意的是，梁漱溟在河南村治学院中虽是一有力人物，但他与王朝俊、梁耀祖等人关于村治的理解仍存在不小的分歧，甚至出自其手的《河南村治学院旨趣书》等文件也不得不在一定程度上做出妥协，而并不能完全代表梁漱溟本人的思想。参见马勇：《梁漱溟教育思想研究》，沈阳：辽宁教育出版社，1994 年，第 176 页；马勇：《思想奇人梁漱溟》，北京：北京大学出版社，2008 年，第 117—118 页。

设”，取其通俗易晓。同时，考虑到原来的“村治”缺乏研究之意，遂“易名为山东乡村建设研究院”[①]，选定邹平为实验区（后又在菏泽设一分院，开展实验）。经与韩复榘协商，梁耀祖出任院长，孙则让任副院长兼训练部主任，梁漱溟担任研究部主任一职。

尽管在山东乡村建设研究院成立之初梁漱溟仅为研究部主任，并不负主要的行政责任，但由于他的思想家性格及行为方式，他实际上是当中的灵魂人物，诸如《山东乡村建设研究院设立旨趣及办法概要》等规则、章程不仅大多出自梁漱溟的手笔，并且也在相当程度上体现了梁漱溟本人的思想和办学方法。[②] 通过《山东乡村建设研究院设立旨趣及办法概要》等文件，我们还可以看到，相比于广东试办乡治或河南村治学院时期，梁漱溟对“乡村建设”（“乡治”“村治”）之意义及其具体做法等的思考也越来越深刻、细致。例如，梁漱溟明确批评西方资本主义是“一种病态文明，而人类文化的歧途”（222），认为中国要通过合作的途径，使“农业工业自然均宜的发展”（223），从而开出一种“正常形态的人类文明”（223）——“乡村文明”。至于他本人关于乡村建设的具体事项，如政治、经济和教育等三大方面工作的意义及具体做法之构想，同样比过去更加成熟。[③]

经过一段紧锣密鼓的筹备时期，1931 年 6 月 15 日，山东乡村建设研究院正式开学。首批招收乡村建设研究部学员 30 人，“入学者为大学专门学校毕业，或有同等学力者”（303），规定修业年限两年，分基本研究、专科研究两个阶段教授课程。同时，招收乡村服务人员训练部学员约 300 人，这些学员全部来自旧济南道属的 27 个县，除实验县邹平有 40 余人外，其他各县平均 10 人，规定凡入学者“须世代居乡”“中学毕业”（303），修业年限一年，课程除思想教育层面的党义研究、精神陶练之外，主要包括乡村经济、政治生活和村民自卫诸方面的一些实用技能或知识（如经济方面的簿记、社会调查统计等）的传授。[④]

山东的乡村建设运动，无疑是梁漱溟个人事业的一座巅峰，并在整个

---

① 梁漱溟：《山东乡村建设研究院工作报告》，《梁漱溟全集》第 5 卷，第 388 页。

② 参见马勇：《思想奇人梁漱溟》，北京：北京大学出版社，2008 年，第 121 页。

③ 梁漱溟：《山东乡村建设研究院设立旨趣及办法概要》，《梁漱溟全集》第 5 卷。

④ 梁漱溟：《山东乡村建设研究院之工作》，《梁漱溟全集》第 5 卷。

民国时期的乡村运动史上留下了浓墨重彩的一笔。[①] 随着运动的深入，梁漱溟扮演的角色越来越重要，地位越来越关键，他本人不仅被频繁地邀请参加各种关于民众教育、社会教育或乡村工作的研讨会，并在 1934 年因山东省政府增设济宁专区等 14 县作为实验区，调梁耀祖任济宁专员后，继任为乡建院院长。[②] 直到 1937 年，日本政府悍然发动卢沟桥事变，中华民族进入全面抗战阶段，梁漱溟本人同样积极投身抗战救亡的伟大事业，山东乡村建设运动至此不得不宣告结束。

值得注意的是，尽管一直都在行动之中，梁漱溟关于中国问题的思考却从未停止，反而随着实践经验的日积月累开始真正成熟，他对于“老中国”的认识愈发深刻，对于中国的未来更增自信。而正是在深入乡村建设实践的过程中，梁漱溟逐渐认识到了社会教育的重要意义，如其指出的，社会教育与乡村建设大有合流之势。这不仅仅是因为当时社会各界事实上已经在二者间画了等号，如山东乡村建设研究院一直被某些中外人士看成是“改造教育的机关”，梁漱溟本人亦曾多次受邀参与社会（民众）教育主题的会议，而乡村工作讨论会同样不乏晏阳初、黄炎培诸位从事教育事业的先生前来参加。更重要的是，梁漱溟意识到这样的合流正是中国社会问题促成的。原因在于，中国社会的改造不是遵循历史地自然演进，而是受到外部世界的刺激，即强势的西方文明与强力的西方国家的入侵使得中国社会的旧秩序难以继续维持，逼迫中国社会不得不改弦更张。在这种情况下，为了培养人们的政治习惯以支持新秩序的建立和运转，就必须走社会教育这条路。梁漱溟正是由于注意到政治习惯的重要性，为了培养其所谓的“新政治习惯”才转入乡村建设运动的，而在乡村建设运动不断深入的过程中，社会教育也在梁漱溟那里被越来越明确地树立为振兴乡村社会的方法——“我们为方法的探求不得不归到教育”（431）——以至于在他看来，“乡村建设与社会教育，是一而二，二而一者”（436）。[③]

---

① 参见郑大华：《民国乡村建设运动》，北京：社会科学文献出版社，2000 年；何建华、于建嵘：《近二十年来民国乡村建设运动研究综述》，《当代世界社会主义问题》2005 年第 3 期；祝彦：《“救活农村”：民国乡村建设运动回眸》，福州：福建人民出版社，2009 年；吴星云：《乡村建设思潮与民国社会改造》，天津：南开大学出版社，2013 年。

② 参见李渊庭、阎秉华编著：《梁漱溟先生年谱》，桂林：广西师范大学出版社，2003 年，第 95—136 页。

③ 梁漱溟：《社会教育与乡村建设之合流》，《梁漱溟全集》第 5 卷。梁漱溟关于社会教育与乡村建设之关系的详细论述，参见其《社会教育与乡村建设之合流》《乡村建设与社会教育》《民众教育何以能救中国？》等文，均收录在《梁漱溟全集》第 5 卷。

四、文如其人：梁漱溟之典型人格特征

《孟子·万章下》云："颂其诗，读其书，不知其人，可乎?"在梳理了梁漱溟主要的人生经历和思想发展历程（截至1937年）之后，我们需要针对梁漱溟先生的典型人格特征略作一番"知人"的探讨。诚然，梁漱溟的思想体系斑驳庞杂，他本人也是个"既好动又能静"①、一生经历极为丰富的人物。梁漱溟以其自我克制和近乎偏执的自信（甚至自负）而闻名，"大大的光头，深邃宁静的眼睛，倔强不屈的嘴唇，低沉但是坚定的声音，所有这一切塑造出了一个安静的、沉着有力的形象"②。不过，梁漱溟经常在各类演讲当中介绍他自己，甚至不吝惜对自己进行非常坦诚、深刻的剖析，这让我们有可能走近梁漱溟这个人物，"读其书如见其人"③。

（一）独立人格

梁漱溟曾经使用"独立思考，表里如一"八个字概括自己一生为人、治学和行事的总体特征，照他自己的解释："'独立思考'就是不是人云亦云，人家说什么跟着说，不是那么样。'表里如一'，我心里有什么就说什么，表面跟里头是一样的，不隐瞒。"④ 这八个字已经透露出梁氏性格之中的最显著特征：强烈的自信（甚至有时表现得多少有些执拗）与果决的行动（"有什么样的思想就过什么样的生活，就有什么样的行动"）。据梁漱溟自述，他从小便是一个"好用心思"的人，到十四岁以后，更是"胸中渐渐自有思想见解，或发于言论，或见之行事"⑤。梁漱溟还跟他的思想见解"不讲办公时间"，他有什么样的思想就去过什么样的生活，便会

---

① 梁漱溟:《中国文化要义·自序》,《梁漱溟全集》第3卷,第5页。

② 〔美〕艾恺:《最后的儒家:梁漱溟与中国现代化的两难》,王宗昱、冀建中译,北京:外语教学与研究出版社,2013年,第4页。

③ 美国学者艾恺曾与晚年梁漱溟有过多次交谈,他有缘见到梁漱溟先生的时候,不禁感慨:"使我惊喜的是,他几乎与我想象中的那个人相同。这在很大程度上是因为梁漱溟的表里如一,读其书如见其人。"〔美〕艾恺:《最后的儒家:梁漱溟与中国现代化的两难》,王宗昱、冀建中译,北京:外语教学与研究出版社,2013年,"中文版序言"第3页。

④ 〔美〕艾恺采访,梁漱溟口述,一耽学堂整理:《这个世界会好吗?:梁漱溟晚年口述》,天津:天津教育出版社,2011年,第83页。

⑤ 梁漱溟:《我的自学小史》,《梁漱溟全集》第2卷,第665页。

有什么样的行动。因此，梁漱溟认同佛教出世思想的时候，就立马不吃肉、不娶妻，“必要出家做和尚而后已”①，而当他所见不同以后，生活方式亦改。从这个意义上说，梁漱溟可谓金岳霖先生所论之“中国哲学家”之典范。②

梁漱溟先生这种颇具典型意义的人格特征的形成，一方面固然是与其本人的性格特点密切相关的，诚如梁漱溟剖析自己时指出的，他生性就是一个非常不肯轻易、随便的人，不肯马马虎虎地过一种在思想上并未（十分）认定的生活。“因为我对于生活如此认真，所以我的生活与思想见解是成一整个的，思想见解到哪里就做到哪里。……别的很随便度他生活的人可以没有思想见解；而我若是没有确实心安的主见，就不能生活的。”③另一方面，倘若从当代西方人格心理学（personality psychology）的观点来看，很显然，梁漱溟这种人格特征的形成与其特殊的成长环境和人生经历也是分不开的。

首先，当代人格心理学非常重视父母采取的教养方式或教养风格之于子女人格形成的影响，由此引发了一系列关于父母教养方式（或者教养风格）的探讨④，而在梁漱溟人格形成的过程中，我们实际上同样可以清楚地看到其父梁济先生的影响。前文已经述及，梁济在子女教育问题上特别是在对待梁漱溟的时候，表现出了超乎寻常的包容与开明，其宽容和开明的程度即便放在今时今日的中国社会依旧十分罕见。这种颇类于西方心理学界所谓自由放任型的教养风格，无疑有利于促成子女的自主精神，并在很大程度上助成了梁漱溟形成独立人格，就连梁漱溟自己也承认：“我今天感到父亲这样态度对我的成就很大，实在是意想不到的一种很好的教育。”⑤

不过，父母的教养方式或教养风格究竟能在多大程度上影响其子女的人格形成，这在当代西方心理学界仍有不小的争议，而从“龙生九子，秉性不同”之类的俗语来看，我们也不能够断然相信，父母的教养方式或教养风格决定了子女的人格发展，更重要的因素或许仍要从个人成长的大环

---

① 梁漱溟：《自述》，《梁漱溟全集》第 2 卷，第 9 页。

② 参见金岳霖：《中国哲学》，《哲学研究》1985 年第 9 期。

③ 梁漱溟：《东西文化及其哲学》，《梁漱溟全集》第 1 卷，第 343 页。

④ 参见〔美〕罗斯・埃什尔曼、理查德・布拉克罗夫特：《心理学：关于家庭》，徐晶星等译，上海：上海人民出版社，2012 年，第 384—390 页。

⑤ 梁漱溟：《我的自学小史》，《梁漱溟全集》第 2 卷，第 694 页。

境（如学校教育、朋辈群体等）之中来寻找。[①]

梁漱溟生于1893年，第二年就爆发了甲午中日战争，而清政府在这场战争中遭遇的惨败令人震惊。虽然近代史上的中国对外战争向来都是败多胜少，但惨败于日本这个昔日东方的“蕞尔小国”，仍几乎是撕掉了颟顸无能的清政府最后的一块遮羞布。这不仅直接刺激了清朝光绪皇帝支持康有为、梁启超等人的维新变法，试图通过这一变法运动以自强，更使得中国社会的有识之士越来越清楚地认识到不能再因循故步，从而有了诸多破旧立新的创举。如在教育领域，原本被奉为不容置疑之经典体系的四书五经似乎再难对人生和社会秩序进行全方位的安顿（所谓“修、齐、治、平”），而科举制度更是备受人们的攻击与质疑。因此，光绪帝等人主持的维新变法，宣布将在三年以后（即1900年）废止科举。虽然这场维新变法运动由于种种原因仅维持了103天就草草收场，其各项变革举措也大多是恢复旧制，但“在新教育方面似乎沿着先前的道路走下去”[②]。1899年，也就是戊戌变法的次年，福建人陈鑅就在北京创办中西小学堂这样一所“洋学堂”，原本不太主张儿童读经的梁济便命梁漱溟前往就学。尽管当时的政局动荡不安，学制更是变来改去，梁漱溟经历了颇为独特的“四个小学”“五年半底中学”的早期求学生涯，但他却在一帮同学（如廖福申、郭人麟等）的影响下，掌握了自学这种令其终身受益的方法，并坚信：“任何一个人的学问成就，都是出于自学。学校教育不过给学生开一个端，使他更容易自学而已。”[③]

基于这样的理解，梁漱溟对于何谓“学问”同样有自己的独到之见。在他看来，“学问就是能将眼前的道理、材料，系统化、深刻化。更扼要地说，就是‘学问贵能得要’，能‘得要’才算学问”[④]。而在1928年为广州中山大学哲学系同学所做的演讲当中，梁漱溟说得更明白，他认为，学问的积累并不在于读书的多少，而在于自己胸中是否有主见，“有主见就是有学问！遇到一个问题到眼前来而茫然的便是没有学问！”[⑤] 这种凡

---

① 例如，美国心理学家朱迪斯·哈里斯认为，相比同辈群体，父母的教养方式不会对子女人格产生持久影响。Judith R. Harris, *The Nurture Assumption: Why Children Turn Out the Why They Do*, New York: Free Press, 1998。

② 马勇：《思想奇人梁漱溟》，北京：北京大学出版社，2008年，第11页。

③ 梁漱溟：《我的自学小史》，《梁漱溟全集》第2卷，第661页。

④ 梁漱溟：《朝话》，《梁漱溟全集》第2卷，第60页。

⑤ 梁漱溟：《如何成为今天的我》，《梁漱溟全集》第4卷，第860页。

事“依自不依他”、远远超过旁人的自信态度，铸就了梁漱溟“独立思考，表里如一”的人格特征。

（二）士人情怀

梁漱溟从小就展现出其终生奋斗的最大特色：强烈的政治与社会关怀，不甘心只做一个书斋里面的学者。他在很小的时候即“好论时事”，与父亲梁济的谈话更是“所语者什九在大局政治，新旧风教之间”①。这种强烈的政治社会关怀使他在凭借《东西文化及其哲学》一书“暴得大名”之后，仍毅然决然地离开了令人欣羡的北大讲台，接受王朝俊等人的邀请赴山东曹州办学，而梁漱溟一生先后参与乡村建设运动、投身抗战事业、奔走国内和平与国家建设，都体现出这一鲜明的人格特征。梁漱溟曾经将自己这种强烈的现实关怀和参与社会改造运动的热情归结于其所秉持的立场——“中国传统文化中所谓士人的立场”②。我们从梁漱溟身上感受到的，也正是这样一种儒家传统的士人情怀。

何谓儒家传统的“士人情怀”？“士”和“君子”“仁”等概念一样，虽然在儒家学派出现之前就已存在，但我们现在多是通过古典儒家（特别是孔、孟、荀三子）的界定来理解它。如果从历史的观点来考察其起源的话，则大多数近现代学者认为，“士”最初指的是武士，经过春秋、战国激烈的社会变迁之后，才逐渐转化为文士。也就是说，“士”成为中国历史上知识阶层的一种统称。经过孔子、孟子等人的一番重新解释，“士”在儒家传统中不再是一种泛泛意义上的“文士”，而成为“道”的担当者，即所谓“士志于道”（《论语·里仁》）。当然，这并不是说“士”只有在古典儒家那里才是与“道”结合在一起的。实际上，在“道术将为天下裂”（《庄子·天下》）的春秋战国时期，诸子不仅纷纷论“道”③，而且也都试图在“士”与自己所谈论的“道”之间建立起某种形式的关联，但“士”应当以“道”自任，只在古典儒家这里才表现得最为强烈。④ 我们

① 梁漱溟：《思亲记》，《梁漱溟全集》第1卷，第594页。

② 梁漱溟：《检讨我的立场、观点和过去一切行事——试作自我检讨之二》，《梁漱溟全集》第6卷，第1031页。

③ 因此，葛瑞汉（Angus C. Graham）将他的古代中国哲学史著作直接命名为“‘道’的争辩”（Disputers of the Tao）。Angus C. Graham, *Disputers of the Tao: Philosophical Argument in Ancient China*, La Salle IL: Open Court, 1989。

④ 关于“士”在中国历史上的起源及其内涵演变，参见余英时：《士与中国文化》，上海：上海人民出版社，1987年，第3—51页。

不妨直接从古典儒家关于“士”的若干经典表述当中来感受一下：

> 子曰：“朝闻道，夕死可矣。”（《论语·里仁》）
>
> 子曰：“士志于道，而耻恶衣恶食者，未足与议也。”（《论语·里仁》）
>
> 子曰：“志于道，据于德，依于仁，游于艺。”（《论语·述而》）
>
> 曾子曰：“士不可以不弘毅，任重而道远。仁以为己任，不亦重乎？死而后已，不亦远乎？”（《论语·泰伯》）
>
> 孟子曰：“天下有道，以道殉身。天下无道，以身殉道。未闻以道殉乎人者也。”（《孟子·尽心上》）

可以说，在古典儒家那里，“士”正是为了积极践行“道”而存在的，这里所谓的“道”不是形而上的，而是“具有历史性和人间性（特别是政治性）的特色”①，是规范政治社会与指引个人生活的“道”。古典儒家在“士”与“道”之间建立起来的这种密切关联，实际上构成了儒家知识分子一种强烈的身份认同和使命感召，后世儒家无论是走“得君行道”的政治上行路线，还是转入“觉民行道”的社会教化下行路线，皆旨在通过自己的积极努力对整个人生与政治社会秩序有一个合理的，亦即符合他们所体认之“道”的安排。换言之，一位真正的儒家不仅体认“道”，更需要面向政治和社会去勇敢地践行、努力地实现自己所体认的“道”，这既是他们对于自己一生使命与职责之所在的认定，更是他们需要奋力去完成、去实现的一种生命价值和人生意义，而这也就是我们在这里所阐述的“士人情怀”。

梁漱溟之所求正在这一意义上几乎完美地体现了传统儒家士人情怀在近现代社会中的延续与发展。如梁氏本人所言：“我一生心思力气之用恒在两个问题上：一个是人生问题，另一个可说是中国问题。”② 所谓“中国问题”，有时亦表述为“社会问题”，而这两个问题的解决在他那里是相即不

① 余英时：《士与中国文化》，上海：上海人民出版社，1987年，第59页。

② 梁漱溟：《人心与人生》，《梁漱溟全集》第3卷，第526页。

离地关联在一起的。因此，从梁漱溟的立场出发，寻求中国的立国之“道”，从来就不只是如近代中国绝大多数仁人志士们所突出的“救亡—富强”这么简单，近代中国“三千年未有之大变局”造成的实际上是从政治社会秩序的崩溃，到由于“一向借以安身立命的传统世界观和人生观”被打破而引起的全方位“意义迷失的危机”（the crisis of meaning）。[①] 梁漱溟本人就是深深地为近代中国政治社会呈现出来的“无秩序”“秩序的饥荒”而苦恼，他认为，近代中国这种政治社会秩序的全盘崩溃、紊乱，“多半是从观念心理的不统一，态度行为的不一致而来”[②]。这使得梁漱溟转入乡村建设运动，从事社会教育工作，试图通过收拾人心、安顿人心以重建良性的或者说合理的政治与社会秩序，从而为未来中国打通一条新的出路。[③] 而在异常自信的梁漱溟看来，这当然也是近代中国唯一应当去走的一条道路（所谓“最后觉悟”）。

需要注意的是，这样的两个问题始终萦绕于心，时时逼迫着梁漱溟不得不去求得一个最终的解决，以至于为此“拼命地干”，并在他那里被上升为一种职责或使命的高度自觉。这在梁漱溟 1942 年从香港脱险之后，写给他的两个儿子梁培宽和梁培恕的家书中展现得最为淋漓尽致。梁漱溟在这封家书中述道，他自己在整个香港脱险过程中，无论遭遇到什么样的困难或变故，皆“神色自若，如同无事”（342），以至于同行之人无不惊讶，称赞其了不起，这是因为他本人内心“最坦然无事”（342）。而这种自家心境的“坦然无事”，盖出于深信自己身系着无比重要的使命——他关于人生和社会两大问题的思考，将要在临近知天命之年结出成熟的果实，故他相信其“安危自有天命”（344）：

> 孔孟之学，现在晦塞不明。或许有人能明白其旨趣，却无人能深见其系基于人类生命的认识而来，并为之先建立他的心理学而后乃阐明其伦理思想。此事唯我能做。又必于人类生命有认识，乃有眼光可

---

① 在张灏先生看来，这种“意义迷失”体现在“道德价值的迷失”“存在迷失”和一种终极观层面的“形上迷失”。参见张灏：《新儒家与当代中国的思想危机》，《幽暗意识与民主传统》，北京：新星出版社，2006 年，第 94—118 页。

② 梁漱溟：《中国社会构造问题》，《梁漱溟全集》第 5 卷，第 849 页。

③ 参见高瑞泉：《儒家秩序观念的现代重勘：以梁漱溟为中心的讨论》，《江海学刊》2019 年第 3 期；高瑞泉：《秩序的重建：现代新儒学的历史方位》，《武汉大学学报》（人文科学版）2014 年第 5 期。

> 以判明中国文化在人类文化史上的位置，而指证其得失。此除我外，当世亦无人能做。前人云："为往圣继绝学，为万世开太平"，此正是我一生的使命。……又今后的中国大局以至建国工作，亦正需要我；我不能死。我若死，天地将为之变色，历史将为之改辙，那是不可想象的，万不会有的事！(343)①

如果说，独立人格构成了梁漱溟一生思考和行动的底色，那么，这种强烈的政治与社会关怀，质实言之，即"士人情怀"奠定了梁氏一生奋斗的目标与方向，并将他从当初的迷恋佛家出世思想重新拉回人间②，最终转入广袤的乡土社会，投身以社会教育为手段，从乡村振兴中国的努力。关于这一点，我们将在后文中的论述中进一步表明。

五、本章小结

本章呈现了梁漱溟在1937年以前的主要人生经历及其思想发展，重点关注的是梁漱溟因受"中国问题"刺激而展开的一系列理论思考与实践探索，并最终落在乡村拯救和振兴中国上。我们还就梁漱溟的典型人格特征进行了分析，从"独立人格"和"士人情怀"这两个方面对梁漱溟的典型人格特征予以概括。

梁漱溟是一位金岳霖先生所论及的"中国哲学家"之典范，梁氏本人亦曾多次表示，自己不甘心只当一个端坐书斋的学者，而更愿意人们将其视为一个社会改造者，一个"本着他的思想而行动的人"③。本章关于梁

---

① 梁漱溟：《香港脱险寄宽恕两儿》，《梁漱溟全集》第6卷。诚然，从一般的观点看去，梁漱溟的这番心迹表露不可谓不"狂"。但应当注意的是，这番话原是在寄给两个儿子的家书之中，本不欲公开发表，故当然可以较少拘束地表达自己的真实想法。而当这封家书被桂林《文化杂志》拿去发表时，梁漱溟也特别在此文"后记"中恳请大家不要介意其中"狂妄的话"。更有必要进一步指出的是，"狂者进取"的精神本来就是儒家传统之士人精神的重要组成部分，感兴趣的读者，可关注刘梦溪先生关于"狂者精神"的讨论。参见刘梦溪：《中国文化的狂者精神》，北京：生活·读书·新知三联书店，2012年。

② 当然，刺激梁漱溟有此转变的直接原因乃是其父梁济的自杀，这一点学界多有论及。参见郭齐勇、龚建平：《梁漱溟哲学思想》，北京：北京大学出版社，2011年，第25—32页；Guy S. Alitto, *The Last Confucian: Liang Shu-ming and the Chinese Dilemma of Modernity*, Berkeley: University of California Press, 1986, pp. 72-75。

③ 梁漱溟：《中国文化要义·自序》，《梁漱溟全集》第3卷，第6页。

漱溟先生所做的这番“知人”“论世”的工夫，试图由此带领我们走进梁氏的内心世界，理解梁漱溟本人基于“士人情怀”，为解决“中国问题”展开的一系列不屈不挠的探索。正是这些艰辛摸索使梁漱溟最终走上了乡村建设的道路，而“独立思考”使他的乡村建设“实非建设乡村，而意在整个中国社会之建设”，并落实在“重建一新社会构造”[①]，因此，在梁漱溟那里，社会教育的方法受到重视，成为其开展乡村建设的一种主要途径或方法。

① 梁漱溟：《乡村建设理论》，《梁漱溟全集》第2卷，第161页。

第二章　寻求秩序：梁漱溟的秩序情结与社会教育思想

本章正式进入对梁漱溟社会教育思想的考察。从梁漱溟本人的陈述来看，社会教育是乡村建设应采取的主要方法，而乡村建设的意义在他那里并不仅限于救济乡村或乡村自救，照他的意思，乡村建设运动“起于中国社会积极建设之要求”（155），“实为吾民族社会重建一新组织构造之运动”（161）。[①] 所谓“新组织构造”，又可称为“新社会构造”“新社会秩序”，故梁漱溟十分看重社会教育的作用。或者说，对于梁漱溟主张运用社会教育作为乡村建设的主要方法，必须回到他的社会秩序观念中加以考察，才能真正体会其个中深意。

值得注意的是，梁漱溟的这些观点绝非空穴来风。诚如论者已经指出的，儒家传统蕴藏着一股浓郁的“秩序情结”[②]，并特别重视社会教化在秩序建构与维持过程中的作用。我们认为，梁漱溟重建乡村社会秩序的努力，以及梁氏本人对于社会教育方法的强调，既与儒家传统的“秩序情结”和社会教化思想一脉相承，又融入了其基于“认识老中国，建设新中国”的独立思考。因此，本章首先梳理传统儒家的“秩序情结”（秩序观）及其社会教化思想，紧接着呈现梁漱溟从文化哲学和社会史两个层面对于传统中国社会秩序及其维持方式的剖析，由此更深入地理解梁漱溟试图从社会教育入手重建乡村秩序的努力。

---

① 梁漱溟：《乡村建设理论》，《梁漱溟全集》第2卷。

② 参见张德胜：《儒家伦理与社会秩序：社会学的诠释》，上海：上海人民出版社，2008年。

一、儒家的"秩序情结"与社会教化思想

（一）儒家的"秩序情结"

章太炎在《国故论衡·原儒》中认为："儒有三科，关达、类、私之名。"（104）作为"达名"的儒即术士，"诸有术者悉赅之矣"（105）；作为"类名"的儒，凡"知礼乐射御书数"（105）者，皆所谓"儒"；作为"私名"的儒，则是《七略》所云："儒家者流，盖出于司徒之官，助人君顺阴阳明教化者也。游文于六经之中，留意于仁义之际，祖述尧、舜，宪章文、武，宗师仲尼，以重其言，于道为最高。"① 可见，虽然"儒"原是一个内涵宽泛的概念（"诸有术者悉赅之""儒者，知礼乐射御书数"），但我们今天通常意义上所理解的儒学或儒家传统，正是由孔子本人开启，并在孟子、荀子等人那里得到继承与进一步发展的。②

孔子（前551—前479年）生活的春秋时期，是一个后世史书上描述的"礼崩乐坏""天下无道"的衰世。据说，孔子"述而不作"（《论语·述而》），通过删诗书、定礼乐、传易、作《春秋》③，并抱定"有教无类"（《论语·卫灵公》）的教育理念，广招门徒，使古典儒家的六艺之教、仁义之学得到了广泛的传播。④ 不过，孔子毕竟生活在"天下无道"的衰世，他并不是要做一个冥思苦想的哲学家，也不甘心仅仅当一名为人所尊重、爱戴的教师，诸如亚里士多德论及的哲人式"思辨"（contemplation）带来的幸福在孔子这里恐怕不乏切身的体验⑤，但绝不会被他视为一种

① 章太炎：《国故论衡》，上海：上海古籍出版社，2003年。

② 参见劳思光：《新编中国哲学史》，桂林：广西师范大学出版社，2005年，第76—79页；冯友兰：《中国哲学史》（下），上海：华东师范大学出版社，2011年，第278—279页。

③ 孔子的"述而不作"实际上正是"以述为作"。参见冯友兰：《中国哲学史》（上），上海：华东师范大学出版社，2011年，第43—45页。

④ 孔子曰："自行束脩以上，吾未尝无诲焉。"（《论语·述而》）司马迁《史记·孔子世家》中则写道："孔子以诗书礼乐教，弟子盖三千焉。身通六艺者，七十有二人。"

⑤ 如《论语·述而》所载，孔子自认是一个"发愤忘食，乐以忘忧"的人。

“最高的幸福”，而思辨也绝不会在他那里成为幸福的“最高等的一种实现活动”①。至于将孔子学说进一步发扬光大的孟子和荀子等人，更是生活在战火连绵、社会动荡不安，正所谓“争地以战，杀人盈野；争城以战，杀人盈城”（《孟子·离娄上》）的战国时代。面对政治社会总体陷入混乱与无秩序，中国的思想家们当然不可能从容端坐在书斋中，沉迷于探究“世界的本原是什么”②，他们的思考乃是对“曾经被称为‘天’的这一权威性的政治社会和道德秩序瓦解而做出的回应”，对于孔子、孟子和荀子（当然，也包括先秦诸子）来说，“重要的问题并不是西方哲学家们关心的‘真理是什么’，而是‘道在哪里’，这是一种规范国家并指导个人生活的道”③。

因此，孔子本人“以周公之道为理想，长年参与以鲁为主的众多诸侯国的政治事务”④，他的志向就是要令“老者安之，朋友信之，少者怀之”（《论语·公冶长》）。孔子声称，如果有人能够用他的话，那么，他就要让文、武、周公之道在东方复兴（《论语·阳货》：“如有用我者，吾其为东周乎？”⑤）。而孟子“后车数十乘，从者数百人”（《孟子·滕文公下》），奔走在诸侯列国之间，无非也是要寻找到一个“得君行道”的机会，实现其理想的“王道政治”。具体来说，孟子所谓的“王道”即“先

---

① 在著名的《尼各马可伦理学》一书中，亚里士多德将哲人式思辨生活的幸福视为“最高幸福”。参见〔古希腊〕亚里士多德：《尼各马可伦理学》，廖申白译注，北京：商务印书馆，2003年，第305页。关于这一点的详细讨论，可参见余纪元：《亚里士多德伦理学》，北京：中国人民大学出版社，2011年，第200—227页；Ronna Burger, *Aristotle's Dialogue with Socrates: On the Nicomachean Ethics*, Chicago and London: The University of Chicago Press, 2008, pp. 190-217。

② 与之相比，古希腊哲学则在被誉为“哲学之父”的泰勒斯提出“世界的本原是什么”这一问题之后，很长一段时间都主要围绕这一本体论问题展开思考。Jonathan Barnes, *The Presocratic Philosophers: Arguments of the Philosophers*, London and New York: Routledge, 1982。

③ Angus C. Graham, *Disputers of the Tao: Philosophical Argument in Ancient China*, La Salle IL: Open Court, 1989, p. 3.

④ 〔日〕子安宣邦：《孔子的学问：日本人如何读〈论语〉》，吴燕译，北京：生活·读书·新知三联书店，2017年，第23页。

⑤ 关于“吾其为东周乎”，钱穆先生认为可有两说，“一说：言兴周道于东方。一说：东周指平王东迁以后，孔子谓如有用我者，我不致如东周之一无作为，言必兴起西周之盛也”。在他看来，前说更为合理。参见钱穆：《论语新解》，北京：生活·读书·新知三联书店，2002年，第447页。而前说也是大多数学者采取的解释，参见杨伯峻：《论语译注》，北京：中华书局，2009年，第180页。

王之道”或“圣人之道”，他的王道政治是“以德治为基础，以民本为依归”[①] 的，旨在将人民从“暴政”“虐政”中拯救出来，重新恢复一种稳定和谐的政治与社会秩序。[②]

居先秦儒家之殿军的荀子更是非常强调秩序的重要性。按照一般中国哲学史或政治思想史等教科书中的看法，孟子道性善，故其说重仁，荀子主性恶，故其学隆礼。[③] 这里暂且不论这一评断的是非对错[④]，荀子之学“隆礼义”“知统类”“法后王”却是可以认定的。而荀子之所以看重“礼”（“隆礼义”）、主张“法后王”，其实都指向制度（“王制”）或秩序的建构，“对荀子来说，仁政不仅在于施加给人民的仁爱，更有正常的社会秩序和稳定的等级结构。荀子认为，正常社会秩序的实现是实现仁政的第一步也是最重要的一步”[⑤]。荀子对秩序的关注集中体现在他的“群”论[⑥]之中，诚如《荀子·王制》所载：

> 人生不能无群，群而无分则争，争则乱，乱则离，离则弱，弱则不能胜物。故宫室不可得而居也，不可少顷舍礼义之谓也。能以事亲谓之孝，能以事兄谓之弟，能以事上谓之顺，能以使下谓之君。君者，善群也。群道当则万物皆得其宜，六畜皆得其长，群生皆得其命。

通过简单梳理以孔、孟、荀三子作为代表的先秦儒家思想及其实践活动，我们不难得出以下结论：寻求并建立起一种符合“仁政”“王道”的政治和社会秩序，是先秦儒家积极进行学术思考，并“席不暇暖”地奔走

---

① 黄俊杰：《孟学思想史论（一）》，台北：东大图书公司，1991 年，第 162 页。

② 关于孟子“王道政治论”丰富内涵之讨论，可参见黄俊杰：《孟学思想史论（一）》，台北：东大图书公司，1991 年，第 161—179 页；张崑将：《日本德川时代古学派之王道政治论：以伊藤仁斋、荻生徂徕为中心》，上海：华东师范大学出版社，2008 年，第 83—87 页。

③ 例如，萧公权先生被奉为经典之作的《中国政治思想史》即如此主张。参见萧公权：《中国政治思想史（一）》：沈阳：辽宁教育出版社，1998 年，第 98—99 页。

④ 令学者们产生不同看法的因素主要在荀子这一边，不少学者对于荀子是否持“性恶论”以及如何理解其所谓的“性恶”提出了不同看法。参见林宏星：《〈荀子〉精读》，上海：复旦大学出版社，2011 年，第 55—80 页；廖名春：《〈荀子〉新探》，北京：中国人民大学出版社，2014 年，第 63—92 页；梁涛：《荀子人性论辨正——论荀子的性恶、心善说》，《哲学研究》2015 年第 5 期。

⑤ 孙伟：《重塑儒家之道——荀子思想再考察》，北京：人民出版社，2010 年，第 171 页。

⑥ 关于荀子“群”论的详细展开，可参见廖名春：《〈荀子〉新探》，北京：中国人民大学出版社，2014 年，第 93—120 页。

在列国诸侯之间的原动力。在先秦儒家甚至所有先秦诸子那里，最重要也最核心的问题始终是规范国家与社会、指导个人生活的“道”究竟在哪里。对于这一点，孟德斯鸠看得非常清楚，他在名著《法意》(《论法的精神》，严复先生译为《法意》）一书中指出：“支那之圣贤人……所最重之祈向曰惟吾国安且治而已。”①

更值得我们注意的是，按照德国学者卡尔·雅斯贝斯（Karl Jaspers）的“轴心期”（Axial Period，约为公元前800年到前200年）说，春秋战国正是我国历史上的这样一个轴心时期，在“这个时代产生了直至今天仍是我们思考范围的基本范畴，创立了人类仍赖以存活的世界宗教之源端”②，而这个时期的不少经籍更是成为奠定中华文化根基的“元典”③。同时，这一时期的思想家们（不仅仅是先秦儒家）因为感受到动乱对社会造成的冲击性创伤，从而形成的一种极度渴望秩序，乃至“谈动乱而色变”的倾向，亦仿佛弗洛伊德（Sigmund Freud）所说的孩提时代遭受的创伤（trauma）之于个人性格的长远影响一样，不仅在中国文化上打下了异常清晰的烙印，甚至还凝结成为一种浓郁得化不开、磨不灭、挥之不去的“秩序情结”。诚如张德胜所言：

> 事实上，中国自秦始皇统一天下以来的文化发展，线索虽多，大抵上还是沿着“秩序”这条主脉而铺开。用弗洛伊德的术语，中国文化存在着一个“秩序情结”；换做潘乃德（Ruth Benedict）的说法，则中国文化的形貌（configuration），就由“追求秩序”这个主题统合起来。④

应该说，这种“秩序情结”在中国文化上一脉相承，堪称我们理解儒家思想发展的一条主线。具体来讲，对于理想的政治与社会秩序的追寻，体现在以董仲舒诸子为代表的汉唐儒学之中，即便是在中国文化于两宋时

① 转引自梁漱溟：《我们政治上的第一个不通的路——欧洲近代民主政治的路》，《梁漱溟全集》第5卷，第162页。

② 〔德〕卡尔·雅斯贝斯：《历史的起源与目标》，魏楚雄、俞新天译，北京：华夏出版社，1989年，第9页。

③ 参见冯天瑜：《中华元典精神》，武汉：武汉大学出版社，2006年。

④ 张德胜：《儒家伦理与社会秩序：社会学的诠释》，上海：上海人民出版社，2008年，第110页。

期出现了论者所谓的“转向内在”[①]（turning inward）之后，依旧如此。这里姑且不论宋明儒学中本来就一直存在着偏重“外王”一面的事功儒学、“功利主义儒家”[②]（Utilitarian Confucianism）一脉——此一脉的主要代表人物不仅包括曾经“得君行道”并使得其所创立的“新学”风靡一时的北宋著名政治家王安石，还包括稍早于王安石的李觏以及南宋时期的陈傅良、陈亮、叶适等人，即便是在通常被视为偏重“心性”“义理”（“内圣”）的宋明理学这一边，现有研究也已经向我们充分揭示出了理学家们对于政治与社会秩序的关怀，以及他们为之展开的一系列政治行动。质言之，无论是走争取“得君行道”的政治上行路线，还是干脆转入“觉民行道”的社会教化下行路线，理学家们都是在根据其所深切体认的“道”积极尝试重构政治与社会秩序。[③] 直到近代中国遭遇李鸿章所说的“三千年未有之大变局”，儒家士大夫和儒家知识分子们（如曾国藩、张之洞、康有为等人）的思考与实践活动仍然是紧密地围绕着“秩序”这一主题来展开的。[④]

（二）“秩序情结”与社会教化

从“秩序情结”这一视角来考察儒家思想，我们看到，社会教化始终为历代儒者所推重，并被视作建构与维持一种良性政治社会秩序的重要方法。詹世友指出，中国古典文献中的“教化”一词可以从多个不同的层面理解，可以被视为“一种政治—伦理措施”（3），如“明人伦，兴教化”之类，旨在通过统治者的施行政教和老百姓的仿效，构建一种稳定、和谐的政治社会秩序，故这一层面的“教化”常与“明人伦”“美风俗”等相

---

① 参见〔美〕刘子健：《中国转向内在：两宋之际的文化转向》，赵冬梅译，南京：江苏人民出版社，2012 年。

② 关于功利派儒家的思想，可参见萧公权：《中国政治思想史》，沈阳：辽宁教育出版社，1998 年，第 413—442 页；〔美〕田浩：《功利主义儒家：陈亮对朱熹的挑战》，姜长苏译，南京：江苏人民出版社，2012 年。

③ 关于这一点，自从余英时推出其具有“范式”意义的《朱熹的历史世界》一书以来，学界已经有了较为充分的讨论。参见余英时：《朱熹的历史世界：宋代士大夫政治文化的研究》，北京：生活·读书·新知三联书店，2004 年；朱承：《治心与治世：王阳明哲学的政治向度》，上海：上海人民出版社，2008 年；朱承：《信念与教化：阳明后学的政治哲学》，上海：上海人民出版社，2018 年；Peter K. Bol, *Neo-Confucianism in History*, Cambridge, Mass.: Harvard University Press, 2008。

④ Chang Hao, *Chinese Intellectuals in Crisis: Search for Order and Meaning (1890—1911)*, Berkeley, California: University of California Press, 1987.

关联。而“教化”一词还可以从个体的层面加以解读，指的是“个人的心灵情感受到了某些有伦理关切的道德规范和价值理念的引导和塑造，渐滋浸渍，潜移默化，性与习成”（5），当一个人获得了教化，虽然“个体仍是这个个体，却获得了某种深刻的精神转变”（5）。[①] 近年来，国内学界由于深受德国哲学家伽达默尔的教化诠释学和美国新实用主义派哲学家理查·罗蒂（Richard Rorty）“教化哲学”的影响[②]，更注重从哲学视域来发掘儒家教化中丰厚的思想资源，从而与上述个体层面理解的“教化”概念多有契合[③]，但我们这里所说的“教化”显然主要是从政治或社会治理这个层面来展开的[④]。因此，我们不妨直接使用“社会教化”这一术语。

中国社会教化的思想与实践萌芽于西周（周公），甚至可追溯至上古的尧舜禹时期。[⑤] 王国维《殷周制度论》认为，周人（周公）制作之本意即“在纳上下于道德，而合天子、诸侯、卿、大夫、士、庶民以成一道德之团体”[⑥]，在这样一种“政治伦理化，伦理政治化”的伦理政治系统[⑦]中，社会秩序的维持虽仍不免于依靠梁漱溟先生所说的“强硬性的力量——就是武力的强制”[⑧]，但到底离不开社会教化功效的发挥。先秦儒家更进一步从良性政治与社会秩序的建构和维持这一角度，突出了社会教化的作用。[⑨] 例如，孔子从其以“仁”为归、以恢复“周礼”为标的之社

---

① 詹世友：《道德教化与经济技术时代》，南昌：江西人民出版社，2002 年。

② 参见〔德〕加达默尔：《真理与方法》上卷，洪汉鼎译，上海：上海译文出版社，1999 年，第 10—23 页；〔美〕理查·罗蒂：《哲学和自然之镜》，李幼蒸译，北京：生活·读书·新知三联书店，1987 年，第 319—324 页。

③ 相关成果较为丰富，如李景林：《教化的哲学——儒家思想的一种新诠释》，哈尔滨：黑龙江人民出版社，2005 年；李景林：《教化视域中的儒学》，北京：中国社会科学出版社，2013 年；李景林：《教化儒学续说》，北京：中国社会科学出版社，2020 年；陈嘉明：《哲学与教化》，《光明日报》2010 年 1 月 19 日；景海峰：《教化：理解中国哲学的新视角》，《中国社会科学报》2011 年 8 月 9 日；景海峰：《从诠释学看儒家哲学的教化观念》，《深圳大学学报》（人文社会科学版）2011 年第 6 期。

④ 当然，政治与社会层面的“社会教化”与个体层面的“教化”并非毫不相关，两者之间实则存在着不可分割的关联性，这里主要侧重从“社会教化”层面展开论述。

⑤ 参见张惠芬主编：《中国古代教化史》，太原：山西教育出版社，2009 年，第 1—8 页。

⑥ 王国维：《观堂集林（外二种）》，石家庄：河北教育出版社，2001 年，第 232 页。

⑦ 关于我国伦理政治形态较为系统的研究，参见任剑涛：《伦理政治研究——从早期儒学视角的理论透视》，广州：中山大学出版社，1999 年。

⑧ 梁漱溟：《中国社会构造问题》，《梁漱溟全集》第 5 卷，第 847 页。

⑨ 这并不是说只有儒家重视并发展了社会教化思想，实际上，道家、墨家和法家都从自己的角度提出了各自的社会教化学说，但儒家社会教化思想最终在各家各派的竞争中脱颖而出。参见黄书光主编：《中国社会教化的传统与变革》，济南：山东教育出版社，2005 年，第 1—38 页。

会理想出发，将“养民”和“教民”（社会教化）确立为统治者的两大要务[①]；而孟子纵论的“王道政治”同样以“制民之产，必使仰足以事父母，俯足以畜妻子”“使民养生丧死无憾”（即“养民”）作为“王道之始”，而将“谨庠序之教，申之以孝悌之义”“人伦明于上，小民亲于下”（即“教民”）看作“王道之成”（见《孟子·梁惠王》《孟子·滕文公》诸篇）。

具体来说，先秦儒家对于社会教化的高度重视，与他们坚持“仁政”“王道政治”的理想，相信人本身的可教化性[②]息息相关。从这一政治社会理想和人性观点出发，先秦儒家主张采取“德治”的方式，重视社会教化手段的运用。盖在孔子等人看来，“政治亦人事之一端”[③]，故处理政治与公共事务的“关键不仅在于辨明其中的是非曲直，而且要使人们对处理的方式和结果等心悦诚服，并在这一过程中获得成长”[④]。诚如孔子所言：“道之以政，齐之以刑，民免而无耻；道之以德，齐之以礼，有耻且格。”（《论语·为政》）因此，一种稳定而又和谐的政治社会秩序的建构与维持，始终离不开“止邪也于未形”“使人日徙善远罪而不自知”（《礼记·经解》）的社会教化功效的充分发挥。

由此出发，先秦儒家首先将“礼、乐”确立为社会教化的主要工具，尽管复杂的现实令道德感化不可能取得“如响斯应”的效果，使得“政、刑”之类仍然不可偏废，但在先秦儒家看来，“政、刑”必须要在“礼、乐”社会教化的基础上才能发挥其功用——“礼乐不兴，则刑罚不中”（《论语·子路》）。同时，先秦儒家也非常注重发挥道德楷模（如“君

---

① 根据《论语·子路》记载：“子适卫，冉有仆。子曰：‘庶矣哉！’冉有曰：‘既庶矣，又何加焉？’曰：‘富之。’曰：‘既富矣，又何加焉？’曰：‘教之。’”

② 按照中国哲学教科书中的一般说法：孔子没有表达对人性善或恶的明确观点，但从其言论来看，则明显有支持“性善论”的倾向，孟子则是明确支持“性善论”的。因此，在他们二人那里，相信人的可教化性是不成问题的。但即便是在通常被以为持“性恶论”的荀子这边，姑且不论“性恶”是否对荀子人性论的准确把握，荀子同样主张人可以被教化却是毫无疑问的。参见周炽成：《性朴论与儒家教化政治：以荀子与董仲舒为例》，《广西大学学报》（哲学社会科学版）2015 年第 1 期。

③ 钱穆：《论语新解》，北京：生活·读书·新知三联书店，2002 年，第 23 页。

④ 郭小聪、琚挺挺：《论儒家传统文化的“治道”思想及其现代意义》，《中山大学学报》（社会科学版）2014 年第 5 期。

子”）的示范效应[①]，主张政府应当加大立校兴学的力度，“谨庠序之教，申之以孝悌之义”（《孟子·梁惠王上》），“教以人伦：父子有亲，君臣有义，夫妇有别，长幼有叙，朋友有信”（《孟子·滕文公上》），从而广泛推行儒家的社会教化思想。可见，先秦儒家不仅高度重视社会教化的作用，他们的社会教化思想同样已经包含了极其丰富的内容。

尽管孔子等人奠定了儒家社会教化思想的基础，但在春秋战国时期，“诸侯国之间频繁而输赢不定的局部性战争……所形成的竞争和冲突，促进了效率导向型的工具理性文化（efficiency-oriented instrumental culture）在军事、政治、经济和意识形态等领域的扩展”[②]，这就使得儒家社会教化在“富国、强兵”的政治文化氛围中被许多统治者视为“迂远而阔于事情”（《史记·孟子荀卿列传》），因此，很难得到转化为具体实践的机会。汉代秦而兴，秦朝二世即亡之“殷鉴不远”，使得儒家社会教化思想开始受到汉代统治者的重视，西汉大儒董仲舒在与汉武帝著名的“举贤良对策”三问三答（即“天人三策”）中，直接将社会教化上升到国家统治的高度，提出了自己全面推行儒家社会教化的政治主张。

董仲舒认为，由于秦王朝奉行“以法为教，以吏为师”的统治政策，“废德教而任刑罚”，故汉代秦而兴，实际上只是继承了一个“如朽木、粪墙”“虽欲善治之，亡可奈何”的烂摊子，盖“法出而奸生，令下而诈起，如以汤止沸，抱薪救火，愈甚亡益也”。（《汉书·董仲舒传》）有鉴于此，董仲舒积极主张，与其扬汤止沸，不如从根本入手，也就是应当彻底转入社会教化的路线，树立儒学作为社会教化的指导思想。据《汉书·董仲舒传》记载，董仲舒谆谆劝告汉武帝：

> 汉得天下以来，常欲善治而至今不可善治者，失之于当更化而不更化也。古人有言曰：“临渊羡鱼，不如退而结网。”今临政而愿治七十余岁矣，不如退而更化；更化则可善治，善治则灾害日去，福禄日来。

---

① 论者们已经注意到了“示范”在儒家道德教化或道德修养过程中的作用。参见〔美〕赫伯特·芬格莱特：《〈论语〉如何描绘理想的权威及其作用模式》，《孔子：即凡而圣》，彭国翔、张华译，南京：江苏人民出版社，2010 年，第 124—147；王庆节：《道德感动与儒家示范伦理学》，北京：北京大学出版社，2016 年；Donald J. Munro, *The Concept of Man in Early China*, Stanford, CA: Stanford University Press, 1969, pp. 95-116。

② 赵鼎新：《东周战争与儒法国家的诞生》，夏江旗译，上海：华东师范大学出版社，2006 年，第 2 页。

> 今陛下贵为天子，富有四海，居得致之位，操可致之势，又有能致之资，行高而恩厚，知明而意美，爱民而好士，可谓谊主矣。然而天地未应而美祥莫至者，何也？凡以教化不立而万民不正也。

董仲舒运用比喻的方法指出，人民之趋利如同水往低处流，是一种自然而然的现象，如果不能够有效地发挥社会教化的“堤防”作用，就难以进行合理的引导或防止：“是故教化立而奸邪皆止者，其堤防完也；教化废而奸邪并出，刑罚不能胜者，其堤防坏也。”（《汉书·董仲舒传》）基于这一认知，董仲舒进而将社会教化上升到国家治理根本任务的高度，提出：“教，政之本也。狱，政之末也。”（《春秋繁露·精华》）他认为君主的主要职责之一即实施社会教化，“古之王者……南面而治天下，莫不以教化为大务”（《汉书·董仲舒传》）。董仲舒勉励汉武帝应当积极效仿古代圣王，奉行儒家社会教化，“立大学以教于国，设庠序以化于邑，渐民以仁，摩民以谊，节民以礼”，以达到“刑罚甚轻而禁不犯”“教化行而习俗美”的治理效果。（《汉书·董仲舒传》）

当然，为了切实有效地保障其所倡导的“更化”方针得以贯彻和执行，实现儒家远大的社会教化理想，关键就是要在指导思想上做到高度统一。① 为此，董仲舒在他的第三策中针对当时“师异道，人异论，百家殊方，指意不同”，以至于“上亡以持一统”“法度数变，下不知所守”的乱象，郑重地提出“诸不在六艺之科孔子之术者，皆绝其道，勿使并进”的政策建议，旨在达到“邪辟之说灭息”“统纪可一而法度可明，民知所从矣”的高度思想统一。（《汉书·董仲舒传》）

董仲舒“独尊儒术”的社会教化纲领由于正好契合了汉武帝渴望“大一统”的政治需要，因而很快就被确立为国策。这在封建王权专制时代，实际上就等于为儒家社会教化争得了唯一“建制化”（institutionalization）发展的机会。② 虽然从政治史的观点来看，我们不可能仅仅由于汉武帝采纳董仲舒“罢黜百家，独尊儒术”的建议，就轻率地相信整个中国社会立

---

① 参见黄书光主编：《中国社会教化的传统与变革》，济南：山东教育出版社，2005 年，第 13 页；张惠芬主编：《中国古代教化史》，太原：山西教育出版社，2009 年，第 51 页。

② 这使得儒家社会教化拥有了转变为现实政策和相应制度设计的可能，所谓“制度化儒家”的历史即由此正式开启。参见干春松：《制度化儒家及其解体》，北京：中国人民大学出版社，2012 年。

马"如响斯应"地转变成为一个"儒教国家"(Confucian state),但自从汉武帝"独尊儒术"以来,汉王朝确实自上而下地建立起了一套儒家社会教化的模式,如颁布了一系列倡行儒家社会教化的诏令,内容涉及尊老养老、劝勉农桑、鼓励孝悌、抚恤孤弱等方面;通过地方官员兴学校、讲孝悌、重礼仪等行为,甚至通过皇帝本人尊师、视学、亲耕(皇后养蚕)的示范,树立教化的榜样;兴办太学(中央官学)、地方官学,建立察举选士制度,保障儒家社会教化的实施;重用"三老",以加速基层社会教化的进程;等等。①

从这一意义上来说,董仲舒不仅通过其"教化堤防"的生动比喻,丰富并发展了古典儒家的社会教化思想,更将儒家社会教化上升到基本国策的高度,凸显出儒家社会教化具备的治国理政功能。最关键的则是在实践领域,经过董仲舒等人的努力,儒家社会教化思想得以与现实政权相结合,获得了"建制化"发展的机遇,从而转化为两汉王朝推行的一系列社会教化实践,并在此后王朝中得到了延续。② 这无论是对于儒家社会教化思想,还是就整个中国社会而言,其所产生的影响都是不可估量的。

显然,在皇权专制时代,类似于董仲舒这样受到最高统治者的赏识,从而拥有所谓"得君行道"机会的实际上并不多见,但儒家知识分子仍面向民间社会开展一系列创造性活动(如组织乡约、创办书院、大兴讲学等),始终致力于推广儒家社会教化。例如,著名的《吕氏乡约》即奉行"德业相劝""过失相规""礼俗相交""患难相恤"四款条目,以"在道德方面、教化方面去裁制社会的行为,谋求大众的利益"③。理学大师朱熹热衷于兴私学、办书院,终其之一生,创办、修复或讲学所及的书院有60多所。在这一过程中,朱熹充分利用个人影响,广聚门徒,弘扬儒家"穷理、正心、修己、治人之道"④。受到朱熹的感染,他的好友吕祖谦、陈亮及门人陈宓、赵师端等也都积极投入兴学教化的事业当中。⑤ 至于明

---

① 参见张惠芬主编:《中国古代教化史》,太原:山西教育出版社,2009年,第52—62页。

② 参见黄书光主编:《中国社会教化的传统与变革》,济南:山东教育出版社,2005年;张惠芬主编:《中国古代教化史》,太原:山西教育出版社,2009年;吴新颖、杨定明:《儒家教化论》,杭州:浙江大学出版社,2018年,第14—22页。

③ 杨开道:《中国乡约制度》,北京:商务印书馆,2015年,第27页。值得注意的是,梁漱溟对于宋代乡约制度有着高度评价,甚至认为其乡村建设的具体组织即乡约制度的补充改造。参见梁漱溟:《乡村建设理论》,《梁漱溟全集》第2卷,第320—345页。

④ (宋)朱熹撰:《四书章句集注》,北京:中华书局,2016年,第1页。

⑤ 参见陈荣捷:《朱子新探索》,上海:华东师范大学出版社,2007年,第311—347页。

代大儒王阳明及阳明后学，明代高压政治造成一种严酷的政治生态①，再加上本人蒙受“廷杖”“系狱”的遭遇，经过发配龙场的一番“悟道”之后，王阳明遂逐渐将道德理性的落实完全寄托于个体层面②，由此更进一步地看清了民间社会的巨大潜能，进而从过去儒家坚持的“得君行道”之政治上行路线，自觉地转入“觉民行道”之社会教化下行路线，并在推广儒家社会教化过程中取得了不俗的成绩。③

综上所述，基于一种挥之不去的“秩序情结”，以孔、孟、荀为代表的先秦儒家高标“仁政”“王道政治”的理想，率先确立了社会教化在秩序建构与维持过程中的关键作用。经过后世的努力，儒家社会教化既在此后的皇权专制时代获得了“建制化”发展的机会，而且儒家社会教化思想本身也在不断丰富，并构建起了一套相对严密的社会教化体系。直到鸦片战争以后，面临着西方文明的强势冲击，传统中国的这套社会教化体系才开始日渐瓦解，最终走向崩溃。

二、梁漱溟对于传统中国社会秩序之文化哲学层面的解读

正是在近代中国遭遇“三千未有之大变局”，政治社会秩序全面陷入崩溃的情况下，梁漱溟通过其“认识老中国”的独立思考，坚定了从社会教育入手建设乡村社会，试图为中国政治、经济和社会开出一条新路（“建设新中国”）的信念。易言之，梁漱溟选择从社会教育入手重构乡村秩序，与他对传统中国社会秩序及其维持方式的独到见解息息相关。根据

① 明清政治文化之转向严酷，特别是对士人予以更严厉的控制，在清代更是时有大兴“文字狱”的举动，这一点学界已经多有论及。参见余英时：《宋明理学与政治文化》，长春：吉林出版集团有限责任公司，2008 年；丁为祥：《从“得君行道”到“觉民行道”——阳明“良知学”对道德理性的落实与推进》，《学术月刊》2017 年第 5 期。

② 关于阳明心学的发展，参见〔美〕杜维明：《青年王阳明（1472—1509）：行动中的儒家思想》，朱志方译，北京：生活·读书·新知三联书店，2013 年；杨立华：《中国哲学十五讲》，北京：北京大学出版社，2019 年，第 282—302 页。

③ 关于王阳明及其后学对“觉民行道”之社会教化下行路线的选择，近年来学界已经从政治哲学角度进行了颇为深入的研究。参见朱承：《治心与治世：王阳明哲学的政治向度》，上海：上海人民出版社，2008 年；朱承：《信念与教化：阳明后学的政治哲学》，上海：上海人民出版社，2018 年。

梁漱溟本人的陈述，我们又可以分别从两个既相互关联又有所区别的层面——文化哲学层面（规范的、应然的）和社会史层面（事实的、实然的）——具体把握梁氏关于“老中国”之社会秩序及其维持方式的致思。① 本节主要考察的是梁漱溟从文化哲学层面阐述的相关见解，而将梁漱溟从社会史层面进行的解读留待下一节。

（一）“直觉”与梁漱溟早期文化哲学

在梁漱溟庞杂的思想体系中，文化哲学是其中最重要的组成部分之一，甚至是梁漱溟整个学术思想的中心，“他对人类文化及不同文化类型在人类文化中的地位、作用的认识都包含在其文化哲学观之中”②，而梁氏的政治社会思考同样以他的文化哲学作为基础。正是对“老中国”认识的逐渐深入，梁漱溟明确了自己“建设新中国”的方向，坚信了“我们自有立国之道”，并将“一切的西洋把戏”断然否弃，“更不沾恋!”③ 那么，梁漱溟究竟从中国文化中发现了什么，让他本人拥有了如此强烈的自信呢？一言以蔽之，这就是梁漱溟所谓中国文化的特征——理性。

不少学者已经指出，“理性”是梁漱溟思想学说体系中的一个核心概念，甚至是“最核心的观念”。④ 显然，梁漱溟那里的“理性”概念并不等同于现代西方学界通常所说的思辨理性、技术理性之“理性”（reason），而“理性”观念的提出，正是基于梁氏本人对中国文化及其核心特征认识的不断加深。质言之，梁漱溟的“理性”观念自《东西文化及其哲学》一书中萌芽，经过《乡村建设理论》《中国文化要义》的充实与发展，直到《人心与人生》最终“瓜熟蒂落”，这实际上正代表着梁漱溟本人思想逐步走向成熟的一个过程。

当梁漱溟于新文化运动后期在北京、济南等地发表系列演讲，并在此

---

① 诚然，如干春松所指出的，在梁漱溟那里，应然、实然这两个层面又是经常混淆在一起的。参见干春松：《梁漱溟的“理性”概念与其政治社会理论》，《文史哲》2018 年第 1 期。因此，我们的区分只是为了讨论和分析的方便，而并不是一种绝对严格意义上的区分。

② 郭齐勇、龚建平：《梁漱溟哲学思想》，北京：北京大学出版社，2011 年，第 72 页。

③ 梁漱溟：《主编本刊（〈村治〉）之自白》，《梁漱溟全集》第 5 卷，第 13 页。

④ 关于“理性”这一概念在梁漱溟学说体系中的重要性，学界已经多有论及，如陈来先生认为，“理性”是“梁漱溟哲学的最核心的观念”；艾恺同样认为，“理性”概念是梁漱溟第二期文化理论建构的一块“基石”（keystone）。参见陈来：《现代中国哲学的追寻——新理学与新心学》，北京：人民出版社，2001 年，第 259 页；Guy S. Alitto，*The Last Confucian：Liang Shu-ming and the Chinese Dilemma of Modernity*，Berkeley：University of California Press，1986，p. 183。

基础之上编辑而成《东西文化及其哲学》一书时，“理性”仍是他较少使用的一个概念。[①] 梁漱溟认为，文化不过是一个民族生活的样法，而“生活就是没尽的意欲（Will）……和那不断的满足与不满足罢了”（352），因此，要想深入把握不同类型文化之间的区别，就不妨直接追问“一家文化的根本或源泉”（352），即“去看文化的根原的意欲，这家的方向如何与他家的不同”（352）。所以，这时候的梁漱溟主要是从不同层面的人生问题及其相应人生路向（人生态度）的选择出发，由此勘定中、西、印三方文化的类型（见表 2.1），辨明它们各自在人类文化中的地位和作用。按照梁漱溟的解释，西方文化偏重在人生第一层面的问题，即人对物（自然）问题的解决，是“直觉运用理智的”（485），故以“意欲向前要求为其根本精神”（353），并由此发出民主（“德谟克拉西”）、科学（“赛恩斯”）两大异彩。而中国文化（儒家文化）则主要是在第二层面的问题——人对人的问题——之上用心，遂“以意欲自为、调和、持中为其根本精神”（383），是“理智运用直觉的”（485）。至于印度文化更主要是在第三层面的问题，即人对自己的问题上着力，干脆“以意欲反身向后要求为其根本精神”（383），是“理智运用现量的”（485）。[②]

表 2.1　中、西、印三大文化之主要问题、根本精神及人生路向选择之比较

	主要问题	根本精神	人生路向选择
西洋	第一层面的问题 人对物（自然）	意欲向前要求	直觉运用理智的
中国 （儒家）	第二层面的问题 人对人	意欲自为、调和、持中	理智运用直觉的
印度	第三层面的问题 人对已	意欲反身向后要求	理智运用现量的

① 在《东西文化及其哲学》一书中，“理性”一词已经被梁漱溟使用，但此时的“理性”之意涵接近于西方哲学传统中的“理性”，而与梁漱溟思想成熟期赋予其独特意义的那个“理性”概念相距甚远。参见干春松：《梁漱溟的“理性”概念与其政治社会理论》，《文史哲》2018 年第 1 期。

② 梁漱溟：《东西文化及其哲学》，《梁漱溟全集》第 1 卷。

梁漱溟这里使用的“现量”、“理智”（或“比量”）、“直觉”等说法，实际上都是根据其所理解的唯识学的知识论方法，并融入了其个人天才的创造和发挥。所谓“现量”即感觉（sensation）——“单纯的感觉”（397），基于此形成了人对事物的一些初步的、特殊的认识（“自相”）。而所谓“比量”，亦可谓之“理智”，主要通过对经感觉（“现量”）形成的认识（“自相”）予以“简，综——分，合”（399），凝聚成“共相”，进而“构成正确明了的概念”（399）。在梁漱溟看来，人类的知识就是借重现量、比量并主要由二者构成的，而“从现量的感觉到比量的抽象概念，中间还须有‘直觉’之一阶段”（400），盖“现量”是除了“影像”之外，全然无分别、无所得的，从其所获得的一些杂乱无章的“影像”，到运用“比量”或“理智”来施展“简、综、分、合”的作用，以形成清晰、明白、确定的概念，正需要“直觉”这种特殊心理作用的发挥，故梁漱溟所说的“直觉”大约相当于进行感觉或理智活动之时的“一种意味精神、趋势或倾向”（400）。中、西、印三方文化的不同——照梁漱溟的看法——就是因为或“直觉运用理智”（西洋），或“理智运用直觉”（中国），或“理智运用现量”（印度）。①

当然，梁漱溟自己也承认这样的说法看上去似乎完全不通②，但其本意无非是要表明近代西方人生活中理智思维模式一家独大，主导得太强太盛，以至于在人与自然之间、人与人之间都要清楚地画出一条界线，一切皆本着计算或算账的态度来行动。而中国的儒家则能以直觉引导理智的活动，防止理智一家独大地发挥其主宰的作用。③ 在梁漱溟那里，孔子的“仁”、孟子的“良知”都被用来解释儒家认知活动中的“直觉”，故这样的“直觉”并非盲目的，而实际上就是一种“不虑而知”“不学而能”的道德判断能力，这就是梁氏日后频繁使用的、打上其鲜明之个性色彩的“理性”概念的雏形。④

（二）“理性”与中国文化的特征

梁漱溟推出《东西文化及其哲学》之后不久便“颇知自悔”，而令其

① 梁漱溟：《东西文化及其哲学》，《梁漱溟全集》第1卷。

② 梁漱溟后来甚至郑重声明，所有这一段话他愿意一概取消，希望大家不要引用或讨论。参见梁漱溟：《东西文化及其哲学·第三版自序》，《梁漱溟全集》第1卷，第323页。

③ 参见梁漱溟：《东西文化及其哲学》，《梁漱溟全集》第1卷，第485—487页。

④ 参见干春松：《梁漱溟的“理性”概念与其政治社会理论》，《文史哲》2018年第1期。

最感到后悔的地方就在于当时尚未真正认清儒家的人类心理观，便杂取滥引其时一般心理学当中的概念——也就是“直觉”“本能”等——作为依据，来解释儒家的人类心理学，“殊不知其适为根本不相容的两样东西”[①]。这让梁漱溟下定决心要另写一本《人心与人生》，既纠正之前著作（即《东西文化及其哲学》）所犯下的错误，并专门用以阐发儒家（孔子）的心理学。[②] 就“直觉”这个概念本身来说，确实很难令人将它与儒家所说的“仁”“良知”等联系到一起。例如，“直觉”等概念显然并不具备“仁”“良知”等概念的道德规范性，再加上梁漱溟本人又大量引用当时盛谈“本能”的弗洛伊德、麦独孤（William McDougall）等人的心理学观点，这就更容易引起人们的误解。

因此，梁漱溟在1923年的《评谢著〈阳明学派〉》一文中，开始采用“情理”一词。他认为“情理”发自人的良知自觉，与后天得来的知识见解不同，“情理”在阳明学派所谓“知行合一”“即知即行”中扮演着更关键的角色。[③] 这成为梁漱溟从“直觉说”向“理性观”转变的重要过渡环节。[④] 随着“认识老中国”的不断深入，梁漱溟开始越来越多地使用“理性”这一概念，而“理性”也在他那里得到了愈发清晰的界定，成为其解读中国文化特征的关键词。正如梁漱溟所言：“中国文化的特征在哪里？就是在人类理性的开发早。中国文化的长短与西洋印度的不同全在此点。”[⑤]

那么，“理性”在梁漱溟那里究竟指的是什么呢？按照梁漱溟本人曾经给出的一些简洁明了的界定，“所谓理性，即‘平静通晓而有情’之谓也”[⑥]，“所谓理性者，要亦不外吾人平静通达的心理而已”[⑦]。我们看到，首先，“理性”在梁漱溟的思想体系中指的是一种心理状态——“平静通晓”“平静通达”，自然能够不偏不倚、明于事理；其次，“有情”则激励

① 梁漱溟：《东西文化及其哲学·第八版自序》，《梁漱溟全集》第1卷，第324页。

② 梁漱溟早在20世纪20年代就已经开始着手写《人心与人生》一书，并将之列入其愿写出的四本书（分别为《东西文化及其哲学》《人心与人生》《孔学绎旨》和《中国民族之前途》，亦名《乡村建设理论》）之一，但直至暮年（1975年）才最终得以完成。参见梁漱溟：《自述》，《梁漱溟全集》第2卷，第13页；梁漱溟：《人心与人生·书成自记》，《梁漱溟全集》第3卷，第770—772页。

③ 参见梁漱溟：《评谢著〈阳明学派〉》，《梁漱溟全集》第4卷，第707—725页。

④ 参见干春松：《梁漱溟的“理性”概念与其政治社会理论》，《文史哲》2018年第1期。

⑤ 梁漱溟：《中国文化的特征在哪里？》，《梁漱溟全集》第5卷，第697页。

⑥ 梁漱溟：《乡村建设理论》，《梁漱溟全集》第2卷，第314页。

⑦ 梁漱溟：《中国文化要义》，《梁漱溟全集》第3卷，第123页。

着人们采取道德上正确的行动，梁漱溟非常重视“情感”在发动人类行为中的作用，他认为：“我们的要求不是出于知识的计算，领着欲望往前；是发于知识的提醒我们情感，要我们如此作的。”① 在这个意义上说，“理性”正是与摒除了一切人类情感、冷静计算的理智相对的。同时，梁漱溟还试图通过“理性”概念去融合儒家的“仁”“良知”等，从而将儒家思想解释为一种“理性至上主义”②。“理性”在梁漱溟那里还被视为一种向上心，这种“向上心，即不甘于错误的心，即是非之心，好善服善的心，要求公平合理的心，拥护正义的心，知耻要强的心，嫌恶懒散而喜振作的心……总之，于人生利害得失之外，更有向上一念者是，我们总称之曰：‘人生向上。’”③ 故此“向上心”是一种不断奋斗、进取和超越的精神，一种中华民族生命赖以不断开拓出未来广阔前景的精神。④ 基于对“理性”之丰富内涵的发挥，梁漱溟开始直接用“理性”这个概念标举中国文化的特征与民族精神：

> 中国民族精神，照我的认识，就在“人类的理性”。我常说：除非中国人几千年都白活了，除非中国人没有贡献，否则就是他首先认识了人类之所以为人类。我的意思：中国民族精神彻头彻尾都是理性的发挥。⑤

值得我们注意的是，梁漱溟对“理性”的证成并不是只在儒家或中国文化层面来展开，而是从整个人类特征予以说明的。梁漱溟借助生物学知

---

① 梁漱溟:《李超女士追悼会之演说词》,《梁漱溟全集》第 4 卷,第 579 页。

② 梁漱溟在这里借用了日本学者五来欣造的说法。五来氏认为,儒家并不尊崇天、神、君主甚至多数人民,而只尊崇理性,是所谓的“理性至上主义”。参见梁漱溟:《中国文化要义》,《梁漱溟全集》第 3 卷,第 132 页。

③ 梁漱溟:《中国文化要义》,《梁漱溟全集》第 3 卷,第 133 页。

④ 关于梁漱溟“理性”概念的详细解读,参见郭齐勇、龚建平:《梁漱溟哲学思想》,北京:北京大学出版社,2011 年,第 118—124 页。

⑤ 梁漱溟:《精神陶炼要旨》,《梁漱溟全集》第 5 卷,第 516—517 页。

识，特别是达尔文的进化论①指出，“万物”依其本质演进、上升为许多复杂的高级形式，它们与生俱来都具有一种趋往“理性”的倾向，而“理性”也贯穿生物进化的全过程并导引它们前进的方向。但除人类之外，一切生物都盘旋于解决生活问题（主要体现为个体生存、种族繁衍）而止，为它们各自的生活方式所限制，难以在此基础上更进一步，故不能够真正地开发出“理性”。正如我们所看到的，植物定居一所，摄取无机质以自养，而动物则四处游走觅食，这一静一动即代表着两个大的方向。在动物之中，节足动物（如蜜蜂、蚂蚁）又趋向本能，不免再次回到省事的方式，依先天安排的方法来生活，只有到了脊椎动物（如鱼类、鸟类、猿猴类）阶段，以“理智”形式表现的“理性”倾向才逐渐开始显露，从而使它们进一步脱离了低级生物的阶段，其中，高级灵长目（如类人猿）更是萌生了某些“理智”的能力。到了智人阶段，真正的“理智”方才出现，而正是这种抽象思维、分析、计算、假设、推理和发明能力的出现，使人类生命超出了生活问题与生活方式的局限，“豁然开大……得一大解放”②。当人类向理智大步前进，人类的生命也就超脱了本能，不再落于方法或手段，而是豁然开朗进至所谓“无所为”的境地。他对于任何事物都可以发生兴趣、行为，而不必（自然亦有可能）是为了生活，譬如求真、好善、爱美之心，都不能仅仅看作是谋划生活的一种手段或变形，而是人类生命的高强博大自然要求如此。盖理智只有到达此“无所为”的冷

① 梁漱溟本人对于生物学和进化论知识非常重视，其《人心与人生》之写作历时有50年之久，固然主要是受到时局变动的影响，但也与他需要广泛阅读生物学、进化论等方面的著作，做好相应的知识储备有关。参见李渊庭、阎秉华编著：《梁漱溟先生年谱》，桂林：广西师范大学出版社，2003年，第318—320页。值得注意的是，西方汉学界近年来非常强调从生物学、进化心理学等角度阐发儒家的人性论和伦理学说，诸如孟旦、森舸澜等人已经开始了相关研究。参见〔美〕孟旦：《一种证明伦理规则的现代方式：约翰·斯图亚特·穆勒、孟子和当代生物学》，哈佛燕京学社、三联书店主编：《儒家与自由主义》，北京：生活·读书·新知三联书店，2001年，第201—212页；Donald Munro，*A Chinese Ethics for the New Century*：*The Ch'ien Mu Lectures in History and Culture*，*and Other Essays on Science and Confucian Ethics*，Hong Kong：The Chinese University Press，2005；Edward Slingerland，*Effortless Action*：*Wu-Wei as Conceptual Metaphor and Spiritual Ideal in Early China*，Oxford：Oxford University Press，2003；Edward Slingerland，*Trying not to Try*：*The Art and Science of Spontaneity*，New York：Crown，2014。而国内学界同样不乏相关论述，参见徐英瑾：《演化、设计、心灵和道德——新达尔文主义哲学基础探微》，上海：复旦大学出版社，2013年，第200—204页。

② 梁漱溟：《乡村建设理论》，《梁漱溟全集》第2卷，第570—571页。

静地步，才能够尽其所用，从这里也就不期而开出“无所私的感情”[①](impersonal feeling)，便是“理性”。[②]（见图 2.1）

依梁漱溟的具体解释，“理性”“理智”乃是人类心思作用的两面，“知的一面曰理智，情的一面曰理性”（125），这两者原本就是密切相连不离的，但以“理性”为体而以“理智”为用，在这里，我们看到梁漱溟依据传统的体、用关系分判理性和理智二者的地位。梁漱溟还举计数的例子来进一步说明，“譬如计算数目，计算之心是理智，而求正确之心便是理性”（125），数目算错了，在人心是不容自欺、自昧的，这就是一种极有力、无私的情感，故“分析、计算、假设、推理……理智之用无穷，而独不作主张，作主张的是理性”（126）。[③] 梁漱溟认为，只有这种“理性”才是人类的真正本质，才是生命进化达到最高形式（人）的产物。

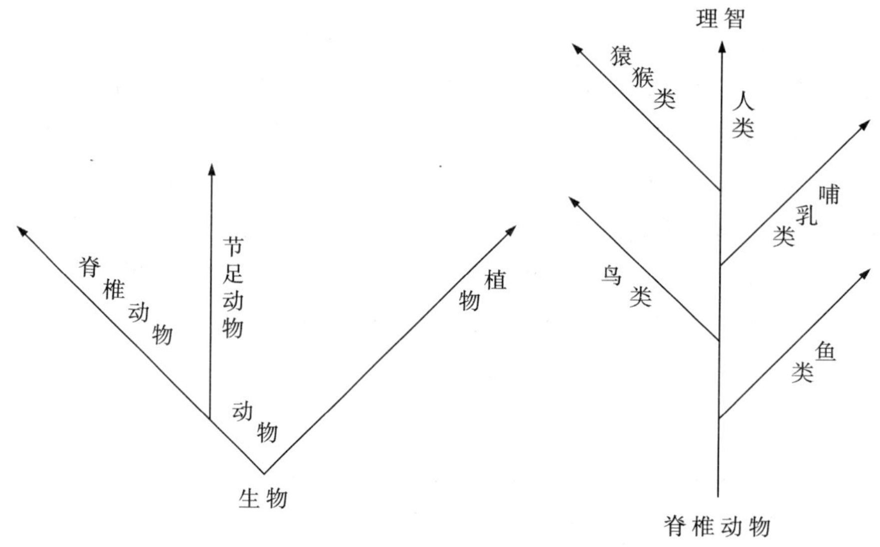

图 2.1　梁漱溟之生物进化示意图

资料来源：梁漱溟：《乡村建设理论》，《梁漱溟全集》第 2 卷，第 570 页。

① 这是梁漱溟借自罗素《社会改造原理》一书中的相关说法。关于罗素哲学对梁漱溟思想的影响，参见顾红亮：《论梁漱溟对罗素哲学的儒化》，《学术月刊》2015 年第 4 期。

② 参见梁漱溟：《乡村建设理论》，《梁漱溟全集》第 2 卷，第 569—571 页；梁漱溟：《中国文化要义》，《梁漱溟全集》第 3 卷，第 122—126 页。

③ 梁漱溟：《中国文化要义》，《梁漱溟全集》第 3 卷。

正是基于对人类之“理性”特征的充分认识，梁漱溟相信，理想社会的建构必须符合“理性”原则。[①] 也正是从“理性”出发，梁漱溟对西方社会及其制度安排进行了深刻的批评，认为西方社会“实为一种病态文明，而人类文化的歧途”[②]，并由此坚定了中国自有其立国之道的信心，转入“从理性求组织”的乡村建设与社会教育的道路，乃至要成就一个新型的社会、辟造一种“正常形态的人类文明”（557—558）。[③]

（三）周孔教化与“中国文化早熟说”

显然，在阐明了自己的“理性观”，并将中国文化之最大贡献解释为对于人类理性的充分发挥之后，梁漱溟更进一步说明了为什么中国文化能够如此早地开出“理性”之花。特别是在当时的文化氛围中，在一种强烈的社会达尔文主义“优胜劣汰”的话语主导模式下[④]，中国文化甚至难以被人们拿来与西方文化平等对待，而是被看作一先进（西方文化）、一落后（中国文化）的，诚如本杰明·史华慈所言，“西方的冲击”（western impact）这一术语令人想到的是强势的西方文明猛烈撞击一个惰性物（an inert material）——中国。[⑤] 那么，梁漱溟何以相信中国文化非但不是赶不上西方文化，反倒远远地超出西方文化，并最早对于人类本质有所认识，从而开出了中国文化最可贵的特征——理性呢？这里的关键就在于他的“中国文化早熟说”。

早在《东西文化及其哲学》一书中，梁漱溟就已经提出关于中国文化早熟的看法。梁漱溟认为，中国的儒家之所以能够在尚未彻底解决第一层面的问题（人与物或自然的问题）之时，便已经转入谋求第二层面的问题（人与人的问题）的解决，其根本原因就在于人类并不只是被动的，人类文化更不只是被动地对环境做出反射。照他的说法，“其实文化这样东西点点俱是天才的创作，偶然的奇想，只有前前后后的‘缘’，并没有‘因’

---

① 梁漱溟关于理想形态的人类文明建设应遵循的基本原则的论述，可参见梁漱溟：《乡村建设理论》，《梁漱溟全集》第2卷，第568—572页。

② 梁漱溟：《山东乡村建设研究院设立旨趣及办法概要》，《梁漱溟全集》第5卷，第222—223页。

③ 梁漱溟：《乡村建设理论》，《梁漱溟全集》第2卷。

④ 参见〔美〕浦嘉珉：《中国与达尔文》，钟永强译，南京：江苏人民出版社，2009年；王汎森：《思想是生活的一种方式：中国近代思想史的再思考》，北京：北京大学出版社，2018年，第220—243页。

⑤ Benjamin Schwartz, *In Search of Wealth and Power: Yen Fu and the West*, Cambridge, Mass.: Harvard University Press, 1964, p. 1.

的”（372），周公、孔子这几个天才人物的非凡创造是将中国文化引入这一路向的关键，“后来的天才不能出其上……而盘旋于其范围之中”（481）。①

在此后的分析中，梁漱溟更为明确地指出，西方文化是向外用力于第一层面问题的解决，主要是为了解决生存问题，是以“身体为争生存之具”（260），同时又是为了身体生存而不断竞争、逐求的，故西方文化可以说是从身体出发，“展转不出乎利用与反抗”（“有对”）（259），而计算、分析、假设、推理等理智正可以大施其用。与之相反，中国文化则是向内用心于第二层面问题的解决，追求的是人与人之间关系的和谐、融洽。当然，在西方文化中同样势不可免地要与其他人发生关系，但从向外用力的第一态度出发，“人”也是被当作“物”来处理的；而在中国文化这一边，则是要真正以“人”的方式来看待和对待他人。也就是说，需要充分考虑和照顾到他人作为“人”的感情意志，既不能将之视为一个“物”来加以利用，也不能视作一个障碍予以排斥。从把对方视作和“我”一样的“有情”、和“我”一样的“人”，而非一个“物”来说，关键就不在于以理智向外用力来竞争、逐求，而是要尽可能地争取到他人与“我”之间情感的相通和相喻，故而中国文化是从心出发的，“超于利用与反抗，而恍若其为一体也”（即“无对”）（259）。这一层面的问题既是从人类的理性而来，亦正要靠人类之理性的充分发挥予以解决。本来人类文化应当从身体出发，慢慢发展到心，这才是循序渐进的，但中国文化得益于周孔教化的开启，“有些径直从心发出来”（258），这也就是梁漱溟所谓的“文化早熟”“理性早启”之所指。②

值得注意的是，当面临第一层面问题的时候，尽管人们在解决这些问题时也会遇到种种现实的障碍，或许暂时不能得到满足，但只要坚持向外用力去寻求一个解决的办法，那么，就迟早会有得到满足或解决的一天。如古人想要和鸟一样在天上飞，这在当时没有办法，但自从发明了氢气球、飞机等之后，这个想法也就实现了。故这一类的问题是性质上可以求得满足的。但第二层面的问题却并不是这样。在这一类问题当中发生障碍的是和“我”同等的一个“人”，是别的一个“有情”，也就是所谓的“他心”。洞悉人心本已不是一件容易的事情，而要令“他心”与“我心”相

---

① 梁漱溟：《东西文化及其哲学》，《梁漱溟全集》第1卷。

② 梁漱溟：《中国文化要义》，《梁漱溟全集》第3卷。

知、相顺，则更是难上加难。[①]

我们看到，儒家传统始终教导人们向里面去用力，去发挥自己的理性。儒家说的仁、义、礼、敬、孝、悌、慈等都是要求先从自己这一面做起，如孟子之所言："爱人不亲，反其仁；治人不治，反其智；礼人不答，反其敬。行有不得者，皆反求诸己。"（《孟子·离娄上》）周孔的礼乐教化正是要以启发人的理性作为基础，从而构建一种政治与社会秩序，其所追求的不仅是人际关系的和谐、融洽，更是人与自然、人与宇宙之间的总体和谐。

三、梁漱溟对于传统中国社会秩序之社会史层面的解读

除了从"规范、应然"的文化哲学层面，梁漱溟还从"事实、实然"的社会史层面对传统中国社会秩序及其维持方式进行了解读。梁漱溟本人也很清楚，两千多年中国传统社会的历史跟周孔开启的礼乐教化传统相去甚远，故不可以不下落到"事实、实然"层面再做考察。当然，这里的"事实、实然"只是一种相对的说法。梁漱溟并不是一位受过严格训练的社会史专家，甚至他的成长、求学经历决定了他连一位受过专业训练的学者都算不上，无论是治学的方法，还是认识事物的眼光，梁漱溟在近现代中国学术史上都是相当别具一格的[②]，这使得其从社会史（或许根本不足以称为"史"）层面的考察尽管破绽百出，但亦不乏洞见。

（一）伦理本位的社会

关于传统中国社会的基本特征，梁漱溟的第一个判断是"伦理本位"。他将中国传统社会视为"伦理本位的社会"，这是相对于英美"个人本位

① "他心"问题在西方心灵哲学中同样有深入讨论（Paul M. Churchland, *Matter and Consciousness: A Contemporary Introduction to the Philosophy of Mind*, Cambridge, Mass.: The MIT Press, 1988, pp. 67-73），但梁漱溟论及的"他心"问题不只是从知识层面确认"他心"，更进至要求"他心"与"我心"的相知、相顺。

② 关于这一点，罗志田教授有着非常细致、深入的考察，参见罗志田：《文化的眼光：梁漱溟认识取向的特色》，《复旦学报》（社会科学版）2017 年第 6 期；罗志田：《凭直觉成大学问：梁漱溟的治学取向和方法》，《读书》2018 年第 5 期。

的社会”和苏联“社会本位的社会”而言的。那么，究竟何谓“伦理本位”？进而言之，“伦理本位的社会”到底有何特征？简单地说，梁漱溟所谓“伦理本位的社会”实际上就是一个围绕着各式各样的伦理关系及其相应的道德要求组织而成的社会。具体来看，“伦理本位的社会”主要包括：

首先，“伦理本位的社会”是以人作为关系性的存在为基础的。从儒家的观点看，人并不是如近代西方个人主义哲学所宣扬的一种孤零零的存在，而是一种关系性的存在。“人一生下来，便有与他相关系之人（父母、兄弟等），人生且将始终在与人相关系中而生活（不能离社会），如此则知，人生实存于各种关系之上。”① 因此，在不少学者看来，孔孟儒学蕴含着一个“关系自我”②（relational self）的概念。值得注意的是，从儒学的理解出发，这些人与人之间的关系虽然可以推得很广、很远，但却是从每个人最切近的家庭关系开始，并始终是以各类家庭关系为中心的。

就在这种种的人际关系基础上，更进一步产生了对于人们相应之伦理义务的要求，“每种关系便是一‘伦’。每一伦有一种标准的情谊行为。如父子之恩，如朋友之信，这便是那一伦的‘伦理’”③。儒家所重的伦理关系，在孔子那里仍只不过是比较笼统地表述为“君君，臣臣，父父，子子”（《论语·颜渊》）；到了孟子这里，就已经清楚明确地表述为“五伦”——“父子有亲，君臣有义，夫妇有别，长幼有叙，朋友有信”（《孟子·滕文公上》）；等到战国末年的荀子，更是突破了孔孟二人设定的血缘、亲缘关系的主轴，提出了“遇君则修臣下之义，遇乡则修长幼之义，遇长则修子弟之义，遇友则修礼节辞让之义，遇贱而少者则修告导宽容之义”（《荀子·非十二子》）的观点。当然，这并不意味着荀子彻底抛开了

---

① 梁漱溟：《中国文化要义》，《梁漱溟全集》第3卷，第81页。

② 学者们对于儒学之“关系自我”有着不同的解读，余纪元详细梳理了杜维明、罗思文、安乐哲、黄百锐等人提出的一些代表性观点，此处不再赘述。值得我们注意的是，儒学的“关系自我”尽管与西方个人主义对“自我”的解读不相契合，但却与西方古典哲学（如亚里士多德的“政治动物说”）和现代西方哲学（如关怀伦理学、宗教哲学家马丁·布伯等人）的观点不乏共鸣。参见〔美〕余纪元：《德性之镜：孔子与亚里士多德的伦理学》，林航译，北京：中国人民大学出版社，2009年，第220页；Jiyuan Yu, “Aristotle's Political Animal and Confucius's Relational Self”, *History of Philosophy Quarterly*, 2005(4): 281-300；李晨阳：《道与西方的相遇：中西比较哲学重要问题研究》，北京：中国人民大学出版社，2005年，第88—94页；琚挺挺、原超：《儒家与女性主义关怀伦理的社会政策观比较——评〈当代儒家生命伦理学〉与 *Starting at Home: Caring and Social Policy*》，《公共行政评论》2017年第1期。

③ 胡适：《中国哲学史大纲》，桂林：广西师范大学出版社，2013年，第74页。

对家庭关系的关注，在他那里，父子、夫妇、兄弟等家庭关系仍是重点，但荀子的这个说法确实“就社会交往中可能发生的联接来立论……从而突出了人际关系的公共性和社会性”①。

照梁漱溟的看法，传统中国社会正是以这样种种的伦理关系及其相应的道德要求作为基础而组织并运转起来的。在经济上，“伦理社会中，夫妇、父子情如一体，财产是不分的”(83)，亲戚朋友邻里之间有着所谓的“通财之义”，而在宗族、乡党之间亦都有着经济上彼此顾恤和关照的义务，并且义庄、义学、学田、义仓等设置，“大都是作为救济孤寡贫乏，和补助教育之用”(84)。在政治上，则“旧日中国之政治构造，比国君为大宗子，称地方官为父母，视一国如一大家庭”(85)，遂使整个政治构造皆纳入伦理关系中，甚至中国理想的政治及其所谓“治道”，“亦无不出于伦理归于伦理者”(85)。人的精神生活也在这种种伦理关系（而不是西方社会中的宗教组织）之中得到安顿。“人互喜以所亲者之喜，其喜弥扬；人互悲以所亲者之悲，悲而不伤。盖得心理共鸣，衷情发舒合于生命交融活泼之理。”(88)②

那么，中国社会何以会朝向此“伦理本位的社会”发展呢？按照梁漱溟的解释，与西方社会早期的偏重团体、近代的偏重个人不同，中国文化最为看重的是家庭。众所周知，西方社会早期如“古希腊的社会结构……是群体本位的”③，在亚里士多德经典的《政治学》中，家庭、村坊、城邦等一层比一层更高的团体，代表的正是人类自然的演化趋向和本质呈现。具体言之，亚里士多德认为，人类建立一切社会团体的目的就在于“完成某些善业”(3)，而随着社会团体地位的增高、包含的增广，其所追求的善业也一定会增高、增广，因此，只有到达城邦的高级、完备境界——“在这种社会团体以内，人类的生活可以获得完全的自给自足”(7)——人类所追求的“善业”才能最大化。④ 至于近代资本主义的兴起，则又引发个人主义的滥觞，随之扩张成一种文化潮流。也就是说，个人被视作唯一真实、具体的存在，而社会只不过是由众多个人组成的集合，故“推崇个人对于社会的价值优先性，即把个人权利奉为圭臬，而把种种制度安排仅

① 景海峰：《五伦观念的再认识》，《哲学研究》2008年第5期。

② 梁漱溟：《中国文化要义》，《梁漱溟全集》第3卷。

③ 张凤阳：《西方伦理的传统范式与现代转型》，《南京社会科学》2003年第12期。

④ 〔古希腊〕亚里士多德：《政治学》，吴寿彭译，北京：商务印书馆，1965年。

仅看作是保障个人权利的工具或手段”①。

但在中国的儒家文化这一边，最受重视的是家庭。需要说明的是，这里所谓的“家庭”并不只是现代社会学意义上的组成社会的最基本单元（或所谓“细胞”）。② 对于孔子开启的儒学来说，家庭更是一种社会实在、道德和政治理论的核心。③ 家庭之所以会被儒家摆在中心的位置，是因为他们对于家庭之意义有着非常深切的认知：“正是在家庭中，人们才能学会拯救社会的美德……也正是在家庭内部，孕育着公共德性的源头。”④ 因此，从家庭关系推广发挥，恰可以伦理组织和运转整个社会，进而消融偏重个人或偏重团体之两端。诚如梁漱溟本人所言：

> 中国之以伦理组织社会，最初是有眼光的人（即周公、孔子等儒家代表人物——引者注）看出人类真切美善的感情，发端在家庭，培养在家庭。他一面特为提掇出来，时时点醒给人——此即“孝弟”“慈爱”“友恭”等。一面则取义于家庭之结构，以制作社会之结构——此即所谓伦埋。⑤

（二）职业分立的社会

梁漱溟针对传统中国社会结构做出的第二个判断是“职业分立的社会”。显然，这里的“职业分立”是相对“阶级对立”来说的。照梁漱溟的看法，阶级并不是指一般意义上的地位高低、贫富不等，而是“在一社会中，其生产工具与生产工作有分属于两部分人的形势——一部分人据有生产工具，而生产工作乃委于另一部分人任之”⑥。这样便产生了相对立的阶级，形成了一种剥削的关系，从而衍生出阶级对立的社会，其典型代

① 张凤阳：《道德边界的消蚀——文化保守主义视野中的个人主义》，《南京大学学报》（哲学·人文科学·社会科学）2000 年第 1 期。

② 参见邓伟志、徐新：《家庭社会学导论》，上海：上海大学出版社，2006 年。

③ 参见范瑞平：《当代儒家生命伦理学》，北京：北京大学出版社，2011 年；Ruiping Fan, *Reconstructionist Confucianism: Rethinking Morality after the West*, New York: Springer, 2010。

④ Benjamin Schwartz, *The World of Thought in Ancient China*, Cambridge, Mass.: Harvard University Press, 1985, p. 71.

⑤ 梁漱溟：《中国文化要义》，《梁漱溟全集》第 3 卷，第 90—91 页。

⑥ 梁漱溟：《乡村建设理论》，《梁漱溟全集》第 2 卷，第 170 页。

表则如欧洲中世纪的封建社会、近代西方的资本主义社会等。

但梁漱溟认为，中国社会并未形成这样两个对立的阶级，亦即没有造成生产工具为一部分人所垄断的局面。为什么呢？这是因为在中国：（一）土地可以自由买卖，人人皆可得而有之，这就使得土地资源难以被垄断；（二）遗产是均分的，并没有确立类似于日本封建时代那样的长子继承制，故土地更容易分散而不容易集中。[①] 综合以上两点来看，中国社会很难形成土地垄断之势，而邹平地方“百亩（二百四十步）以上之地主极少”（427）的现状，恐怕也为梁漱溟的这一判断增添了不少的凭信。[②] 此外，蒸汽机、电机等没有发明，以至于较大型的机械设备统统不见，生产始终是以小规模经营为主，而没有开展大规模生产的必要，故同样难以形成资本垄断之势。在这种情况下，中国的生产工作者通常都是自有其工具、自行其生产，“各人作各人的工，各人吃各人的饭，只有一行一行不同的职业，而没有两面对立的阶级”[③]。梁漱溟所谓“职业分立的社会”正是指此而言。

同时，梁漱溟更进一步指出，中国社会的这种“职业分立”不仅表现在经济上，还表现在政治上，即中国的官僚制度。与欧洲中世纪盛行的贵族政治不同，中国似乎很早就已经开启了（至少也是在形式上相当接近）马克斯·韦伯（Max Weber）所论及的官僚制（bureaucracy）[④]，这令不少西方学者感到好奇。[⑤] 特别是在科举取士盛行以后，上至居庙堂之高的宰相，下至县令等基层官员，“所有官吏大抵是士人通过考试制度而来的；而士人则与农、工、商并列为四民，‘禄以代耕’，也不过是一项职业”，是“构成此职业社会所不可少之一种成分”[⑥]，这又是在政治层面上进一

① 这在其他学者那里亦多有论及，例如，沟口雄三先生就注意到中日不同的遗产继承制度带来的区别。参见〔日〕沟口雄三：《中国的公与私·公私》，郑静译，北京：生活·读书·新知三联书店，2011年，第284—290页。

② 参见梁漱溟：《就邹平土地状况复许仕廉函》，《梁漱溟全集》第5卷，第427—429页。

③ 梁漱溟：《乡村建设理论》，《梁漱溟全集》第2卷，第171页。

④ 例如，英国政治学家塞缪尔·芬纳就认为，中国是“现代官僚制度的发明者”，西欧则是“其二次发明者”。参见〔英〕塞缪尔·芬纳：《统治史》第1卷，王震、马百亮译，上海：华东师范大学出版社，2014年，第90页。

⑤ 例如，罗素将“政府掌握在由科举制度选拔出来的文人学士而非世袭贵族手中”，视为中国文化最重要的三大特征之一；而李约瑟教授亦曾专门向王亚南先生请教其对于中国官僚政治的看法，引起后者潜心研究这一问题并撰成专著。参见〔英〕罗素：《中国问题》，秦悦译，上海：学林出版社，1996年，第24页；王亚南：《中国官僚政治研究》，北京：中国社会科学出版社，1981年，第14—15页。

⑥ 梁漱溟：《乡村建设理论》，《梁漱溟全集》第2卷，第171页。

步促成了中国“职业分立的社会”。

梁漱溟认为，在传统中国社会，所谓“伦理本位”“职业分立”二者更是交相为用、互有助益的。从职业分立影响伦理本位的一面来看，由于中国社会没有土地和资本的垄断，故而大规模的生产经营无甚必要，倒是一家一户的小规模生产非常合适（“上阵父子兵”）。再加上政治权力、经济机会等在很大程度上都是开放的[①]，士、农、工、商皆各自有其前途可求，难免“父诏其子，兄勉其弟，使人倍笃于伦理而益勤于其业”（173），这就大有所助益于伦理本位社会的形成了。至于从伦理本位影响职业分立一面来说，在伦理本位的社会中，人们始终对与之密切相关的各种伦理关系负有义务，如需要从经济方面帮助和照顾他人，以至于“视其财产大小，隐然若为其伦理关系亲者、疏者、近者、远者所得而共享之”（173），这就大大降低了经济的集中度，从而无法形成经济上的垄断，政权的垄断亦不成。于是，在中国，阶级对立的社会难以形成，最终只是成就了一个职业分立的社会。总之，“伦理与职业辗转相成，彼此扣合，其理无穷”（174）。[②]

（三）传统中国社会秩序的维持方式

“伦理本位、职业分立”的特殊社会结构，使得传统中国不像一个通常意义上所说的“国家”。一般意义上的“国家”乃是形成于阶级统治的，而正如马克思主义的国家起源学说经常被概括为“国家是阶级矛盾不可调和的产物”这句经典表达所显示的，从阶级统治、阶级压迫等角度来把握国家的本质，亦是马克思主义国家观之精髓所在。[③] 在梁漱溟看来，传统中国更近于“国家消融在社会里面，社会与国家相浑融”[④] 的一大文化体。中国既然不是这样一种通常意义上的国家，则传统中国社会秩序的维持之“道”或所谓“治道”同样有其自身的特点，也就是偏重教化、礼俗和自力。

梁漱溟指出，维持社会秩序主要依靠的是两种力量，其一是强硬性的力量，也就是武力的强制，这种武力强制的力量是最好操纵国家、掌握在

① 显然，这里所谓的“开放”仅仅是相对于欧洲封建贵族政治与社会形态的“封闭”而言的。

② 梁漱溟：《乡村建设理论》，《梁漱溟全集》第2卷。

③ 参见〔英〕柯林·海伊：《国家理论：马克思主义的视角》，茅根红译，郭忠华、郭台辉编：《当代国家理论：基础与前沿》，广州：广东人民出版社，2017年，第238—267页。

④ 梁漱溟：《中国文化要义》，《梁漱溟全集》第3卷，第163页。

某一阶级手中的；其二为软性的力量，即观念的、心理的维系力，也就是“大家在互相了解之下，共同信仰之下，来信从一个秩序”[①]。传统中国既然并不是一个“阶级对立的社会”，不是一个通常意义上的“国家”，照梁漱溟的说法，即便在中国皇权专制的时代，仍是虽有统治者，却并没有一个真正意义上的统治阶级的，因为在其所谓“伦理本位、职业分立”的社会中，官僚集团的构成是相对开放的，官员们可进可退，“随时可以罢官归田”(91)。而由于这些官员往往“生长民间，所与往还因依之亲戚族众邻里乡党朋友一切之人，又皆在士农工商之四民，其心理观念实际利害，自与他们站在一边”(91)，于是便让皇帝一人高高在上，“孤家寡人”以临天下万众，自然要“兢兢业业好生维持”(91)，如《大学》所说的“以修身为本”了。[②] 这样一来，传统中国社会秩序的维持就不是重在武力或法律，而是重在从各种伦理关系发展出来的社会礼俗，重在人人皆向里用力，以恪尽自己的道德义务，更重在儒家士人积极推广社会教化，使人民能够从心底里认同并服从伦理秩序的安排。诚如梁漱溟所说：“从来中国社会秩序所赖以维持者，不在武力统治而宁在教化；不在国家法律而宁在社会礼俗。质言之，不在他力而宁在自力。”[③]

毋庸讳言，梁漱溟这里的一系列观点，跟他关于传统中国社会“伦理本位”“职业分立”的判断一样，虽不乏洞见，但绝对谈不上是“事实、实然”层面的忠实解读，而正是论者所说的“积累不厚者”“浅学之人”的大胆妄言。[④] 但如果我们仔细推究梁漱溟这番理论的深层动机，则如实地“认识老中国”恐怕从来都不是梁漱溟的真正目的，而只是服务于“建设新中国”的一种必要，故他在“老中国”那里试图发现的始终是能够对其“建设新中国”有所启发的内容。换言之，梁漱溟始终是在对新社会秩序的展望中回头检视传统中国的社会秩序。[⑤]

有趣的是，梁漱溟的这些思考虽然涉及“国家”“社会”等术语，并以秩序建构为中心关怀，但与西方学界围绕“国家与社会”关系的致思大异其趣。诚如相关论者一针见血地指出的，无论是洛克式的“社会先于国家因而国家受制于其对社会的承诺”(134)，还是孟德斯鸠、托克维尔等

---

① 梁漱溟：《中国社会构造问题》，《梁漱溟全集》第5卷，第847页。

② 梁漱溟：《中国民族自救运动之最后觉悟》，《梁漱溟全集》第5卷。

③ 梁漱溟：《乡村建设理论》，《梁漱溟全集》第2卷，第179页。

④ 参见罗志田：《借世界说中国：梁漱溟言学问的窘境》，《社会科学研究》2017年第1期。

⑤ 参见梁漱溟：《乡村建设理论》，《梁漱溟全集》第2卷，第191页。

突出分权制衡的观点，抑或马克思有关基础（如市民社会）决定其上层建筑（如国家机器及其相应的意识形态）的学说[①]，在他们那里，"社会"始终是部分独立于"国家"且与之相对的。因此，西方学界更习惯于从"权利分化与交换讨论秩序"，而梁漱溟的秩序观念却是"从'合'的立场出发，主张你中有我、我中有你的整体统一"[②]。在梁漱溟看来，传统中国不同于现代意义上的"国家"，而更近似一个文明体或文化体，其所理解的"社会"也更多地表现为一种所谓的"礼俗"。[③] 显然，礼俗秩序的形成与维持离不开社会教化。梁漱溟最后总结说，传统中国之所以需要将教化、礼俗和自力作为维持社会秩序的主要手段，原因正在于三者皆出于人类的"理性"。"所谓自力，即理性之力。礼必本乎人情；人情即是理性。……非与众人心理很契合，人人承认他，不能演成礼俗。至于教化，则所以启发人的理性：是三者总不外理性一物贯乎其中。"[④]

四、以社会教育方法重建乡村社会秩序

（一）"秩序的饥荒"

基于对"老中国"的认识，梁漱溟对于近代中国所遭遇之"三千年未有之大变局"同样形成了个人独到的见解。在他看来，近代中国面临的问题虽是千头万绪的，诸如胡适先生所说的"贫穷""疾病""愚昧""贪污""扰乱"之"五大恶魔"，又或者晏阳初论及的"愚、穷、弱、私"等，固然都是中国社会问题的表现，但其中最关键、最本质的问题仍在于所谓"社会构造的崩溃，社会关系欠调整，社会秩序的饥荒"（164）。而近代中国社会之所以会全面陷入这种紊乱和无秩序的境地，其背后更是存在着一种非常严重的文化失调。故在梁漱溟那里，"中国问题并不是什么旁的问

---

① 一个就西方学者关于国家与社会关系之经典论述的总结，参见邓正来：《国家与社会：中国市民社会研究》，北京：北京大学出版社，2008 年，第 21—43、134—153 页。

② 张静主编：《国家与社会》，杭州：浙江大学出版社，1998 年，"编者的话"第 2—3 页。

③ 诚如吴飞教授所言，梁漱溟的相关思想迥异于当代学界对"社会"的主流认知，展现了另一种可能的思考进路。参见吴飞：《梁漱溟的"新礼俗"——读梁漱溟的〈乡村建设理论〉》，《社会学研究》2005 年第 5 期。

④ 梁漱溟：《乡村建设理论》，《梁漱溟全集》第 2 卷，第 181 页。

题，就是文化失调；——极严重的文化失调，其表现出来的就是社会构造的崩溃，政治上的无办法”（164）。①

梁漱溟指出，近代中国面临这种无秩序和严重的文化失调，一方面是因为西方文明的强势冲击（所谓“他毁”）；另一方面也是由于中国的志士仁人受西方刺激，模仿西方制度既不成功，“邯郸学步，失其故行”，反倒令中国社会陷入了越来越严重的无秩序和文化失调的深重危机（所谓“自毁”）。② 因此，梁漱溟所以“建设新中国”之道，也就是试图建构一种新型的社会秩序或社会构造。按梁氏本人的说明：

> 所谓社会构造，即指一个社会里面，这个人与那个人的关系，这部分人与那部分人的关系，这方面与那方面的关系，方方面面种种的关系而言。或者说一个社会里面政治的、经济的、教育的各种制度，即叫社会构造。再换句话说，社会构造就是一个社会的秩序……一个社会的机构。所谓“社会构造”“社会制度”“社会秩序”“社会机构”等等，名词虽不同，实在是一回事。③

在梁漱溟看来，乡村建设固然是要解决乡村社会面临的一些当务之急，如改善经济凋敝、农业衰败情况，乃至防止种种天灾人祸对于乡村社会造成的伤害，实现救济乡村社会，并引发乡村社会起来自救、积极建设的要求。更重要的还在于，“重建一新社会构造”或“建设一新组织构造”，由此更进一步去完成整个中国社会之建设的一种建国运动——这才是梁漱溟所理解的乡村建设运动的真正意义之所在。④ 诚如论者所指出的，20世纪二三十年代的中国思想界因感受到西方文明的强势冲击，其主要的致思都集中在寻求能够使得中国尽快富强、文明起来的“动力”，而就“在‘动力的追求’主导社会思潮的同时，现代新儒家的前驱梁漱溟已经对‘秩序’观念独自作了相当系统的探讨”⑤。可以说，在梁漱溟这

① 梁漱溟：《乡村建设理论》，《梁漱溟全集》第2卷。

② 参见梁漱溟：《中国民族自救运动之最后觉悟》，《梁漱溟全集》第5卷。

③ 梁漱溟：《中国社会构造问题》，《梁漱溟全集》第5卷，第843页。

④ 梁漱溟：《乡村建设理论》，《梁漱溟全集》第2卷，第149—166页；梁漱溟：《乡村建设提纲》，《梁漱溟全集》第5卷，第364—372页；梁漱溟：《乡村建设是什么？》，《梁漱溟全集》第5卷，第373—377页。

⑤ 高瑞泉：《儒家秩序观念的现代重勘：以梁漱溟为中心的讨论》，《江海学刊》2019年第3期。

里，儒学传统中一脉相承的“秩序情结”，是引导其围绕“中国问题”展开思考并为解决这一问题“拼命地干”的深层次动力之所在。[①]

（二）从“理性”重建乡村社会秩序

从这样一股浓郁的“秩序情结”出发，梁漱溟深感近代中国社会“无秩序”“秩序的饥荒”引发的阵痛，并最终不期然而然地从城市走向农村，转而从社会教育入手重建乡村秩序（分别为其所谓“四不料”之三、四[②]）。但是，为什么重建秩序需要转向乡村建设运动？又何以必须运用社会教育的方法呢？这里就有必要进一步深入梁漱溟对近代中国“秩序的饥荒”之具体解读，了解梁漱溟的秩序观，亦即梁氏关于中国社会究竟需要何种秩序的相关论述。

近代中国的社会危机在梁漱溟看来是一种“无秩序”“秩序的饥荒”，则中国问题的解决无非是重构秩序。而在西方文明的强势冲击下，特别是在社会达尔文主义主导的话语模式中，中国于西方被视为一落后、一先进的，那么，近代中国秩序重建的模板似乎也已经昭然若揭，即仿效西方的政体和社会模式——这里姑且不论所谓的“西方”是否称得上是一个表意清楚的概念[③]——仅就“西方”的秩序与文明通常被化约为“民主”“科学”“自由”等术语来说，早期的梁漱溟确实曾在很大程度上以之作为奋斗目标，甚至因此而成为“全盘西化论”之滥觞的一位首倡者。[④] 即便在他意识到政治制度或社会秩序需要一种相应的政治习惯为之提供支持，从而由过去的“热心某一种政治制度表面之建立，而完全注意习惯之养成”[⑤]，转入通过乡村自治以致力于培养“新政治习惯”的初期，梁漱溟所努力的方向大概亦不外于是。

---

① 诚如梁漱溟后来自我反省时指出的，他的这一系列努力正源于其本人深感当时中国社会呈现出的“无秩序之苦”。参见梁漱溟：《我的努力与反省》，《梁漱溟全集》第 6 卷，第 966—1030 页。

② 参见梁漱溟：《自述》，《梁漱溟全集》第 2 卷，第 31—34 页。

③ 诚如本杰明·史华慈所言，当我们说“西方的冲击”之时，我们似乎预设了“西方”这个概念是非常清楚的，但究竟何谓“西方”，实际上从来就没有那么的清楚。Benjamin Schwartz, *In Search of Wealth and Power: Yen Fu and the West*, Cambridge, Mass.: Harvard University Press, 1964, pp. 1-2.

④ 参见罗志田：《异化的保守者：梁漱溟与“东方文化派”》，《社会科学战线》2016 年第 3 期；黄玉顺：《梁漱溟先生的全盘西化论——重读〈东西文化及其哲学〉》，《社会科学研究》2018 年第 5 期。

⑤ 梁漱溟：《自述》，《梁漱溟全集》第 2 卷，第 21 页。

但随着梁漱溟对“老中国”的认识不断加深，特别是在他本人明确揭出“理性”这一概念，意识到“理性”乃是中国文化最可贵的特征之后，梁漱溟不仅彻底“否认了一切的西洋把戏，更不沾恋”，并进一步坚定了“我们自有立国之道”的信心，“更不虚怯！”① 他对于中国未来社会秩序的展望亦相应随之大大超出了曾经的分析和判断，一言以蔽之，这就是梁漱溟要求从中国民族精神的“理性”出发来重构秩序。具体地说，这一时期梁漱溟的社会理想已经不再是“往西走”，向西方世界去寻找答案，而恰恰是要转回头来“往东走”，从自家的民族精神——“理性”——出发，通过乡村建设和社会教育去为中国打开一个新的局面，走出一条新的道路。梁漱溟的这一转变从他投身乡村建设（又称“乡治”“村治”）运动不同时期拟定的三份纲领性文件——广东试办乡治时期的《请办乡治讲习所建议书》、河南村治时期的《河南村治学院旨趣书》以及山东乡建时期的《山东乡村建设研究院设立旨趣及办法概要》——内容的不同即可略窥一斑。（见表 2.2）

表 2.2 梁漱溟在不同时期拟定的乡村建设纲领性文件主要内容之对比

	《请办乡治讲习所建议书》（1928）	《河南村治学院旨趣书》（1929）	《山东乡村建设研究院设立旨趣及办法概要》（1931）
对西方国家、西方社会的看法	其实社会所真正循由者，系习惯而非法令，有其习惯而无其法令，于其事实之产生无所不足；无其习惯而徒有其法令，辙望有其事实产生，固断断不可得也。故英国不必有成文之宪法，而宪政之美，一世称盛	欧洲……斗争于内，侵略于外，皆其历史的必然。帝国主义原于其资本主义的经济组织，资本主义的经济原于其向前争求的人生。不惟其意则然，抑更具有是力。自谥曰强霸，盖信然也。 我之于近代国家，不必求，不可求，不能求。 欧化之弊，畸形的发达一言尽之矣	近代西洋人走的这条路，内而形成阶级斗争社会惨剧，外而酿发国际大战世界祸灾，实为一种病态文明，而人类文化的歧途，日本人无知盲从，所为至今悔之已晚矣；我们何可再踏覆辙？

① 梁漱溟：《主编本刊(〈村治〉)之自白》，《梁漱溟全集》第 5 卷，第 13 页。

续表

		《请办乡治讲习所建议书》(1928)	《河南村治学院旨趣书》(1929)	《山东乡村建设研究院设立旨趣及办法概要》(1931)
欲实现的目标		欲谋县自治，必先自乡村市镇之自治始。 以行训政之实，而立宪政之基	然则吾民族自救之道将何如？……一言以蔽之曰求其进于组织的社会而已	除非没有中国建设问题可说；如其有之，正不外谋其乡村的发达，完成一种“乡村文明”
具体做法	政治	建设一种中国化的地方自治。 乡治之行非有合于乡间固有之习惯心理必难成功	欲使社会于其政治方面益进于组织的，是在其政治的民治化	大概事实上，亦非借经济一面之合作引入政治一面之自治不可
	经济	乡治之行非从解决农村经济问题入手必难成功。 ……其一般之救济法久著明效者，如消费合作、贩卖合作、信用合作以及丹麦所行之土地合并经营等法，类皆与吾民族精神为近，亦适为乡村自治事业之所宜	欲使社会于其经济方面益进于组织的，是在其生产及分配的社会化。 于组织将何先？曰是必借经济引入政治	但照天然的顺序，则经济为先；必经济上进展一步，而后才有政治改进教育改进的需要，亦才有作政治改进教育改进的可能。 所谓乡村经济的建设，便是前所说之促兴农业。……所谓促兴农业又包括两面的事：一是谋其技术的改进；一是谋其经济的改进
	教育或文化	—	乡村教育之极当特别致意。……若乡村小学教育，若乡村民众教育务求接近适合于吾之乡村社会，而因以谋其改造	乡村建设之教育一面，眼前可做之事甚多；而要以民众教育为先，小学教育犹在其次。民众教育随在可施，要以提高一般民众之知能为主旨

我们看到，在广东试办“乡治”时期，梁漱溟所拟定的《请办乡治讲习所建议书》，仍对西方的宪政、民主多有肯定，并将其乡治实验的目标

界定为从小范围入手训练人民养成新习惯，“以行训政之实，而立宪政之基”[①]。等到河南村治学院时期，梁漱溟开宗明义地提出：“我之于近代国家不必求，不可求，不能求。”[②] 原因在于，虽然梁漱溟对于西方民主政治和苏联社会主义道路的优点不乏认知乃至认同，如他一再强调，西方民主政治在我们既不能不承认其合理，又不能不佩服其制度设计与安排的巧妙。所谓“合理”，“第一层，便是公众的事，大家都有参与作主的权；第二层，便是个人的事，大家都无干涉过问的权”。所谓“巧妙”，则是“这种制度，使你为善有余，为恶不足，人才各尽其用，不待人而后治”。[③] 但无奈（或者说值得庆幸）的是中国民族精神，也就是“理性”之立意，实在远远高过此种西方政治制度的一系列设计与安排。照梁漱溟的说法，从这种“理性”表征出来的中国文化精神主要体现在：一是注重伦理（“伦理本位”），二是主张人生向上，彼此既充分尊重对方（“互以对方为重”），又时刻互相勉励向上。[④] 这在精神层面上就不可能与西方民主模式的人与人之间彼此设防、互相掣肘相契合，西方的民主政治自然也就难在中国文化土壤中生根发芽了。[⑤] 如果我们不明白这一点，而要去强行照搬西方的政治制度，则非但不可能领导中国社会真正地走上民主政治的道路，反倒难免出现“橘生淮北则为枳”的情况。举例来说，中国人既过惯了关门不问公事的生活，倘若贸贸然地为了形式上的地方自治而实行选举，这就恰好是为那些“武断乡曲，假借公益以自肥之土豪劣绅”大开方

---

① 梁漱溟：《请办乡治讲习所建议书》，《梁漱溟全集》第 4 卷，第 832 页。值得一提的是，在这份建议书中，梁漱溟也提醒我们注意，“乡治之行非有合于乡间固有之习惯心理必难成功”（第 835—836 页）。

② 梁漱溟：《河南村治学院旨趣书》，《梁漱溟全集》第 4 卷，第 912 页。

③ 梁漱溟：《我们政治上的第一个不通的路——欧洲近代民主政治的路》，《梁漱溟全集》第 5 卷，第 133—134 页。梁漱溟关于“民主”及其在中国的前途发表了一系列重要的论述，可参见梁漱溟：《民主是什么——什么是民主？》，《梁漱溟全集》第 6 卷，第 124—126 页；梁漱溟：《中国民主运动的障碍究在何处？》，《梁漱溟全集》第 6 卷，第 128—129 页；梁漱溟：《政治上的民主和中国人》，《梁漱溟全集》第 6 卷，第 263—279 页；等等。

④ 参见梁漱溟：《乡村建设大意》，《梁漱溟全集》第 1 卷，第 659—660 页；梁漱溟：《与丹麦两教授的谈话》，《梁漱溟全集》第 5 卷，第 571—573 页；梁漱溟：《中国文化的特征在哪里？》，《梁漱溟全集》第 5 卷，第 706—707 页。

⑤ 关于这一点的具体分析，可参见梁漱溟：《乡村建设理论》，《梁漱溟全集》第 2 卷，第 240—269 页；梁漱溟：《我们政治上的第一个不通的路——欧洲近代民主政治的路》，《梁漱溟全集》第 5 卷，第 133—173 页。

便之门，使他们有机会操纵选举，借此取得法律上的地位。①

梁漱溟或许会同意张灏先生的说法，认为中国社会之所以面临着民主政治的难产，是因为在中国文化之中没有类似西方基督教传统当中所隐含的“幽暗意识”。② 但在梁漱溟看来，这种缺失正是最值得庆幸的地方，因为中国文化开出的乃是远远高出于“幽暗意识”的“理性”精神。“文化早熟”“理性早启”使得中国文化充满了幼稚和不足③，在《乡村建设理论》中，梁漱溟将中国文化主要的不足概括为，“一是缺乏科学技术；二是缺乏团体组织”④。故整个中国社会既因短于集体生活而陷入散漫无力，又拙于对自然界的认识而缺乏控制和改造自然的能力，难免会在强势西方文明的冲击下相形见绌，但如果因此而抛弃中国文化，转而仿效西方的政治制度与社会安排，姑且不论其是否行得通（梁漱溟认为这是完全行不通的），就算勉强取得了“成功”，恐怕也是将孩子和洗澡水一起倒掉，难免有些得不偿失。

那么，到底应该怎么办呢？照直了说，就是要本着中国民族的“理性”精神重新构造一种政治与社会秩序。展开来讲，就是要从“老根上发新芽”。所谓“发新芽”就是要另有一番新的创造，但这个创造却是从“老根”上生长出来的。中国民族要复兴，就必须要创造出一种新的文化，因为旧的一套已经不再适用，非换不可。但在这个更换过的新形式之中尚有不是新的地方，有从所谓“老根”上复活的东西在。“这个东西自一面说很细微，很抽象，很不易捉摸，而自另一面说却非常实在，非常明白，绝不虚渺。这个不容否认又不易捉摸的东西，即所谓民族精神。”⑤ 因此，在梁漱溟看来，中华民族真正的前途是要本着“理性”的民族精神在现代

① 参见梁漱溟：《请办乡治讲习所建议书》，《梁漱溟全集》第 4 卷，第 832 页。应该说，梁漱溟的这个判断并非没有道理，而是有着充分的事实根据。我们不应忘记，梁漱溟曾以记者的身份直接观察过民国初年的临时参议院、国会的运作，而相关研究更证实了梁漱溟的这一判断。例如，张朋园关于晚清至民国以来历届议会选举的研究正可以说明这一点，具体言之，张氏依据对中国 20 世纪上半叶四次国会选举的研究，揭示出了其间的种种乱象，并认为“第三、四两次大大走样，弊病百出”。参见张朋园：《中国民主政治的困境：1909—1949 晚清以来历届议会选举述论》，长春：吉林出版集团有限责任公司，2008 年，第 217 页。

② 参见张灏：《幽暗意识与民主传统》，北京：新星出版社，2006 年，第 23—72 页。

③ 梁漱溟比喻说，中国仿佛是一个聪明的孩子，其身体发育未完，而智慧早开，故在表现成熟的同时，又处处显露出幼稚和不足。参见梁漱溟：《中国民族自救运动之最后觉悟》，《梁漱溟全集》第 5 卷，第 100—101 页。

④ 梁漱溟：《乡村建设理论》，《梁漱溟全集》第 2 卷，第 192 页。

⑤ 梁漱溟：《精神陶炼要旨》，《梁漱溟全集》第 5 卷，第 506—507 页。

社会中产生一种全新的秩序安排，就是要“建设新的礼俗”（276），由于这种“新礼俗……是中国固有精神与西洋文化的长处，二者为具体事实的沟通调和”（278），从而既充分吸收了西方社会的长处，又能将中国民族精神的可贵之处重新彰显出来。[①]

值得我们注意的是，梁漱溟的这一构想在他本人那里并不是“保守”的，反倒正是要为人类社会辟造一种正常形态的人类文明，带有极为明显的普世主义关怀。[②] 如梁漱溟之所言，他从来没有像罗素在《中国问题》一书中那样首先确立一个中国文化绝对不可以损伤的标准，然后再去为中国种种问题的解决寻求答案。在梁漱溟看来，他心目中本来就是空空洞洞，没有任何成见的，“但是从眼前实际问题起向前去追求，凡可以解决实际问题者，我皆承受，其损及中国民族精神与否我是不管的”（30）。只是他往前追求的结果则是认识到了“中国文化”“民族精神”这样两个东西。因此，梁漱溟认为其所谓的“民族精神”绝对不是什么空洞的名词，而是为解决中国问题不能够绕开的实实在在的文化内核，“在问题追求有了解决，有了办法时，一定不会离开他（即‘民族精神’——引者注）”（31）。[③] 由于“理性”同样是全体人类从本质上说应该趋往的方向，故中国以“理性”重构秩序的意义就不只是民族自救，而恰是在为人类寻找一新的前途。就在《乡村建设理论》一书的最后，梁漱溟对中国未来的新社会进行了展望，这种从“理性”出发而组成、发育起来的社会新形态，照他看来，不仅是一种正常形态的人类文明，更预示着人类社会未来前进的方向。[④] 可以想见，当梁漱溟前往山东从事乡村建设的时候，他是充满着自信与期待的！

（三）作为乡村建设方法的社会教育

梁漱溟在广东试办乡治（并未真正实行）、在河南从事村治活动（仅仅浅尝辄止），甚至当他投身山东乡村建设运动之初，尽管始终采取社会

---

① 梁漱溟：《乡村建设理论》，《梁漱溟全集》第2卷。

② 关于梁漱溟思想当中蕴含着普世主义的关怀这一点，学界已经多有论者指出。参见李善峰：《梁漱溟的现代化思想初探》，《东岳论丛》1996年第4期；顾红亮：《梁漱溟的教育观念及其意义》，《南京社会科学》2010年第1期；陈来：《现代儒学与普世价值》，《中华文明的核心价值：国学流变与传统价值观》，北京：生活·读书·新知三联书店，2015年，第191—203页。

③ 梁漱溟：《自述》，《梁漱溟全集》第2卷。

④ 参见梁漱溟：《乡村建设理论》，《梁漱溟全集》第2卷，第556—572页。

教育的形式，但社会教育并未在他那里被自觉地确立为一种主要的方法。倒是旁观者看得更清楚。1930 年夏间，梁漱溟率领河南村治学院的学生到北京参观、旅行，我国近现代史上著名的教育家李蒸（字云亭，河北人，近现代师范教育家）曾在一次公园招待席上发表演说，认为梁漱溟等人从事的村治运动在他看来就是民众教育（社会教育），其时的梁漱溟仍“不识庐山真面目”，心中“颇以为他的话是一种交际上的辞令”，等到梁氏渐渐深入乡村建设运动之后，慢慢便“认识他的话是当真的”。① 照梁漱溟的说法，乡村建设运动和社会教育或民众教育竟然完全是一回事，这是其“四不料”之最后一个“不料”。②

那么，乡村建设何以必须要走社会教育这条路？或者说，为什么社会教育最终成为梁漱溟从事乡村工作自觉的方法选择呢？在梁漱溟看来，这完全是由中国社会问题规定，不期然而然的。盖近代中国遭遇的“大变局”，是中国文化和中国社会不得不改弦更张的主要原因，是从感受外部的刺激而来，并非从内部自发引起的，因此不是一种历史自然的演进。如果是历史自然的演进，则当某种旧秩序需要被推翻之时，往往也是新的社会秩序或社会构造孕育得相当成熟的时候，此时的“破旧立新”往往好比蝉的脱壳一样自然而然。但中国的旧秩序却是面对西方文明的强势冲击，骤然面临着不得不改弦更张的悲惨命运，新的社会秩序或社会构造尚未有何孕育，这个时候，“一新社会出现，便为一极艰巨之工程。此工程从其方法言之，便须是社会教育”③。因此，梁漱溟指出，乡村建设运动者们虽然起初很可能并未意识到社会教育的特殊价值，然其后为了乡村工作方法的探求，最终不得不归到社会教育这一途径。④

除此之外，当时国内一些具有影响的乡村建设实验是由教育机关发起的，他们的乡村建设自然是以教育方式来进行的。例如，晏阳初认为，“要实现‘民族再造’的使命，最有效力的方法，莫若‘教育’”，进言之，“这种教育，以培养民族的新生命，振拔民族的新人格，促进民族的

① 梁漱溟：《乡村建设与社会教育》，《梁漱溟全集》第 5 卷，第 529 页。

② 参见梁漱溟：《自述》，《梁漱溟全集》第 2 卷，第 32—34 页。

③ 梁漱溟：《乡村建设与社会教育》，《梁漱溟全集》第 5 卷，第 530 页。

④ 参见梁漱溟：《社会教育与乡村建设之合流》，《梁漱溟全集》第 5 卷，第 430—437 页；梁漱溟：《民众教育何以能救中国？》，《梁漱溟全集》第 5 卷，第 479—487 页；梁漱溟：《乡村建设与社会教育》，《梁漱溟全集》第 5 卷，第 528—531 页。

新团结新组织为目标；以适应实际生活，改良实际生活，创造实际生活为内容”。[①] 而平教会领导的定县实验正是围绕文艺教育、生计教育、卫生教育、公民教育等“四大教育”，以学校式教育、社会式教育和家庭式教育“三大方式”进行的。[②] 显然，这些乡建团体对于梁漱溟选择社会教育作为邹平实验的主要方法，恐怕不无直接的影响。[③]

但在我们看来，社会教育之所以最终被梁漱溟确立为乡村建设的方法，实际上还有着更深层次的原因。一方面，这与传统儒家重视社会教化，将之作为构建并维持政治与社会秩序的重要手段是一脉相承的。前文已述及，梁漱溟是从“礼俗”方面理解社会秩序，并且对于社会教化在传统中国秩序维持过程中的作用有着非常清楚的认知。因此，梁漱溟的山东乡村建设也正是在传统中国社会秩序及其维持方式——社会教化——面临着崩溃和解体的时候，展开的一种重建秩序的努力。从某种意义上来说，梁漱溟的社会教育正可以被视作传统儒家社会教化在现代社会中的一种新开展。[④] 更关键的地方则在于，梁漱溟本人试图构建的秩序决定了其所有的努力必须通过社会教育的方式来展开。在梁漱溟那里，理想的秩序是要从“理性”出发并能使人类理性得以充分彰显的，正是基于对“理性”的认取和肯定，对建立一个能够充分彰显人类“理性”之理想社会的渴望，梁漱溟的乡村建设绝不会仅仅停留在谋求某种制度或组织之表面“建设”那么简单，而是必然要深入到传统中国政治与社会秩序及其赖以维持的教化和礼俗等方式在近代中国“三千年未有之大变局”中的全盘瓦解，由此造成所谓“秩序的饥荒”，希望从个人心灵、生活世界直到整个政治社会层面，重新构建一种合理的秩序安排。[⑤] 故而梁漱溟在他关于建设理想的人类社会应有的诸原则之中提出：“人类社会之建设应处处出之以教育眼

---

① 晏阳初著，宋恩荣编：《平民教育与乡村建设运动》，北京：商务印书馆，2014 年，第 90 页。

② 关于平教会主持的河北定县实验的详细介绍，参见郑大华：《民国乡村建设运动》，北京：社会科学文献出版社，2000 年，第 197—260 页。

③ 当然，梁漱溟本人一再强调，山东邹平实验虽然和河北定县的平民教育、南京晓庄师范的乡村教育等在方法选择上存在着相通之处，但邹平干的是“广义的，不是狭义的”社会教育。邹平实验的出发点是乡村建设，而定县、晓庄及无锡等地的“出发点都是教育”。参见梁漱溟：《邹平工作概谈》，《梁漱溟全集》第 5 卷，第 625 页；梁漱溟：《乡村建设中的三大问题》，《梁漱溟全集》第 5 卷，第 633 页。

④ 诚如论者已经指出的，近代中国的社会教育正可以被视为传统社会教化在近现代社会中的转型。参见王雷：《中国近代社会教育史》，北京：人民教育出版社，2002 年，第 14—16 页。

⑤ 参见高瑞泉：《儒家秩序观念的现代重勘：以梁漱溟为中心的讨论》，《江海学刊》2019 年第 3 期。

光，形成一教育的环境，启人向学之诚，而萃力于创造自己。社会于人，至此乃尽其最大之效用。”① 而乡村建设运动趋往的大方向正是这样一个理想的社会、一种“正常形态的人类文明”，所以，在梁漱溟那里，乡村建设必然要走社会教育的途径，以至于“乡村建设与社会教育，是一而二，二而一者”②。

五、本章小结

本章从梳理儒家传统的“秩序情结”出发，指出在儒家“治国、平天下”的政治与社会理想背后，感受的正是这样一股浓郁“秩序情结”的刺激。历代儒家学者坚持不懈追求的始终是某种稳定、和谐的政治与社会秩序，并以此作为其整个“外王”事业之标的，而从这一政治和社会理想出发，传统儒家非常重视社会教化在秩序构建与维持过程中的功效发挥。

梁漱溟本人正是继承并延续了儒家传统的这一“秩序情结”，从而将近代中国问题的本质认清为“无秩序”“秩序的饥荒”。基于其“认识老中国”的独立思考，梁漱溟主张中国文化的特征集中表现为“理性”。在他看来，受周孔教化的影响，中华文化较早地彰显出了人类的理性特征（所谓“理性早启”），并从“伦理本位”“职业分立”来进一步把握传统中国社会形态的特点，由此坚定了从中华民族之“理性”精神出发，重构政治与社会秩序的信念（所谓“建设新中国”），从而转入乡村建设运动。由于梁漱溟的乡村建设并不止于救济乡村或乡村自救，其重点也不在于某种制度或组织的创设，而是循此重建一新组织构造或重建彰显人类“理性”之乡村社会秩序、“新礼俗”，故社会教育最终被梁漱溟确立为开展乡村建设、振兴乡村社会的主要途径或方法。

---

① 梁漱溟:《乡村建设理论》,《梁漱溟全集》第 2 卷,第 571—572 页。从“理性”出发,梁漱溟总共提出了四条理想形态的人类社会建设应当遵循的基本原则:(1)建设一个能够代表人类一体之情的社会;(2)“人类社会之建设,当求其如义得理”;(3)“尊重个性,鼓进创造”;(4)创造教育的环境,以“启人向学之诚,而萃力于创造自己”。

② 梁漱溟:《社会教育与乡村建设之合流》,《梁漱溟全集》第 5 卷,第 436 页。当然,梁漱溟对于社会教育方法的重视,也是在与其他手段(如行政主导模式)相比较的基础上做出的自觉选择,这一点我们将在后文进一步予以论述。

第三章　教育民众：梁漱溟社会教育思想的具体内容

本章考察梁漱溟社会教育思想的具体内容。需要说明的是，我们在这一章主要是从乡村建设的关怀出发，旨在呈现服务于乡村建设的梁漱溟社会教育思想的具体内容，即被梁漱溟明确视为乡村建设之一种途径或方法的社会教育究竟包含着哪些具体的内容，故并不涉及对梁漱溟教育思想的总体考察①。在其拟定的《山东乡村建设研究院设立旨趣及办法概要》中，梁漱溟指出，乡村建设虽千头万绪，其要不外乎政治、经济和教育三方面，其中，"乡村建设之教育一面，眼前可做之事甚多；而要以民众教育（即社会教育——引者注）为先……民众教育随在可施，要以提高一般民众之知能为主旨。经济一面、政治一面之得有些微进行，统赖于此"②。这时候的梁漱溟已经认识到政治、经济等方面工作成效的取得离不开社会教育，因此他所理解的社会教育并不限于通常意义上"教育"所及之范围，而是需要从政治、经济和社会等多个维度展开。这使得梁漱溟的社会教育思想既在一定程度上延续了传统儒家的社会教化，又在具体内容层面上大大突破了传统儒家社会教化的范围，融入了诸多现代社会的新鲜元素，从而成为梁漱溟投身乡村建设、振兴乡村社会的一种高度自觉的方法选择。

---

① 当然，梁漱溟的社会教育思想与实践也可以从其教育思想发展的脉络方面予以探讨。参见马勇：《梁漱溟教育思想研究》，沈阳：辽宁教育出版社，1994 年；吴洪成：《教育家梁漱溟研究》，济南：山东人民出版社，2016 年；吴洪成、姜柏强：《新儒家梁漱溟的教育事业》，太原：山西人民出版社，2018 年。

② 梁漱溟：《山东乡村建设研究院设立旨趣及办法概要》，《梁漱溟全集》第 5 卷，第 229 页。

一、科学技术与合作理念

梁漱溟在乡村建设中运用社会教育的方法，首先想要实现的目标就是在农村社会广泛引入科学技术，倡导合作经营，从而促进金融资本朝向农业、农村的流通，以盘活农村经济与乡村社会。尽管从“秩序情结”出发，梁漱溟转入乡村建设之宏伟目标乃是要趋往一个理想的社会，以至于辟造一种正常形态的人类文明，但他仍是针对乡村衰败、农业凋敝的现实，从救济乡村、引导整个乡村社会起来自救、积极开展各类建设事业做起的。①

梁漱溟认识到，自西方资本主义强势入侵以来，中国的经济与社会开始被迫卷入由西方资本主义国家主导的国际市场，而中国的小农经济在这种秩序当中不可避免地日渐凋零，成为整个乡村社会陷入沉闷、迷茫的重要原因。② 在这种情况下，倘若乡村建设不能够从经济方面积极地有所作为，以振兴中国的农业与农村，那么，不仅其后续的一系列革故鼎新的改革措施（如政治、教育等方面）都将会由于缺乏相应的经济条件作为支持而难以展开，并且乡村建设运动恐怕也根本不可能赢得其真正意义上的建设主体——乡村民众——的认同，调动起他们的积极性。故梁漱溟始终重视从经济方面率先为中国的农业、农村和农民寻找到一条新的出路。例如，早在广东试办乡治时期，梁漱溟就强调：“乡治之行非从解决农村经济问题入手必难成功。”③ 等到开展山东乡村建设运动时期，他更进一步地指出，近代中国的乡村建设虽百废待举，然其要不外乎政治、经济和教育（或文化）三大端，这三个方面无论从哪一点入手均无不可，“但照天然的顺序，则经济为先；必经济上进展一步，而后才有政治改进教育改进的需要，亦才有作政治改进教育改进的可能”④。因此，梁漱溟首先就是

① 参见梁漱溟：《乡村建设理论》，《梁漱溟全集》第 2 卷，第 149—160 页。

② 相关研究成果较为丰富，可参见〔美〕黄宗智：《华北的小农经济与社会变迁》，北京：中华书局，2000 年，第 124—141 页；〔美〕黄宗智：《长江三角洲小农家庭与乡村发展》，北京：中华书局，2000 年，第 118—147 页；〔日〕城山智子：《大萧条时期的中国：市场、国家与世界经济(1929—1937)》，孟凡礼、尚国敏译，南京：江苏人民出版社，2010 年。

③ 梁漱溟：《请办乡治讲习所建议书》，《梁漱溟全集》第 4 卷，第 836 页。

④ 梁漱溟：《山东乡村建设研究院设立旨趣及办法概要》，《梁漱溟全集》第 5 卷，第 227—228 页。

从经济建设着力，试图通过社会教育的途径为乡村社会引入科学技术、合作经营模式，以引发金融资本等朝乡村流通，从而为振兴乡村社会奠定坚实的经济基础。

(一) 引入科学技术

为什么要通过社会教育的方式引入科学技术？简言之，这是基于梁漱溟对中国文化不足的检讨和认识。梁漱溟指出，中国文化最大的优势或特征体现在它清楚地认识了人类之所以为人类，也就是对于“理性”精神的充分彰显。但也正是所谓的“理性早启”与“文化早熟”，中国文化不可避免地处处显露出幼稚和不足，这种不足集中表现为两点：（一）缺乏科学技术；（二）缺乏团体组织。[①] 而这两点不足又都对近代中国的农业发展造成了十分不利的影响，特别是在西方入侵及其主导的国际市场秩序中，中国农业更是相形见绌、举步维艰。

这里先从科学技术缺乏的一面来说。早在《东西文化及其哲学》一书中，梁漱溟就曾运用对比的方法指出，中国和西方文化，一是艺术精神的，一是科学精神的。西方文化的特长就在于本着“意欲向前要求的精神产生‘赛恩斯’与‘德谟克拉西’两大异采”[②]，以至于西方社会中的一切都要根据科学——梁漱溟将其理解为一种把许多零散的经验、不全的知识，经营成一门学问的方法——往前探求。例如，在农业方面，西方社会不仅就如何耕作、种植产生了许多分门别类的学问，“甚至养鸡牧羊，我们看着极容易作的小事，也要入科学的范围，绝不仅凭个人的智慧去做”(354)，这与我们的传统农业生产中一切学问皆不讲究，“单靠老农老圃的心传”(354) 完全不同。[③]

如果说这种不讲究学问、走艺术而不走科学道路的农业生产模式，在传统中国“死徙无出乡，乡田同井，出入相友，守望相助，疾病相扶持”(《孟子·滕文公上》) 的社会尚可以勉力维持，那么，在西方资本主义国家继以武力强势打开中国国门之后，又以他们从科学技术发达或科学上的知识技能生产得来的、种种物美价廉的商品大量输入中国市场的时候，则

---

① 参见梁漱溟：《乡村建设理论》，《梁漱溟全集》第 2 卷，第 192 页。

② 梁漱溟：《东西文化及其哲学》，《梁漱溟全集》第 1 卷，第 353 页。

③ 关于中、西文化一为艺术精神，一为科学精神的详细论述，可参见梁漱溟：《东西文化及其哲学》，《梁漱溟全集》第 1 卷，第 354—362 页。

中国传统社会这种缺乏科学技术作为指导的“艺术化”农业生产模式，就显得十分低效和缺乏竞争力，这一点在当时不少关心中国农业和农村问题的学者那里，都已经有着清楚的认知。举例言之，在1922年至1925年，当时的金陵大学农林科农业经济和乡村社会学系曾经组织开展了一次针对全国6省11县区共13个调查点2370家普通农户的大型调查，此次调查的范围主要是华北、华中和华东地区，具体调查地点包括江苏省的江宁（淳化镇、太平门）和武进，福建省的连江，河南省的新郑、开封，安徽省的来安、怀远和宿县，山西省的武乡，以及河北的平乡、盐山等地。根据本次调查搜集起来的资料，乔启明（字映东，山西省运城人，农业经济学家）在其撰写的《中国农民生活程度之研究》① 一文中指出，科技不发达导致中国的农业生产效率极其低下。具体来看，当时美国生产1公亩（约16亩）的棉花，从种到收大约需要人工289点钟，而中国则需要1620点钟，也就是说，中国的生产效率大约仅仅相当于美国的1/6；甘薯在美国需要203点钟，中国耗时则是1184点钟，也仅约相当于美国的1/6；玉蜀黍（玉米）在美国只需要47点钟，中国却多达663点钟，从生产效率来看更是只达到了美国的1/14。小麦、黄豆等都是如此，以至于虽然中国的人工成本比美国低廉不少，但实际支出的人工费用反倒要比美国高出许多。在这种情况下，美国的农产品当然有机会进入中国的市场，甚至还颇具竞争力了。②

梁漱溟对于中国农业发展面临的这种窘境同样有着清楚的认知，他认为中国社会最急切需要予以补充的两大缺欠之一就是科学上的知识技能，而所谓补充科学技术上的缺欠自然不是要转去夯实科研基础与条件、培养科研人才队伍或者组织开展各类科学研究等，他所谓的“补充”始终带有浓厚的实用主义导向和色彩③，也就是要通过乡村建设研究院因地制宜地组织并开展一些实用性的研究，以社会教育为途径与方法，将相关的科学知识和生产技术广泛传播到农村社会，应用于农业生产之中，以刺激并推进农业改良增收的实效。山东乡村建设研究院在这一工作中投入了大量的精力，并取得了显著的成效。例如，根据当时学员的回忆，山东乡村建设

① 原文刊发在《社会学刊》1930年第1卷第7期。

② 相关内容出自乔启明《中国农民生活程度之研究》一文，转引自王先明：《走进乡村——20世纪以来中国乡村发展论争的历史追索》，太原：山西人民出版社，2012年，第128—129页。

③ 参见马勇：《梁漱溟教育思想研究》，沈阳：辽宁教育出版社，1994年，第187—231页。

研究院训练部教授的课程很多，“造林、农业知识、土壤肥料、畜种改良、病虫害、蚕桑、农家副业、水利建设、现行法令、医药卫生等，农牧副渔全有”（57），请来授课的老师也具有较高的水准，如金陵大学毕业的于鲁溪先生负责教授畜牧、种植等课程，学员学成之后返回村中给农民上课，这些农业生产技术和知识也就广泛地传播开来。①

从某种意义上来说，我们可以认为，对于科学知识和生产技术的强调正是梁漱溟的社会教育与传统儒家社会教化显著不同的地方之一。据《论语·子路》所载，樊迟曾经向孔子“问稼”，即如何种庄稼，但孔子讥之以“小人”，并认为“上好礼，则民莫敢不敬；上好义，则民莫敢不服；上好信，则民莫敢不用情。夫如是，则四方之民襁负其子而至矣，焉用稼？”传统儒家的社会教化主要围绕着人伦道德来展开，其中虽不乏劝勉农桑的内容②，但也多是从道德话语的角度予以倡导的，基本上不会涉及农业生产知识与技术的研究和传播，而这却是梁漱溟社会教育思想的重要组成部分，也是其显著区别于传统儒家社会教化思想的地方。

（二）培育合作理念

将中国农业生产和发展的问题归结为科学技术不足，从而要求通过社会教育的途径尽快补充其在科学技术方面的缺欠，这固然是对症下药之举，但仍没有认准问题的本质。在梁漱溟看来，影响中国农业和农村发展的真正关键还在于中国文化的另一大缺欠，也就是之前提到过的缺乏团体组织。诚如梁漱溟所言：

> 有的人说，中国所以敌不过西洋，是因为中国没有新的科学技术。这一点我也承认，不过在我看，这尚不是顶要紧的一点；我认为顶要紧的，乃在于西洋人有团体组织，而中国人则没有这个。③

实际上，从梁漱溟本人的表述来看，他的乡村建设正是要“建设一个新的

① 参见刘溥斋：《我在研究院训练部学习和从事乡建活动的经过》，山东省政协文史资料委员会、邹平县政协文史资料委员会编：《梁漱溟与山东乡村建设》，济南：山东人民出版社，1991年，第57—63页。

② 参见黄书光主编：《中国社会教化的传统与变革》，济南：山东教育出版社，2005年；张惠芬主编：《中国古代教化史》，太原：山西教育出版社，2009年。

③ 梁漱溟：《乡村建设大意》，《梁漱溟全集》第1卷，第627—628页。

社会组织构造”[1]（所谓“新礼俗”），从小范围和中国人更为熟悉、也更容易接受的乡村社会场景入手，逐渐培养起中国人参与团体生活的习惯（所谓“新政治习惯”）。关于这一点，我们将留待本章的第三部分再做详论，这里仅就经济方面来说。梁漱溟希望通过社会教育方式培育乡村民众的合作理念，使中国农业真正走上一条合作经营的道路。

梁漱溟意识到，中国农业之所以会在面临西方资本主义的冲击，被日益广泛而又深入地卷进全球化的市场之后，显得毫无招架之力，关键的原因还不在于对方掌握了先进的科学技术，而在于他们能够有效地组织起来。梁漱溟认为，西方资本主义国家已经逐渐走上了一条统制经济或计划经济的道路，“所谓统制和计划，即是团体的，他们由国家统制来竞争，即是以集团来竞争”（789），但遗憾的是，中国社会历来自由、散漫，不谙团体组织之道[2]，而在来势汹汹的西方资本主义国家面前，如果只是“由我们的农民或商人，个人直接和他们成一个大单位的国家去竞争，自然只有失败”（789）。[3]

显然，梁漱溟在这里以“统制经济”“计划经济”等概念界定西方国家的经济模式并不完全合理，但他无疑已经敏锐地意识到了国际市场竞争的背后，实质上仍是国与国之间力量的碰撞。并且，我们还应该看到，20世纪20～30年代正是自由放任的资本主义经济模式危机重重，进而在美国引发了波及全球的1929年至1933年经济大危机的时期，就是在应对这场经济危机的过程中，西方国家和政府势力逐渐抬头（如美国推行“新政”），在经济学界同样开始鼓吹国家或政府干预的“凯恩斯主义”，梁漱溟的这个判断准确把捉到了西方资本主义世界中国家势力上升的这一态势。同时，梁漱溟从中敏锐地感受到的另外一股势力，即马克斯·韦伯所谓之科层化的力量。韦伯认为，科层组织能够凭借其成功组织起来的大规模生产，在残酷的市场竞争中占据巨大优势。[4] 诚如梁漱溟指出的：“外

---

① 梁漱溟：《乡村建设理论》，《梁漱溟全集》第2卷，第276页。

② 按照梁漱溟的解释，中国人之所以缺乏团体组织的意识，正是从其文化的长处——“理性”而来。梁氏的逻辑如下：中国人因“理性早启”而缺乏宗教，也就相应地缺乏宗教团体生活的锻炼，故中国人生活当中最为重要的是家庭。再加上小农经济也最适合采取家庭经营的模式，又从“理性”出发要求中国人时时往里用力，作自我反省。因此，中国人这里发达的是身家意识，而缺乏团体组织观念。参见梁漱溟：《乡村建设大意》，《梁漱溟全集》第2卷，第635—638页；梁漱溟：《中国文化要义》，《梁漱溟全集》第3卷。

③ 梁漱溟：《中国民众的组织问题》，《梁漱溟全集》第5卷。

④ 参见顾忠华：《韦伯学说》，桂林：广西师范大学出版社，2004年，第174—184页。

国的货物为什么比中国的又好又便宜呢？这就是因为人家是大规模的生产，而我们则是零零碎碎的小规模的生产的原故。"①

因此，梁漱溟在经济方面的另一个重要的着力点，就是通过开展社会教育，引导农民联合起来，走上合作经营的道路。梁漱溟认为，只有农民真正联合起来、合作经营，许多农村和农业上的难题才会迎刃而解。例如，对于农业和农村发展至关重要的金融资本，只有在农民采取合作经营、结成团体之后，信用有了保障，借款也是"成总的"——相较于个人的小笔借款而言——银行家才会愿意贷款给农民。再比如面对市场的冲击，单个的农民或农户只能任其摆布，年成不好的时候只能怨天尤人、艰难度日，就算是年成好，迎来了一个罕见的大丰收年，也很有可能受资本力量的左右而出现"谷贱伤农"，这在叶圣陶经典的短篇小说《多收了三五斗》中已经有了生动的讲述。怎么办呢？照梁漱溟看来，只有走合作经营的道路，才可以避免这一困局。"例如大家组织合作仓库，把粮食储存起来，等市价涨高时再卖，或运往别处去卖；这样便可以多卖几个钱，并可以免受商贩的居中抽剥。"② 凡此种种，总之是联合起来、合作经营就有办法，仍跟过去那样任由一家一户的农民去单打独斗，则难免四处碰壁，中国的农业经济也会越来越深地陷入泥潭当中。在乡建院的努力下，邹平不仅致力于从社会教育的途径传播合作的理念，更进一步引导农民在具体的合作事业中切实感受合作的好处。"至1936年底，全县合作社种类共有美棉运销、蚕业产销、林业生产、信用庄仓、信用、购买6种，合作社总数为307所，入社社员8828户。"③ 农民既从合作中尝到了甜头，合作的热情和意识亦十分高涨。

值得注意的是，梁漱溟在这里从经济方面为中国农村谋求的一条出路，颇接近于走社会主义的道路。前已述及，梁漱溟先生曾在20岁前后短暂迷恋过社会主义思想，甚至其当年出家为沙门的心愿之一即"唱导社会主义"④，诚如相关论者已经指出的："综观梁漱溟的一生，在他的思想深处一直是向往社会主义的。"⑤ 因此，我们看到，梁漱溟在他的《乡村建设理论》中明确提出，理想社会之经济上的基础条件就是：

---

① 梁漱溟：《乡村建设大意》，《梁漱溟全集》第1卷，第639页。
② 梁漱溟：《乡村建设大意》，《梁漱溟全集》第1卷，第619—620页。
③ 曲延庆：《邹平通史》，北京：中华书局，1999年，第253页。
④ 梁漱溟：《谈佛》，《梁漱溟全集》第4卷，第496页。
⑤ 善峰：《梁漱溟社会改造构想研究》，济南：山东大学出版社，1996年，第22页。

……生产与分配都社会化，这样就是实现了社会主义；为消费而生产，非营利的生产。……社会主义之所以好，就是在那个时候的人类社会，大家能站在一个立场上，来共同对付自然界（人类对付自然界，即所以解决生存问题，亦即所谓经济），而减除了人对人的竞争；也就是说，人类的生存问题，由社会解决，而不由个人自谋。换言之，即对个人的生存问题，有社会来做保障。①

而梁漱溟试图通过社会教育的途径，倡导合作经营，以振兴中国的农业和农村，还有其更深一层的思考，这就是要以农业为中国经济谋翻身之道。梁漱溟认为，中国经济自从越来越深地卷入世界市场以来，农、工、商各行各业都受到了极大的压迫，这个时候谋求经济的翻身并不容易，需要我们仔细审量。首先，在外力的压迫下，农、工、商业哪个地方稍微松缓，多少还能容我们喘气；其次，从我们这一面来看，又是哪里要求喘气得最为急切；再次，要去看看哪个地方比较有自保或翻身的可能；最后，还要去思考有没有从此翻身的一条路子。依据其所设定的这四重标准综合考察，农业——“从农业谋翻身”——似乎是一种切实可行的选择，这使得梁漱溟主张凭借农业、最终从农业引发工业，为中国经济开出一条真正的翻身之道。② 梁漱溟的这一方案堪称“以农立国论”的代表。③ 而要振兴农业就必须采取联合生产、合作经营的模式，故梁漱溟确立的路线“就是散漫的农民，经知识分子领导，逐渐联合起来为经济上的自卫与自立；同时从农业引发了工业，完成大社会的自给自足，建立社会化的新经济构造”④，也就是要通过广泛开展社会教育，引导自由、散漫的农民真正树立起合作的理念，循此走上合作经营的道路。

二、精神陶炼与道德教育

通过社会教育为中国农业引入科学技术，引导农民选择联合生产、合

① 梁漱溟:《乡村建设理论》,《梁漱溟全集》第2卷,第412页。
② 参见梁漱溟:《乡村建设理论》,《梁漱溟全集》第2卷,第496—512页。
③ 近代中国一直存在着关于“以农立国”和“工业立国”的争论,参见王先明:《走进乡村——20世纪以来中国乡村发展论争的历史追索》,太原:山西人民出版社,2012年。
④ 梁漱溟:《乡村建设理论》,《梁漱溟全集》第2卷,第495页。

作经营的模式，仍主要是就经济一面来展开的。梁漱溟从当时中国的乡村社会感受到的更为严重的问题乃是一般乡村民众精神的日渐消沉、乡村社会传统道德观念和伦理关系，特别是传统家庭观念和家庭关系的日趋紧张甚至彻底破坏，这使得他的社会教育同样不乏关于乡村民众之伦理道德、精神生活层面的指引。而对于丹麦成功的农业经营，尤其是经过对丹麦民众教育（社会教育）模式的"观察"，梁漱溟则更进一步坚定了这一信念。

（一）丹麦民众教育的启示

丹麦农业，在某种意义上说，是梁漱溟乡村建设非常注意学习和借鉴的一个榜样，这个北欧国家的成功经验对于梁漱溟重视社会教育尤其是通过社会教育提振农民的精神生活，带来了非常关键的启示。诚如梁漱溟所言，他起初只是由于"作乡村运动，听到丹麦是农业国家，所以注意丹麦"（496），特别是因为梁漱溟的乡村建设运动非常注意合作，积极引导农民走联合生产、合作经营的道路，而"丹麦以合作著名，所以注意丹麦"（496）。在当时的梁漱溟想来，丹麦的民众教育大概亦不外是提倡改良农业合作、职业教育之类，但经过他本人的一番仔细考察之后，才发现自己原来的种种猜想完全是错误的。丹麦农业的成功固然离不开农业技术的改良、采取合作经营的模式等，然丹麦民众教育却"绝不是一个偏乎实际应用的，而倒是一个非实用的"（496），准确地说，丹麦民众教育之重心毋宁在于"一种'人生的教育'，或'精神的教育'"（497）。[①]

梁漱溟曾经多次热情洋溢地介绍丹麦的民众教育模式。从相关材料来看，梁漱溟对于丹麦教育的认识主要是"纸上得来"[②]，也就是通过阅读贝脱勒（H. Begtrup）等人所著、由孟宪承（江苏武进人，近代著名教育家与教育理论家）翻译的《丹麦民众学校与农村》（原书名应为《丹麦的民众学校与农村》）一书。但梁漱溟从来就不会为了读书而读书，"问题"

---

① 梁漱溟：《精神陶炼要旨》，《梁漱溟全集》第5卷。

② 当然，梁漱溟曾接待来访的丹麦教育家贝尔斯来福、合作专家安得生等人，可以想见双方交谈过程中不可避免地会谈及梁漱溟非常感兴趣的丹麦教育问题。参见梁漱溟：《与丹麦两教授的谈话》，《梁漱溟全集》第5卷，第571—576页。

始终是其广泛阅读的出发点和中心观照①，因此他阅读这本书的心得体会自然与出之以教育家眼光的孟宪承有所不同。在他看来，孟宪承虽费心费力地翻译了这样一本好书，却仍未能充分地领悟到全书的精髓所在，只不过"于译序中徒说些不要紧的话……竟不能指点读者向深处领悟追求，未免有负原书之美，亦且辜负自家译笔的一番勤劳"②。有鉴于此，梁漱溟本人当然要欣然命笔，细致阐明该书真正的"微言大义"之所在。

在《丹麦的教育与我们的教育》一文中，依据其对于《丹麦的民众学校与农村》一书的阅读体会，梁漱溟首先指出丹麦民众教育并不是直接落在"用"的层面，最初它甚至都没有开设农业技术或合作一类的课程，"它的教学却始终着力于文化的传播，以觉醒一般人的精神生活，而培养他们的友爱，并没有施行过职业的训练"③。也就是说，丹麦的民众教育主要通过历史、诗歌等媒介，以唤起丹麦民族精神的觉醒，刺激人民（农民）能力的发展。而丹麦民众教育之所以会走上这样一条道路，在于其主要创始人之力，其中，尤以格龙维（Grundtvig）及其弟子柯尔德（Kold）、施洛特（Schroder）等三人的影响最显关键。

这里仅就丹麦民众教育的"第一领袖"格龙维来说。格氏是一位才情丰富的人物，他归宗于路德教派，有着坚定的宗教信仰，同时又热爱自由、渴望英国式的"人权的自由"，这使得他的宗教信仰并不因循守旧或者流于形式，也使得格龙维本人并没有随着当时一般教士们的脚步，加入"压迫人民之自由的宗教集会，反而加入了自由奋斗者的战线"（658—659），最后不得不脱离其牧师生涯，转而献身于民众教育的伟大事业。不过，格龙维及其弟子们始终本着一种宗教家的情怀来从事各项民众教育的活动。梁漱溟认为，丹麦的民众教育运动之所以能够取得如此巨大的成就，在很大程度上正要归功于格龙维等人的这种真挚的宗教热情。因此，我们看到，格龙维基于浓烈的宗教道德情怀和对自由的极度渴望，"决计不以他的文学天才，单去成就少数知识阶级所欣赏的作品，'却要给全民

① 诚如罗志田所言，梁漱溟的治学或论学以"问题"为中心，他善于广泛搜罗相关材料以支持自己的观点。参见罗志田：《文化的眼光：梁漱溟认识取向的特色》，《复旦学报》（社会科学版）2017年第6期。

② 梁漱溟：《丹麦的教育与我们的教育——读〈丹麦民众学校与农村〉》，《梁漱溟全集》第7卷，第654页。

③ 原文出自孟宪承译《丹麦的民众学校与农村》，转引自梁漱溟：《丹麦的教育与我们的教育——读〈丹麦民众学校与农村〉》，《梁漱溟全集》第7卷，第655页。

众歌唱出一个较高的生命来'；他不要作文坛上的名手，却准对着全民众努力”（659）。格龙维的弟子柯尔德、施洛特等人也都能够沿着其师开拓的民众教育道路，以各自独特的人格魅力与宗教精神将之继续往前推进（参见660—663）。这就使得丹麦民众学校开设的科目表面看上去虽然了无新意，无非是丹麦语文、历史、音乐以及体操等老生常谈的项目，但这些“很平常的学科里，一一寓有深挚意义与很大力量”（664）。比如，历史在很多国家中只不过是普通的一门学科，但在丹麦民众教育中却很能够“表现其教育之神功”（665），盖丹麦的历史教育并不是以抽象的历史理论或推论为重，而是以历史上种种伟大人物的鲜活事迹启迪人们的内心、扩充人民之人格，旨在将所谓“历史的灵魂”　（665）广泛传递给丹麦民众。①

由此可见，丹麦民众教育正是以提升一般民众的精神生活、培育他们的道德情操为重心，从而显著区别于职业教育甚至普通之所谓“教育”者。而正是这种别具一格的教育模式，唤醒了丹麦民众的精神生活，砥砺了丹麦民众的精神意志，锻造出丹麦民众的人格品质，最终促进了丹麦农业生产的发展乃至整个丹麦民族的复兴；亦正是丹麦民众教育取得的这一成就，使之成为梁漱溟在乡村建设之中热衷于学习和效仿的榜样。

当然，尽管对于丹麦民众教育模式有着高度的评价，梁漱溟同时清楚地认识到，作为东方泱泱大国的中国绝非偏居于北欧之一隅的丹麦可比，中国的民族复兴关涉的问题之大、需要处理的情况之复杂、面临的困难之多，都远远超出丹麦。例如，丹麦的民众教育颇受益于其本民族的宗教精神，凡音乐、文学、历史等科目都带有浓厚的宗教意味，孕有感情奋发的精神，而中国则不仅如此：

> 中国此刻讲精神陶炼，诗歌、音乐、文学的帮助固很必要；可是恐怕要多重人生问题的讨论，多用思维，多用脑筋才行——不是一个精神的奋发即能解决中国人的苦闷。中国人的苦闷，从音乐、诗歌、文学、宗教来解决是不够的，必须从人生问题的讨论始有解决的希望……②

① 关于格龙维等人生平事迹及其对丹麦民众教育影响的详细介绍，参见梁漱溟：《丹麦的教育与我们的教育——读〈丹麦民众学校与农村〉》，《梁漱溟全集》第7卷，第654—684页。

② 梁漱溟：《精神陶炼要旨》，《梁漱溟全集》第5卷，第502页。

换言之，中国的社会教育并没有类似丹麦那样的宗教资源可以依凭。更重要的是，中国问题触及的深度也远远超过了丹麦，它不只是一个振奋人民之精神的问题，更是中国传统社会秩序安排在现代社会全面崩溃引起的人生价值和意义无处安顿的危机，故社会教育在中国仍需要围绕其崇尚“理性”的民族精神来展开，从更深层次的人生问题入手为中华民族找到一条真正的出路。此外，我们还应该看到，不仅丹麦的民众教育模式，包括杜威的教育哲学思想——显然，梁漱溟已将其融入自己独特的理解①、国内一些具有代表性的乡村教育或乡村建设派的实践等，都为梁漱溟的社会教育提供了重要的借鉴与启示。② 不过，在梁漱溟那里，丹麦的民众教育模式特别是其注重“人生的教育”“精神的教育”的理念，仍与梁漱溟本人的社会教育理念最相契合，因而成为他着重予以参照的模板。

（二）乡村民众精神的提振

丹麦民众教育带来的启示，使得梁漱溟的社会教育一开始就很注意对于乡村民众精神的提振，由此更进一步地发挥民众在乡村建设中的作用。唯有充分调动乡村民众的主动性和积极性，才能真正意义上振兴乡村社会。

乡村民众一直是梁漱溟最看重的乡村建设运动的主体——“乡村建设工作必以本地人为主，而我们为客”③，乡村建设的“力量非可由外铄；乡村建设之事，虽政府可以作，社会团体可以作，必皆以本地人自作为归”④，故乡村民众能否真正发挥建设主体的作用，就是关乎乡村建设成败之关键。但麻烦的地方在于，原本极富盎然生趣的中国文化经过漫长的历史发展，传到后来，渐渐地生趣淡薄，甚至趋往完全相反的方向，正如

① 关于梁漱溟对杜威教育哲学的改造、吸收与运用，顾红亮有着非常深入的讨论。参见顾红亮：《梁漱溟的教育观念及其意义》，《南京社会科学》2010年第1期；顾红亮：《梁漱溟与杜威的生命哲学》，《学海》2010年第5期；顾红亮：《实用主义的儒化：现代新儒学与杜威》，北京：社会科学文献出版社，2016年，第143—188页。

② 例如，梁漱溟曾经多次访问陶行知创办的南京晓庄师范学校，对陶行知的教育理念和南京晓庄师范学校的教育实践都非常认同。他不仅热心地予以宣传和介绍，并提出要积极付诸实践，而在山东乡村建设时期，梁漱溟还专门从南京晓庄师范学校借用人才，邀请了杨效春、张宗麟等协助改造邹平的乡村教育事业。参见梁漱溟：《抱歉——苦痛——一件有兴味的事》，《梁漱溟全集》第4卷，第839—852页；梁漱溟：《今后一中改造之方向》，《梁漱溟全集》第4卷，第866—874页。

③ 梁漱溟：《山东乡村建设研究院之工作》，《梁漱溟全集》第5卷，第304页。

④ 梁漱溟：《山东乡村建设研究院设立旨趣及办法概要》，《梁漱溟全集》第5卷，第232页。

所谓“吃人的礼教”之类说法体现出来的那样，反倒成为桎梏人性的囚笼。① 再加上近代中国遭遇的“三千年未有之大局”，使得乡村社会秩序几近全盘瓦解，各种新思潮和新观念令人莫衷一是、无所适从，而频频发生的天灾人祸更是让乡村民众疲于应对、度日为艰。就在这种一面传统价值观念和社会秩序几近崩溃，一面生存艰难、“救死而恐不赡”的局面撑持下，乡村民众的精神生活势不可免地陷入极度严重的危机当中。诚如梁漱溟本人所观察到的：“此时此刻是‘中国人’‘中国社会’‘中国民族’精神最颓败的时候”（499）。原因在于，乡村社会在日渐老衰的中国文化的影响以及各式各样的新思想、新潮流的猛烈冲击下，正在经历着极严重的“精神的破产”。也就是说，这一时期的中国社会正在经历的是一个非常时期，“一切旧的风尚、规矩、观念，都由动摇而摧毁，新的风尚规矩此刻尚未建立”（500），使得乡村民众顿时陷入了茫然无措、心中无主、进退失据的境地，从而要求乡村建设必须善于运用社会教育的手段②，通过社会教育的方式来振奋乡村民众的精神。③

因此，我们看到，在乡农学校开设的各类课程中，除了识字、音乐歌唱等普通课程之外，还包括了精神陶炼（或“精神讲话”）这一门。而梁漱溟本人则对于这门课程寄予了非常高的期望：

> 这门功课很有它的意义，在我们看现在中国的乡村社会，不止是经济破产，精神方面亦同样破产。这是指社会上许多旧信仰观念风尚习惯的动摇摧毁，而新的没有产生。以致一般乡民都陷于窘闷无主，意志消沉之中。……此种心理如不能加以转移开导，替他开出一条路来，则一切事业，都没法进行。这种工夫就是我们的精神讲话。大概起初要先顺着他的心理，以稳定他的意志，将中国的旧道理巩固他们的自信力。如此则我们与农民的心理情感才可以沟通融洽。然后再输入新的知识道理来改革从前不适用的一切，以适应现在的世界。④

---

① 梁漱溟称之为“中国文化的老衰性”。参见梁漱溟：《乡村建设理论》，《梁漱溟全集》第2卷，第201—202页。

② 诚如梁漱溟所言，中国问题的解决需要依靠众多知识分子下乡，发挥他们教育和启发民众的功用，“知识分子、教育工夫，遂为解决中国问题的要件”。参见梁漱溟：《乡村建设理论》，《梁漱溟全集》第2卷，第459页。

③ 梁漱溟：《精神陶炼要旨》，《梁漱溟全集》第5卷。

④ 梁漱溟：《乡农学校的办法及其意义》，《梁漱溟全集》第5卷，第349—350页。

具体来解读梁漱溟关于开设“精神陶炼”这一课程的构想，我们看到，梁漱溟的社会教育的一个关键着力点，就是要通过“精神陶炼”这门课来拯救中国乡村民众日渐消沉、濒临破产的精神生活。按照梁漱溟的说法，他本人对于自由有一种新的讲法，即“国家所以承认个人自由，是为的让个人好，让个人能充分地发展他的个性”①，所以个人如果不努力向上，反倒自甘堕落以至于残害自己（如抽烟片、赌博），那么，国家就仍有必要进行干涉。不过，出于对个人权利的尊重和保障，这里不采取法律强制的途径进行干涉，而转行社会教育的方式，也就是本着中国民族的“理性”精神，进而言之，即从“理性”开出的人生向上精神来启迪乡村民众，提振乡村民众的精神状态。

梁漱溟强调，要做到这一点，首先需要“我们”（乡农学校的教员）充分地了解并掌握乡村民众的心理状况，如此，才能够顺着乡村民众的心理特点去开展相应的工作——“大概起初要先顺着他的心理，以稳定他的意志”。就是说，要先顺着一般民众的心理，使乡校教员与乡村民众的心理情感“可以沟通融洽”，从而使得所谓的“精神陶炼”或“精神讲话”不至于在一开始的时候就由于陈义过高等而被广大乡村民众拒于千里之外。更重要的是，针对乡村民众开展的“精神陶炼”或“精神讲话”，还应时时注意高出于这一层面，亦即需要本着中国的老道理——“理性”——从人生向上的层面为乡村民众提供适当的指引。因此，梁漱溟指出，乡农学校的教员们必须自己先要对中国的老道理或者中国文化的“理性”特征有着充分的认知，然后才能够对一般民众进行相应的指引，让乡村民众“已经失去的合理观念恢复起来，把传统的观念变为自觉的观念；让他安定，让他看见前途，从我们的指点让他认识一点进取的方向”(501)。与此同时，还应当注意的是，诸如此类的指引需要始终结合乡村民众面临的种种实际人生问题（如家庭问题、社会问题）来进行。从消极的一面来说，这就需要帮助乡村民众逐渐戒除掉各种不良的生活习惯，如邹平乡村颇为流行的早婚、抽烟片；再从积极的一面来看，则是使乡村民众能够真正本着人生向上的精神，过上一种合理的生活。由此可见，梁漱溟理解的“精神陶炼”或“精神讲话”并不是一种空洞的道德说教，而恰恰是要贴近乡村民众的现实生活，能够“在人生实际问题上来给他点明，

① 梁漱溟：《乡村建设大意》，《梁漱溟全集》第1卷，第701—702页。

使看见前边的道路”(501)，切实为乡村民众打开一条新路。[①]

总括起来看，由于梁漱溟的乡村建设运动十分注重发挥乡村民众这一建设主体的作用，意识到只有使人先“活”起来、使乡村民众的精神重新振作起来，才能够真正地调动起他们参与乡村建设运动的主动性和积极性。因此，梁漱溟特别注意通过社会教育的方式来提振乡村民众的精神生活状态，亦即注重本着从中国民族之“理性”表征出来的人生向上精神，启发乡村民众主体意识的觉醒，提振乡村民众的精神状态，使他们走上一条合理（“理性”）的人生道路，从而在乡村建设过程中发挥关键性的主体作用。

（三）乡村伦理观念的重塑

由中国文化之“理性”特征表现出来的、传统中国社会的另一显著特点体现在其偏重各式各样的伦理关系，以至于形成了一个“伦理本位的社会”，而这种伦理中心主义也是使传统中国社会凝结成如相关论者所说“超稳定结构”形态之关键所在。[②] 但受到近现代西方新思潮、新观念的冲击，中国社会传统的价值观念与信仰体系逐步解体，在此基础上形成的“超稳定结构”亦随之被打破。前文已经述及，传统中国伦理本位社会主要是从家庭关系扩展而来，特别是在儒家思想的深远影响下，传统中国的政治与社会结构表现为一种典型的“家国同构”。[③] 因此，当西方新思想、新观念传播开来的时候，受“西潮”冲击最为猛烈的也正是中国社会这一伦理秩序的核心，也就是传统中国的家庭关系和与之相适应的家庭伦理观念。

值得注意的是，这里的冲击不仅来自近代中国思想界异常活跃的自由

---

① 梁漱溟：《精神陶炼要旨》，《梁漱溟全集》第5卷。

② 关于中国社会“超稳定结构”形态的详细分析，参见金观涛、刘青峰：《兴盛与危机：论中国社会超稳定结构》，香港：香港中文大学出版社，1992年；金观涛、刘青峰：《开放中的变迁：再论中国社会超稳定结构》，香港：香港中文大学出版社，1993年。

③ 相关论著较为丰富，根据笔者有限的阅读，从政治社会史视角对中国“家国同构”进行的分析，可参见岳庆平：《家国结构与中国人》，香港：中华书局，1989年；岳庆平：《中国的家与国》，长春：吉林文史出版社，1990年；沈毅：《“家”“国”关联的历史社会学分析——兼论“差序格局”的宏观建构》，《社会学研究》2008年第6期。而从思想史角度的探讨，参见张丰乾：《“家”“国”之间——“民之父母”说的社会基础与思想渊源》，《中山大学学报》（社会科学版）2008年第3期；谈火生：《中西政治思想中的家国观比较——以亚里士多德和先秦儒家为中心的考察》，《政治学研究》2017年第6期。

主义者、无政府主义者或马克思主义者，甚至还来自对传统文化不乏认同的知识分子群体内部。[①] 例如，同被视为“现代新儒家”代表人物之一的冯友兰先生[②]就在他的《新事论》一书中提出，中国传统社会之所以出现“一切人与人底关系，都须套在家底关系中”（43），是因为中国社会传统的生产方法以家为本位，由此衍生出“以家为本位底生产制度”（43）和“以家为本位底社会制度”（43）。依冯友兰先生之所见，随着产业革命的发生，中国亦将势不可免地出现“以以社会为本位底生产方法，替代以家为本位底生产方法，以以社会为本位底生产制度，替代以家为本位底生产制度”（46—47）。在这种情况下，传统中国社会原本一切皆须嵌套在家庭关系之中或建立在家庭关系之上的伦理秩序都将会瓦解和崩溃，相应而来的则是各种伦理观念亦将被打破。诚如冯友兰先生所言：

> 在以社会为本位底社会中，以社会为本位底生产方法冲破家的壁垒。在此等社会中，虽仍有所谓家者，但此所谓家，已不是经济单位，所以其社会底意义，与以家为本位底社会中所谓家，大不相同。在以社会为本位底社会中，人在经济上，与社会融为一体，其全部底生活，亦是与社会融为一体。在此等社会中，家已不是社会组织的基本，所以在此等社会中，人亦不以巩固家的组织为其第一义务。或亦可说，在此等社会中，作为经济单位底家的组织，已不存在，所以亦无可巩固了。在此等社会中，人自然不以孝为百行先……在此等社会中，孝虽亦是一种道德，而只是一种道德，并不是一切道德的中心及根本。（64—65）

从冯友兰先生阐述的上述观点来看，尽管他本人对于“家”在传统中国社会中的特殊重要性有着非常清楚的认知，但这主要是因为传统中国的生产方式是以家庭为基础的，而这种“以家为本位底生产方法”势必将为

---

① 有关近现代中国思想界对于传统家庭关系、家庭伦理观念等的批判，可参见李平生、张秋菊：《论中国早期无政府主义家庭观》，《东岳论丛》2008 年第 6 期；李维武：《从批判旧家庭到走出小家庭——中国早期马克思主义者的家庭观》，《学术月刊》2017 年第 6 期；吴飞：《人伦的“解体”：形质论传统中的家国焦虑》，北京：生活·读书·新知三联书店，2017 年，第 1—37 页；赵妍杰：《为国破家：近代中国家庭革命论反思》，《近代史研究》2018 年第 3 期。

② 关于现代新儒家之具体代表人物的划定及分期，学界仍有不小的争议，这里依据刘述先提出的“三代四群说”，将冯友兰先生视为“现代新儒家”的代表人物之一。参见刘述先：《儒家思想的转型与展望》，石家庄：河北人民出版社，2010 年。

“以社会为本位底生产方法”所代替，随之建立起来的“以社会为本位底社会”不可能再以家庭关系及其衍生出的各类伦理关系作为中心，以至于对忠、孝等道德观念及其在传统社会价值体系之中所占据的核心地位，都需要做出相应的调整。[①] 客观地说，冯友兰先生关于中国人和中国文化“以家为本位”的反思并不是毫无道理的，而且，由于冯先生本人对中国传统文化和儒家思想有着深切的认同，他的这一反思仍大多是出于“同情之理解”。至于其他不同立场的学者针对传统家庭关系和家庭道德观念，特别是对于所谓“愚孝”“愚忠”（所谓“移孝作忠”）等问题展开的言辞激烈乃至过甚其词的批评，则更是不胜枚举。[②] 但就在这样一片强烈否认“家”、主张“家庭革命”的文化氛围之中，梁漱溟仍基于其独立思考，对于“家”或家庭的意义有着更深一层的体认。

梁漱溟认为，人一生下来就有与他相关系的人（如父母、兄弟），人本身就是一种“关系性的自我”（relational self），而在这种种人与人之间的关系中生活，维持人际关系的和睦、融洽，就有赖于充分发挥伦理情谊的作用。家庭的意义正体现在它是一种“天然基本关系”，是孕育和培养人类情感的一个天然场所，只有在家庭中，人类的情感才能够自然而然地得到培育与发展，并为他们今后走向社会做好充足的准备。诚如本杰明·史华慈教授指出的，孔子相信只有在家庭里面人们才能学会拯救社会的美德，这是“因为家庭恰好是这样一个领域：其中，不是依靠武力的威慑或身体的强制，而是凭借家族纽带的宗教、道德、情感的凝聚力，让人们接受了权威并付诸实施”[③]。关于这一点，梁漱溟本人同样有着清楚的认识。在他看来，只有凭借从家庭生活当中培育出来的伦理情谊，由“理性”出发来构建一个和谐、融洽的社会——在这个社会中，人与人之间关系的维持偏重软性的、灵活的“情”和“礼”，而不是硬性的、机械的“法”——才有可能。[④] 若用梁漱溟本人的表达，则他的用心是想创造出一种“新文化”“新礼俗”，借用德国社会学家斐迪南·滕尼斯（Ferdinand Tönnies）

---

① 冯友兰：《新事论：中国到自由之路》，北京：生活·读书·新知三联书店，2007年。

② 有趣的是，尽管近现代中国不少知识分子对家庭伦理特别是儒家孝道有着尖锐的评判，但在个人生活中，他们同样是恪尽孝道的典范，由此形成了论者所谓的“孝道悖论”。参见黄启祥：《论五四时期的“孝道悖论”》，《文史哲》2019年第3期。

③ Benjamin Schwartz, *The World of Thought in Ancient China*, Cambridge, Mass.: Harvard University Press, 1985, p. 71.

④ 参见梁漱溟：《乡村建设理论》，《梁漱溟全集》第2卷，第168—169页；梁漱溟：《乡村建设理论提纲》，《梁漱溟全集》第5卷，第369—370页。

的经典术语来表达，则梁漱溟想要实现的秩序并不是一种由众多追求各自目标的个体机械聚合形成的“社会”，而是某种在伦理关系（如家庭、宗族）的基础之上自然生长出来的“共同体”。[①]

因此，尽管对于中国传统伦理道德观念的缺欠不乏认知（如过分压抑人的个性），但根据对“家”、家庭关系之意义的独到见解，梁漱溟更担心的仍是在西方思想的冲击下社会价值体系的崩溃所引起的伦理秩序的全盘瓦解，及至整个中国社会陷入所谓的“秩序的饥荒”。诚如梁漱溟本人观察到的，近代中国的子弟与家庭之间常常会发生矛盾和冲突，盖在原来伦理本位的社会之中，财产属于整个家庭（“同居共财”），子弟也须受到家庭的保护，而现在的子弟之于家庭，“一方面根据新道理，不让家庭干涉他的思想、行动；一方面又根据旧道理，要求家庭供给”[②]，这就难免会引发各式各样的矛盾、冲突和纠纷了。所以，乡村建设中的社会教育同样关涉伦理道德层面的指引——“一家兄弟同居，弟弟要强，哥哥不正经干是不行的。夫妇俩过日子，这个好好的过，那个不好好过是不行的”[③]——从家庭关系、家庭伦理中孕育的个人美德以及由此衍生出来的行为规范，既是良性社会秩序的基础，也是社会教育不可偏废的重要组成部分。[④] 当然，我们也应该看到，梁漱溟在这一方面的努力绝对不是为了试图重新恢复某种封建宗法秩序，而是他深切地感受到家庭的价值和意义。基于对传统中国文化之“理性”特征的体认，他主张从家庭生活孕育的伦理情谊出发，自然而然地扩展到对各类人际关系的维系，最终为建构一种稳定、和谐的政治社会秩序奠定基础。

综上，受到丹麦民众教育的启示，并与传统儒家社会教化思想突出人

---

① 关于“共同体”与“社会”的经典区分，参见〔德〕斐迪南·滕尼斯：《共同体与社会：纯粹社会学的基本概念》，林荣远译，北京：商务印书馆，1999年。

② 梁漱溟：《乡村建设理论》，《梁漱溟全集》第2卷，第207页。

③ 梁漱溟：《村学乡学须知》，《梁漱溟全集》第5卷，第449页。

④ 值得注意的是，儒家思想对于“家”的重视开始在学界引起广泛共鸣，不少学者分别从伦理学、社会治理和社会政策等多角度发掘了儒家家庭主义及其伦理观念的现代意义。可参见笑思：《家哲学：西方人的盲点》，北京：商务印书馆，2010年；范瑞平：《当代儒家生命伦理学》，北京：北京大学出版社，2011年；张祥龙：《家与孝：从中西间视野看》，北京：生活·读书·新知三联书店，2017年；孙向晨：《论家：个体与亲亲》，上海：华东师范大学出版社，2019年；Henry Rosemont, Jr. and Roger T. Ames, *The Chinese Classic of Family Reverence: A Philosophical Translation of the Xiaojing*, Honolulu: University of Hawai'i Press, 2009; Ruiping Fan, *Reconstructionist Confucianism: Rethinking Morality after the West*, New York: Springer, 2010。

伦道德观念，注重人之性情陶冶、自我转化一脉相承①，梁漱溟的社会教育同样注重从中国民族的“理性”精神出发，由“理性”表征出的伦理情谊、人生向上，通过社会教育的方式，以提振乡村民众的精神生活状态，树立乡村民众的伦理道德观念。不过，在梁漱溟这里，凡此种种的努力并不是与个人自由或个人权利相悖逆的，而正是基于他本人对自由的一种“新讲法”②。换言之，梁漱溟理解的“自由”并不是某种无拘无束的状态，而是始终要求人们本着人生向上的精神，不断发展其个性、发挥其长处。同时，在梁漱溟这里，个人自由也并不是脱离人伦关系孤立实现的，毋宁说，个人恰恰是在各式各样的关系之中不断得到丰富与发展的。③ 由此精神状态的振作和伦理观念的恢复，乡村民众才能够真正发挥他们作为乡村建设主体的作用，并且为乡村社会重塑一种更理想（合乎“理性”的）的秩序奠定了坚实的基础。

三、团体组织与新政治习惯

梁漱溟社会教育最关键的着力点之一乃是在政治层面展开的，也就是通过其所谓之“新政治习惯”的培养，创造出一种新型的团体组织或“新的社会组织构造”或“新礼俗”。在梁漱溟看来，“理性早启”“文化早熟”的中国社会存在两个明显的缺陷：一是科学技术的缺乏，故梁漱溟的社会教育试图为乡村社会引入科学技术；另一个缺欠就是团体组织（能力）的缺乏，诚如梁漱溟本人所指出的，这一缺欠“更是我们敌不过西洋的最重要的原因”④。而中国社会之所以缺乏团体组织，主要是因为中国民众缺乏团体生活经验，没有充分养成团体组织的能力，盖政治制度必须以与之相应的政治习惯作为基础，才能真正运转起来，团体组织亦不例外，需要

---

① 参见吴新颖、杨定明：《儒家教化论》，杭州：浙江人民大学出版社，2018年。

② 关于“自由的新讲法”，参见梁漱溟：《乡村建设大意》，《梁漱溟全集》第1卷，第701—702页；梁漱溟：《乡村建设理论》，《梁漱溟全集》第2卷，第299页。

③ 梁漱溟的这一理解非常接近现代关怀伦理学的观点，按照关怀伦理学的说法，个人的自由体现为培育、发展和重建各类关系的能力，个人亦是在各种不同的关系之中丰富并发展起来的。Virginia Held, *The Ethics of Care: Personal, Political, and Global*, Oxford: Oxford University Press, 2006。

④ 梁漱溟：《乡村建设大意》，《梁漱溟全集》第1卷，第627页。

有与之相适应的政治习惯作为支持。因此，梁漱溟的社会教育十分注重“新政治习惯”的培养，以促成新型乡村团体组织的建构。

（一）新团体组织

梁漱溟既然认识到西方社会的一大优势在于其能够结成有力的团体组织，而这既是中国文化最显著的缺欠之一，也是近现代中国在面临西方强势冲击的时候疲于应对的重要原因所在，那么，他的社会教育显然就是要从这一方面入手，培育起乡村民众结成团体组织的能力。但在梁漱溟看来，乡村建设试图成就的团体组织并不能简单地效仿西方社会的模式，而是一方面需要充分吸收西方现代社会的长处，另一方面更要从中国文化之“理性”特征出发。根据梁漱溟本人的解释，浅显地说，“所谓‘组织’就是大家合起来的意思”（625）。具体而言，则梁漱溟认为，凡是一个组织必须具备如下四个条件：

> 1. 许多人合起来；
> 2. 一个共同目标；
> 3. 有秩序；
> 4. 向前进行。（626）

因此，梁漱溟总结道，“许多人合起来，向着他们底一个共同目标，有秩序地进行”（626），就是其所谓的“组织”。[①] 而在《中国之地方自治问题》一文中，梁漱溟更进一步地指明，他本人理解的“组织”有两个关键点：首先，组织是有秩序地实现它们的目标的，故而必须建立在各个机关分工合作的基础上，“团体中各管各的事，你管这个，他管那个，大家合起来去进行其共同的目标，机关虽分仍为一体，大家分开作事，而所作之事仍为一个，这就是所谓组织了”（312）；其次应当注意的是，组织中的各个构成分子亦即个人仍有属于他自己的位置，不能因为结成团体组织就忽视了个体的存在性与独立性，“大家要注意团体不是一块东西，一言团体，就显然是多数分子合在一起的；但如多数分子合在一起之后，而即失掉原来每个分子的存在性，那就不成其为团体了”（313）。质言之，组织

① 梁漱溟：《乡村建设大意》，《梁漱溟全集》第1卷。

内部各个机关之间的分工与合作，以及结成团体组织之后，各个构成分子在组织中仍能够不失其位置，这就是团体组织“顶重要的两个意义”(313)。[①]

梁漱溟认为，虽然符合“组织”一词之浅显定义的、五花八门的“组织”在社会上随处可见，人们的生活亦随时随地处在各式各样的组织之中，这一点即便是在中国社会亦不例外，但仔细推敲起来，中国社会绝大多数的所谓“组织”仍不能算作真正意义上的组织。原因在于，中国人既未曾真正经历过团体生活，又缺乏团体生活方面的训练，由此形成了以下特性：(一) 缺乏纪律习惯——人多的时候，就不能形成秩序；(二) 缺乏组织能力——在处理公共事务的时候，不会商量着来办事，故中国社会也就不可能真正地形成有效的团体组织。[②]

梁漱溟进一步指出，倘若按照一种理想的团体标准、最进步的团体形式——依梁漱溟的说明，理想的团体应是“活”的、有进行的，各个构成分子在进行中都能发表意见，都“有位置能说话” (313) 的——来衡量，那么，这种团体组织非但在中国历史上从来就没有出现过，“即在文化很高的西洋社会亦没有实现过” (313)。[③] 西方历史上的宗教团体、商会、行会等各式各样的团体组织我们姑且不论，即便是从现代西方民主精神开出的政治组织（如民主国家）也不符合这种理想的、最进步的团体标准或组织形式。原因在于，从西方社会的民主精神出发，虽然不乏承认旁人、主张人人平等以及讲“理”等丰富内涵，但也要求遵从多数人的意志，而在具体的决策流程或讨论过程中，更是难免会出现“多数人大过少数人”的情况，盖“民主之民，指多数人而言。民主之主，则有从多数人的主意，以多数人为主体，由多数人来主动，三层意思”[④]，甚至流入简单地依靠多数票（“数人头”）的方式来进行。[⑤] 显然，这样的一种团体组织非但不能充分顾及少数群体的利益，使人人都“有位置能说话”，反倒恰恰造成了对于少数群体之“多数人的暴政”，这就不仅不符合梁漱溟原本

① 梁漱溟：《中国之地方自治问题》，《梁漱溟全集》第 5 卷。

② 参见梁漱溟：《乡村建设大意》，《梁漱溟全集》第 1 卷，第 629—635 页。

③ 梁漱溟：《中国之地方自治问题》，《梁漱溟全集》第 5 卷。

④ 梁漱溟：《民主是什么——什么是民主?》，《梁漱溟全集》第 6 卷，第 124—125 页。

⑤ 例如，约瑟夫·熊彼特在《资本主义、社会主义与民主》一书中提出，民主不过是一种政治方法，这种方法表现为一种制度安排，即某些人试图通过争取人民手中的选票来取得作政治决定的权力。参见〔美〕约瑟夫·熊彼特：《资本主义、社会主义与民主》，吴良健译，北京：商务印书馆，1999 年，第 395—413 页。

设定之理想的、最进步的团体组织的标准或形式，还与中国民族从其“理性”特征开出的礼敬他人、尊贤尚能等精神，完全不相兼容。①

因此，在梁漱溟看来，中国社会需要形成的团体组织决不是对西方国家团体组织的简单模仿，而是在充分地吸收西方社会长处的基础上，经过中、西双方具体事实之充分沟通与调和，从中国文化的“理性”特征产生出来的一种“新的社会组织构造”或“新礼俗”。诚如梁漱溟所言：

> ……这个社会组织（新社会组织——引者注）乃是以伦理情谊为本源，以人生向上为目的，可名之为情谊化的组织或教育化的组织；因其关系是建筑在伦理情谊之上，其作用为教学相长。这样纯粹是一个理性组织，它充分发挥了人类的精神（理性），充分容纳了西洋人的长处。②

可见，梁漱溟想要成就的乃是这样一种新型的、不同于西方社会的团体组织。虽然梁氏本人早年曾经有过“全盘西化”的主张③，甚至当他前往广东寻求开展乡治实验机会的时候，仍在很大程度上是要通过乡治实验为西洋式制度或者组织培育其赖以生长的文化土壤。但是，当转入山东乡建运动的时候，他所想要成就的团体组织，就已经大大地超出西方社会从“民主”精神开出的各类组织形态。这个时候的梁漱溟真正想要实现的正是从中华民族特有之“理性”精神出发，为全人类开辟一种新型的社会组织构造，而他的社会教育也正是基于这一考虑，以养成乡村民众的“新政治习惯”——一种“中国式的新政治习惯，而不是西洋式的”④——为目标。

（二）新政治习惯

诚如梁漱溟所指出的，他从注意到“政治习惯”或“新政治习惯”开

① 关于西方民主精神与中国文化之“理性”特征不相契合的详细论述，参见梁漱溟：《我们政治上的第一个不通的路——欧洲近代民主政治的路》，《梁漱溟全集》第5卷。

② 梁漱溟：《乡村建设理论》，《梁漱溟全集》第2卷，第309页。

③ 参见罗志田：《异化的保守者：梁漱溟与“东方文化派”》，《社会科学战线》2016年第3期；黄玉顺：《梁漱溟先生的全盘西化论——重读〈东西文化及其哲学〉》，《社会科学研究》2018年第5期。

④ 梁漱溟：《自述》，《梁漱溟全集》第2卷，第24页。

始，就已经意识到自己的工作需要或者最适合从乡村入手，最终他这样一个成长在北京并且好几代人都生活在北京，完全为一都市人，从来没有尝过乡村生活的人转入了乡村社会，“从事于乡村工作，倡导乡村建设运动”[①]。这是因为梁漱溟所说的“新政治习惯”集中地表现为一种团体组织的能力和团体生活的习惯。中国社会既长期缺乏团体生活的经验，中国民众又十分欠缺这种团体组织的能力，而现代社会又迫切需要中国人必须掌握这种团体组织的能力，形成所谓的“新政治习惯”，那么就有必要选择一个合适的入手处，由此逐渐培养起中国民众的组织能力及其团体生活的习惯。在梁漱溟看来，这个合适的入手处正是乡村。原因在于，首先，乡村是一个最适当的范围——“我们求组织，若组织家则嫌范围太小，但一上来就组织国，又未免范围太大”（313）；其次，新组织试图让每个组成分子都能有力地参与团体生活，中国既然是一个乡村社会，而大多数人又都生活在乡村，“所以你要启发他自动的力量，启发主体力量，只有从乡村作工夫”（313）；最后，乡村也是中国社会和文化的根基所在。如前所述，梁漱溟主张要从农业入手为中国经济谋翻身之道，自然“新机构是要从农村开端倪，从乡村去生长苗芽”（314）。[②] 由此可见，梁漱溟乡村建设运动的一大关键正在于通过社会教育帮助乡村民众逐渐养成其所谓的“新政治习惯”，从而在乡村建设过程中真正地发挥主体作用。

那么，梁漱溟所说的“新政治习惯”究竟包含哪些方面的内容呢？根据梁漱溟本人的解释，其心目当中所理解的“新政治习惯”可以分别从两个具体方面予以说明，即“一面是对于团体公共事务的注意力，一面是对于团体公共事务的活动力”（534）。而从培养民众对于团体公共事务的注意力和活动力来说，则更有必要从乡村入手。盖从乡村的小范围做起，这一范围内的公共事务既近在眼前，又痛痒相关、休戚与共，民众对于团体公共事务的注意力自然容易养成。同时，当民众对公共事务产生注意力之际，“好恶迎拒是非利害赞成反对种种情意必随之而生；凡此种种情意，最好能够推送表达出去，最好能够在实际活动上表现出来，则活动力之培养就又成为必要”（534），而这也天然最适合从乡村这一小范围加以培养，倘若范围太大、太广的话，虽然活动了亦难见反应和效果。久而久之，乡村民众的活动意愿与热情难免都会消退，他们对于团体公共事务的活动力

---

① 这是梁漱溟本人所谓“四不料”之三。梁漱溟：《自述》，《梁漱溟全集》第 2 卷，第 31 页。

② 梁漱溟：《乡村建设理论》，《梁漱溟全集》第 2 卷。

当然也就不容易养成。但从乡村小范围做起，“大家的活动易送出去，送出去就易有反应，互相刺激，互相反应，乡村社会就可以活起来”（534），如此一来，乡村民众的活动力自然而然地就能够培养起来了。①

按照梁漱溟的观察，中国民众——不仅是乡村民众——在团体公共生活中都存在着十分明显的缺陷，即要么当其一时心热，总愿意将所有公共事务都揽到自己身上，由他自己一个人来支配和管理才够痛快，倘若稍不如意，便立马心灰意冷，以至于对集体的事情不闻不问；要么干脆遇事唯唯诺诺、听着绥着，拿不出自己的主意，凡事皆是被动地顺从听命。② 诚如梁漱溟一针见血地指出，要让中国人独断专行不难，要让中国民众一切皆俯首帖耳、唯命是从也容易，但就是难以让他们学会与其他人商量着来办事。因此，梁漱溟想要通过其乡村社会教育实现的一个重要方面，就是引导乡村民众学会商量着来办事，从而逐渐养成组织能力。按照梁氏的说明：

> 真正有组织能力，会商量着办事的人，他是遇事便抱着一个商量的态度。对于团体的事情，自己肯用心思，肯出主意；但同时也知道尊重别人的意见，参酌别人的意思。他既不是漠不关心；也不是揽到自己身上。事情怎样办法，他是要尽着大家来决定，要大家来共同磋商讨论，以期商量出一个都首肯的办法来。……总之，所谓商量着办事，就是大家对于团体的事，彼此都要用心思，出主意。在磋商讨论的时候，一方面不肯随便牺牲自己的意见；而同时也要知道尊重别人的意见。大家总是彼此迁就，彼此让步，末了自会商量出一个各都首肯的办法来。③

唯其如此，乡村民众才能够真正地学会去做团体中的一分子。在《村学乡学须知》的“学众须知”部分，梁漱溟指出，团体中的一分子首先需要树立“以团体为重”的观念意识，明白每个人都是团体中有力的一分子，“团体事靠我们各人；我们各人还要靠团体。若一个人只图自便，不

① 梁漱溟：《我的一段心事》，《梁漱溟全集》第5卷，第532—540页。

② 参见梁漱溟：《乡村建设大意》，《梁漱溟全集》第1卷，第631页；梁漱溟：《中国之地方自治问题》，《梁漱溟全集》第5卷，第322—324页。

③ 梁漱溟：《乡村建设大意》，《梁漱溟全集》第1卷，第631页。

热心团体的事，团体散了，累及众人，还害自己”（451）；而更进一步的要求则是开会的时候必到，凡事皆从心目中过一遍，“在自家心里想一想”（451），至于自己心中有何意见，也随即向众人说出来——“有话便说，不必畏怯”（452）；同时，在讨论公共事务时，既要懂得尊重多数、舍己从人的道理——“凡众意所归，应即顺从。不要太过争执，致碍公事进行”（452），更须顾及少数人，彼此迁就——“有时少数人的意思亦不可抹杀。若以多数强压少数，虽一时屈从，终久不甘服。总以两方彼此牵就，商量出一个各都同意的办法为好”（452）。[①]

从这里我们可以看出，梁漱溟理想意义上的团体生活及其运作方式，并不同于西方民主模式遵从的简单多数规则，也就是用投票、数人头的方式草率地聚合形成所谓的“公共意志”（public will），并以之作为开展集体行动的依据，而是要基于实质性的、颇具深度的彼此间的商谈，整合生成“一个各都同意的办法”，这也是梁漱溟本着中国文化之“理性”特征提出的构想。具体言之，就是从“互以对方为重”——团体一定尊重个人，个人一定尊重团体——的中国传统伦理精神[②]出发，提出来的关于培养中国式“新政治习惯”的一种构想。

而在梁漱溟这里，我们看到，从中国文化崇尚之“理性”精神出发，其所理解的“新政治习惯”在实际运作过程中还有另外一层要求，即在保持各个分子对于团体公共事务皆能够有力参与的同时，更要突出贤能之士、专家等人意见的重要性。梁漱溟借用《左传》中栾武子关于“善钧，从众。夫善，众之主也”[③] 的说法指出，从中国之“理性”精神出发，并不是要否认“从众”（听从众人意见）之理，但却绝不主张走取决多数的简单、省事道路，而是始终以“善”“理性”作为最后的评判标准。[④] 因此，按照梁漱溟的说明，在公共事务处理过程中，团体中的多数分子能否用心思去想、去做有力的参与固然重要，但同时也不否认从尊尚贤者、智

---

① 梁漱溟：《村学乡学须知》，《梁漱溟全集》第 5 卷。

② 梁漱溟将中国传统伦理精神高度概括为“互以对方为重”，并以团体与个人的关系代替传统儒家伦理之君臣关系，进而提出“团体一定要以个人为重，个人一定要以团体为重”。参见梁漱溟：《中国民众的组织问题》，《梁漱溟全集》第 5 卷，第 793—795 页。

③ 据《左传·成公六年》记载，曾有人向栾武子建议：“圣人与众同欲，是以济事，子盍从众？子为大政，将酌于民者也。子之佐十一人，其不欲战者，三人而已。欲战者可谓众矣。《商书》曰‘三人占，从二人’，众故也。”栾武子认为：“善钧，从众。夫善，众之主也。三卿为主，可谓众矣。从之，不亦可乎？”

④ 参见梁漱溟：《中国文化要义》，《梁漱溟全集》第 3 卷，第 256—257 页。

者的精神出发，遵从少数贤能之士的领导——依梁氏之所见，只要多数人能够真正用心思、有讲话和发表意见的自由，“则虽是听从少数人的领导，而仍为主动、自动”（292）；梁漱溟更进一步地接引西方国家出现的专家立法、学者立法、技术行政、专家政治等现象，为自己的这一立论提供支持，并将他本人的这一设想名之以“多数政治的人治”或“人治的多数政治”（293）。①

以上就是梁漱溟关于“新政治习惯”的主要观点。综括来看，梁漱溟的“新政治习惯”典型表现为一种团体生活的习惯，一种团体组织的能力，但这不是在照搬西方社会的经验，更不是对中国传统社会秩序的简单回归，而是本着中国文化之“理性”特征，在中、西双方具体事实充分沟通与调和的基础上，以社会教育的方式，逐渐养成一种新的“政治习惯”。

（三）对梁漱溟“新政治习惯”之再检讨

基于对政治制度与政治习惯二者间关系的认识，梁漱溟社会教育的用心所系即在于“新政治习惯”的培养。在很大程度上，梁漱溟本人甚至将乡村建设与社会教育成败的关键建立在这一“新政治习惯”能否充分养成的基础之上。1934 年 8 月，在与乡学辅导员、乡理事等人的一次讲话中，梁漱溟倾吐衷肠：

> 我们山东乡村建设研究院在邹平作乡村建设实验，什么时候才算成功呢？直截了当的说，就是村学、乡学真正发生组织作用，乡村多数人的注意力与活动力均行启发，新政治习惯培养成功，而完成县自治，研究院实验县的大功就算告成。②

梁漱溟对于“新政治习惯”的养成及其重要性的强调从以上的表述当中即可窥见一斑。因此，为了更好地理解梁漱溟的“新政治习惯”及其重要意义，我们有必要就此再做一番深入检讨。

首先，对于那些熟悉政治学发展趋向或动态的研究者来说，梁漱溟的“新政治习惯”或许并不那么陌生，反倒很容易使人联想到当代政治学研究中的一个重要分支——“政治文化”（political culture）的研究。根据

① 梁漱溟：《乡村建设理论》，《梁漱溟全集》第 2 卷。

② 梁漱溟：《我的一段心事》，《梁漱溟全集》第 5 卷，第 536 页。

论者的解释，政治文化研究的先行者虽可追溯到西方政治学的创始人亚里士多德和近代地缘政治学的创始人孟德斯鸠，但“直到‘二战’之后，政治文化才成为政治科学的一个重要分支和一门显学”①，引起了学界的广泛关注，而政治文化的研究之所以会在二战之后兴起，原因正在于西方政治学者开始致力于探索西式民主得以成功运转起来的条件。例如，美国政治学家加布里埃尔·阿尔蒙德（Gabriel A. Almond）和西德尼·维巴（Sidney Verba）两人合作开展的关于公民文化（the civic culture）的经典研究表明，民主制度之所以在英、美等国家运行良好，是由于民主制度能够在这些国家得到一种参与型政治文化（participant political culture）的有力支持，而在其他国家（如意大利、墨西哥等）则缺乏这种政治文化的支持，因此，民主制度在这些国家的运行状况及其实际效果均令人担忧。② 从某种意义上来说，梁漱溟对“政治习惯”或“新政治习惯”的强调，正可以与西方学界对政治文化的强调相互印证，具有异曲同工之妙。

但值得我们注意的是，梁漱溟希望通过社会教育养成的乃是一种“新政治习惯”。从梁漱溟的表述来看，其所谓“新政治习惯”是在比较、对照西方民主模式之后提出来的，核心要素仍主要是由中国文化之“理性”特征开出来的。一方面，梁漱溟的“新政治习惯”固然偏重的是团体成员对于公共事务之注意力和活动力的培养，主张团体成员应充分参与公共事务；另一方面，从“理性”精神出发，梁漱溟的“新政治习惯”在实际运作过程中，决不试图简单地效仿西方国家的民主模式，即采取遵从简单多数意愿的方式，甚至以数人头、多数票的方式体现出来，而是要在其所倡导的团体充分尊重个人、个人充分尊重团体的基础之上，经过每个团体分子共同的协商讨论，“商量出一个各都首肯的办法来”③。因此，梁漱溟理想中的公共事务决策与处理的方式注重的是商谈质量，是一种实质理性，而并不是以任何简便易行的方式、貌似公正的程序（形式理性）以尽快聚合形成众人的意愿——往往还会冠之以“普遍意志”或“公共意志”的噱头。

梁漱溟或许会将他的这一设想视为大大超越西方民主、比西式民主远

---

① 肖滨主编：《政治学导论》，广州：中山大学出版社，2009 年，第 291 页。

② 参见〔美〕加布里埃尔·A. 阿尔蒙德、西德尼·维巴：《公民文化——五个国家的政治态度和民主制》，徐湘林等译，北京：东方出版社，2008 年。

③ 梁漱溟：《乡村建设大意》，《梁漱溟全集》第 1 卷，第 631 页。

为高明的地方，但遗憾的是，他的观点即便是放在西方学界的“民主”话语体系之中，恐怕亦不乏同调。总体而言，梁漱溟的这一设想其实仍没有真正超出西方学界所论及之“慎议民主”[①]（deliberative democracy）的范围。慎议民主或慎议政治在近几十年来的西方民主理论体系中开始占据某种中心的位置，在这一民主模式的支持者看来，“慎议民主”的产生，正是基于对西方国家长期存在的“聚合式民主”（aggregative democracy）观念，即把民主等同于市场交易的政治交易过程，政治家通过自由竞争选民的选票来获得当选资格，或选民的“普遍意志”通过多数选票予以表达的民主观念[②]的不满，从而转向对政治生活本来的公共理性之追求、对合理的公共商谈环境之建构，以及对公共商谈之充分展开等内容的强调。[③]在这一意义上，梁漱溟大可以被当代慎议民主的拥趸引以为同道。

与此同时，我们还应该看到，梁漱溟的设想也自有其大大超出当代“慎议民主”这一范畴的地方。根据梁漱溟的理解，乡村民众的这种磋商、讨论功能的发挥，并不是与从中国文化之“理性”精神出发，主张尊贤尚能的安排相互矛盾或冲突的。为此，梁漱溟甚至还搬出了近现代西方国家出现的技术行政、专家政治以及学者立法等现象来为自己的观点提供佐证。诚如罗志田教授指出的，在梁漱溟这里，广泛搜集和罗列各种材料来支持自己的观点固然是其所长，但其搜集与罗列的材料更多的是从他本人的“问题”而来，并非出之以严格学术训练的眼光。[④] 我们看到，梁氏在这里采用的佐证材料，实际上就是现代西方国家普遍出现的“行政国家”（administrative state）崛起的现象。尽管西方学界确实曾经广泛地论及这

① 国内学界通常将之译为“协商民主”“审议民主”等，但诚如中山大学谭安奎教授所指出的，译为“慎议民主”更能体现这一概念背后的伦理学渊源及其伦理色彩。参见谭安奎：《公共理性与民主理想》，北京：生活·读书·新知三联书店，2016年，第69—70页。故本书中我们采纳“慎议民主”的译法。

② 诚如相关论者所指出的，古典民主实际上非常突出“共同善”或“共同福利”，并在此基础上抽象出“公共意志”的概念，但自从约瑟夫·熊彼特对古典民主观念进行了非常严厉的批判，并将古典模式赋予民主的伦理、规范色彩大肆消除，而仅仅将之视为一种过程或者制度安排之后，“聚合式”的程序民主观一度主导了西方主流学界对于“民主”的理解，甚至就连著名民主理论专家罗伯特·达尔的多元主义民主观亦不例外。参见谭安奎：《公共理性与民主理想》，北京：生活·读书·新知三联书店，2016年，第70—72页。

③ 关于“慎议民主”的详细讨论，可参见 Jon Elster（ed.），*Deliberative Democracy*，Cambridge：Cambridge University Press，1998；Amy Gutmann and Denins Thompson，*Why Deliberative Democracy*，Princeton：Princeton University Press，2004。

④ 参见罗志田：《文化的眼光：梁漱溟认识取向的特色》，《复旦学报》（社会科学版）2017年第6期。

一现象，但更多的是就他们所观察到的事实展开实然层面的分析，并没有赋予这一现象多少规范层面的意涵，甚至伴随所谓“行政国家”这一概念出现的各种讨论更多地表现为对于这一现象的隐忧，即担心技术专家、科层组织或行政力量等会大大损害民主的精神。① 从这个角度来说，近现代西方行政国家的崛起并不足以为梁漱溟的这一主张提供支持，而梁漱溟之论亦大大地超出了“慎议民主”的范围。在这一方面，与之同声相应的恐怕还是现代学界对于“贤能政治”或“能人政治”② 的鼓吹——与梁漱溟本人诉诸本土文化的论证方式相接近，不少持有此论调的学者都相信，这应当是更符合中国国情的一种治理模式。

当然，在现代学术话语体系中定位梁漱溟的思想未免削足适履，因为梁漱溟从来就不是一位严格意义上的学者，他关于“民主”的理解也并“不是引征政治学上的解释”，而是“应用通俗的语言，依据自己的领会来解释”的。③ 因而梁漱溟没有注意到西方民主话语谱系本身的复杂性，没有意识到无论是“民主”一词，还是其相应的实践模式都在西方社会经过了漫长的演变与发展历程，表现为各式各样的形态。④ 换言之，“民主”一词在梁漱溟这里实际上已经被大大缩小了所指的范围，而梁漱溟本人似乎也无意将他的思想及其实践在当代民主谱系中予以定位。不过，这样一来，反倒使我们更容易看到，梁漱溟不仅早已经敏锐地意识到了近现代西方国家“聚合式民主”（aggregative democracy）本身存在的不足，并且，梁氏本人试图通过社会教育来培养所谓“新政治习惯”的努力，也决不是如其表面所陈述的那样与“民主”方枘圆凿，甚至是在近现代民主观念不

① 关于“行政国家”的详细论述，可参见颜昌武：《行政国家：一个基本概念的生成及其蕴涵》，《公共行政评论》2018 年第 3 期；Gary Lawson，“The Rise and Rise of the Administrative State”，*Harvard Law Review*，1994（6）：1231-1254。

② 关于所谓“贤能政治”或“能人政治”的具体论述较多，参见卢福营：《能人政治：私营企业主治村现象研究》，北京：中国社会科学出版社，2010 年；〔加〕贝淡宁：《贤能政治：为什么尚贤制比选举民主制更适合中国》，吴万伟译，北京：中信出版社，2016 年；刘京希：《尚贤制抑或民主制？——“贤能政治”论争述评》，《文史哲》2018 年第 3 期。

③ 王晓波等编：《现代中国思想家》第八辑，台北：巨人出版社，1978 年，第 79 页。

④ 这一方面有大量的精彩论著可供参考，如〔美〕戴维·赫尔德：《民主的模式》，燕继荣等译，北京：中央编译出版社，2008 年；〔澳〕约翰·基恩：《生死民主》，安雯译，北京：中央编译出版社，2016 年。

胫而走、民主化浪潮迭起中①，开起了反民主化的历史倒车，而这恰恰可以在某种宽泛的意义上视为梁漱溟对于一种“中国式民主”——特别是一种能够高度契合乡村居民心理和乡土文化特征的新治理模式的探索。②

更值得我们注意的是，梁漱溟尽管无意在民主话语体系中定位其乡村建设和社会改造实践，但他通过社会教育的途径以养成“新政治习惯”之最终标的则始终是朝向一种良性社会秩序的建构。在梁漱溟那里，“社会”一词诚然不再是中国古代结社甚至祭祀等简单的意涵，但也并不是遵循西方学界从与“politics”相对角度提出的关于“society”一词的理解，而是从“礼俗”的意义上理解和界定社会，“‘社会’逐渐被当作了一种风俗制度，改变社会就是把旧礼俗换成新礼俗”③。正是基于这样的认知，所谓“新政治习惯”的养成不单是为乡村社会寻找到一种公共事务决策与处理的方式，而是试图在此基础之上构建出一个既尊贤尚能，又能够促使个人与团体之间互相尊重的“理性”秩序。因此，“新政治习惯”才在梁漱溟那里受到了如此高度的重视，成为梁氏本人展望之“新社会组织构造”“新礼俗”的文化根基，更是他开展社会教育工作的一个关键着力点。

四、乡村振兴视域下梁漱溟社会教育思想之审视

梁漱溟并非职业教育家或教育思想家，但以一种“问题中人”的姿态，从其所关心的人生问题、社会问题（或“中国问题”）出发，逐渐发展出了一套颇具特色的教育思想体系。如果说梁漱溟早期分判中西教育的异同，并在此基础上投入曹州办学的实践，仍主要是从人生问题出发，即呼吁重新恢复宋明时代的讲学之风，试图用孔孟儒家的人生观解决当时青年常常遭遇的烦闷、迷茫等人生问题，“一个个替他开出一条路来去

① 关于“民主”一词的意涵及其历史地位的沉浮，可参见许良英、王来棣：《民主的历史》，北京：法律出版社，2015 年；John Dunn, *Setting the People Free: The Story of Democracy*, London: Atlantic Books, 2005。关于近现代民主化趋势的分析，可参见〔美〕塞缪尔·亨廷顿：《第三波：20 世纪后期的民主化浪潮》，欧阳景根译，北京：中国人民大学出版社，2013 年。

② 参见张城：《社会与国家——梁漱溟的政治哲学》，北京：人民出版社，2017 年，第 270—275 页。

③ 吴飞：《梁漱溟的“新礼俗”——读梁漱溟的〈乡村建设理论〉》，《社会学研究》2005 年第 5 期。

走”①，最终以传统中国“情志一面之教育”弥补近代西方偏重“知的一边之教育”的不足②，那么，后期的社会教育思想则是在乡村建设实践中逐步发展、成熟起来的，更多地体现为一种解决社会问题或中国问题的努力，从而具备鲜明的特色，并对新时代乡村振兴有着不容忽视的思路启发意义。在前一章和本章分别对梁漱溟社会教育思想之渊源及其具体内容予以考察的基础上，本部分尝试从乡村振兴视域出发，对梁漱溟社会教育思想的特色做一个简要的总结，以及阐述其与乡村振兴的内在关联。

首先，梁漱溟并不盲目迷信西方的“新式教育”，而是彰显社会教育的重要意义，体现出对构建一种更契合近代中国国情和乡土社会实情的教育模式的思考。在晚清以降的近代中国大变局中，面对西方力量的强势入侵，中国不得不做出一系列转变，教育领域当然亦不能例外。传统中国的教育模式逐步式微，而源自西方国家的新式教育开始被人们寄予厚望，甚至不少人相信，所谓的“新式教育”具备了“神奇的魔力”，可以很快实现近代中国志士仁人长期梦寐以求的目标，如在官员任用上选才任能、改造国民，以至于“迅速过渡到现代化民族国家的强大和富裕状态”③。但新式教育却与近代中国存在着诸多龃龉不合之处，并在乡村社会中表现得尤其明显，“‘洋学堂’，农民是一向看不惯的”④，而且，城乡教育发展的不平衡更进一步突显。吉尔伯特·罗兹曼（Gilbert Rozman）等人指出，由于近代中国发展新式教育始终面临着资源严重不足的制约，大多数的教育改革仅仅在都市范围取得了一定的成效，“城乡教育的差距扩大了”⑤。因此，梁漱溟主张，由于近代中国处在社会转型或社会改造的特殊时期，新式教育未必完全契合现实的需要，应当在学校教育体系之外，“以全力办民众教育，办社会教育”⑥。在他看来，社会教育的优势在于不受教学设施、课程体系或教育者年龄等局限，社会教育的内容更是灵活多样、包罗万象，从而有助于解决各类现实问题，安顿世道人心，显现社会教育

① 梁漱溟：《东西文化及其哲学》，《梁漱溟全集》第1卷，第539页。

② 梁漱溟：《东西人的教育之不同》，《梁漱溟全集》第4卷，第662页。

③ 〔美〕吉尔伯特·罗兹曼主编：《中国的现代化》，国家社会科学基金“比较现代化”课题组译，南京：江苏人民出版社，2003年，第356页。

④ 毛泽东：《湖南农民运动考察报告》，《毛泽东选集》第1卷，北京：人民出版社，1991年，第39页。

⑤ 〔美〕吉尔伯特·罗兹曼主编：《中国的现代化》，国家社会科学基金“比较现代化”课题组译，南京：江苏人民出版社，2003年，第398页。

⑥ 梁漱溟：《社会教育与乡村建设之合流》，《梁漱溟全集》第5卷，第436页。

“推进文化改造社会之功”①。

其次，梁漱溟对社会教育的重视，在一定程度上延续了传统儒家的社会教化思想，但其范围却大大超出了传统的社会教化范畴。准确地说，梁漱溟的社会教育思想是对传统儒家社会教化的一种新的展开。如前面一章所述，从先秦时期的孔子、孟子等人开始，一直到明清时代，历代的儒家代表人物都十分注重发挥社会教化的功用，社会教化被视为安顿世道人心、维护社会秩序的一个重要手段。但值得注意的是，教化在儒学传统中仍多是从心、性层面出发，带有极为浓厚的道德伦理色彩，而社会教化同样侧重以安顿人心或“教以人伦”为出发点，由此更进一步地安顿政治与社会秩序。与之相比，梁漱溟清楚地看到了近代中国乡村社会“精神的破产”，具体表现在“一切旧的风尚、规矩、观念，都由动摇而摧毁，新的风尚规矩此刻尚未建立”②，因此他的乡村建设虽然意在重构近代中国的乡村秩序，他的社会教育同样包含着道德教育方面的内容，但他也十分重视通过社会教育引入契合乡土社会的现代科学技术，引导乡村民众进行广泛合作，培养所谓的“新政治习惯”等。如此，梁漱溟的社会教育思想就大大地超出了传统儒家的社会教化范畴，融入了更多新鲜的时代元素，充分彰显了时代的精神。

最后，梁漱溟的社会教育思想带有浓厚的实用主义色彩，始终是以解决乡村问题、重建乡村秩序、振兴乡村社会为旨归的。换言之，梁漱溟的社会教育思想不是纯粹的学术思考，而是服务于乡村建设的大局。③ 前文已多次述及，梁漱溟本人起初并未充分意识到社会教育在乡村建设中的重要性，并没有将社会教育视作乡村建设的主要方法，其对社会教育重要意义的认知，是随着乡村建设实践的不断深入而逐步加深的。因此，与梁漱溟早期的教育思想更多地出于对“人生问题”的关心不同，他的社会教育思想重在解决“社会问题”乃至整个的“中国问题”，因而具有极为浓厚的实用主义色彩。关于这一点，梁漱溟本人实际上也有着清楚的体会。依据梁的自述，其少年时期虽然并未系统地了解过西方的功利主义、实用主义或工具主义等思想，但在乃父梁济先生的影响下，却特别强调“务实”，心中早早抱定了一个评判一切人或事的价值标准，即“凡事看它于人有没

① 梁漱溟:《社会本位的教育系统草案》,《梁漱溟全集》第5卷,第397页。

② 梁漱溟:《精神陶炼要旨》,《梁漱溟全集》第5卷,第500页。

③ 参见马勇:《梁漱溟教育思想研究》,沈阳:辽宁教育出版社,1994年,第197—206页。

有好处，和其好处的大小”[1]，尽管这种过分讲究实用的倾向在遇到同学郭人麟之后有所转变[2]，但实用的倾向始终影响着梁漱溟一生的致思和为学。梁漱溟坦言，他虽然一直在思考、在演讲、在写作，但从来不是“为学问而学问”，反而因“动机太接近实用”（4），自认并不具备真正讨论“学问”的资格。但他马上又自信地表示，他的所思所想本非“书本上的知识”或“学究式的研究”（4），而是“从活问题和活材料，朝夕寤寐以求之一点心得”（4），他本人也更愿意被大家视为一个有思想的行动者，而不是所谓的“哲学家”“学问家”（6）。[3] 梁漱溟的这段表白或许同样可以用来评判其社会教育思想，尽管梁漱溟的社会教育思想仍不改其思想上一贯的、过于彰显实用的色彩，但却是乡村建设实践中不断摸索和反思的结果，是融入了梁漱溟个体生命力量的“心得”，这一点不容我们轻忽。

综合以上所论，梁漱溟的社会教育是其自觉地在近代西方新式教育之外，寻求一种更符合近代中国乡土实情的尝试，并且在延续儒家社会教化传统的同时，大大扩展了传统教化的内容，再加上他的思考始终带有浓厚的实用主义色彩，因而社会教育在梁漱溟那里被确立为一种改造乡村社会、开展乡村建设的手段或方法。而正是作为一种乡村工作的方法，梁漱溟的社会教育及其思考并不受时代的局限，仍能对当代的乡村振兴有所启示。

五、本章小结

在本章中，我们总结了梁漱溟社会教育思想的具体内容。概言之，梁漱溟首先试图从经济层面通过社会教育这一方式为乡村社会引入科学技术、培育合作理念，最终引导乡村民众走上合作经营的道路，为乡村经济乃至中国经济谋求一条从农业翻身之道。而在伦理道德这一层面，借助社会教育的途径，梁漱溟希望循此提振乡村民众的精神状态，重塑乡土社会

① 梁漱溟：《我的自学小史》，《梁漱溟全集》第2卷，第679页。

② 如梁漱溟所言，他向来抱有“重事功而轻学问”的狭隘功利见解，直到遇见同学郭人麟之后，这种狭隘的功利见解才被打破。参见梁漱溟：《我的自学小史》，《梁漱溟全集》第2卷，第683—684页。

③ 梁漱溟：《中国文化要义·自序》，《梁漱溟全集》第3卷。

的伦理观念，为构建良性的乡村社会秩序奠定基础。最后，梁漱溟的社会教育在政治层面的展开，其核心要义即在于养成梁氏所关心的“新政治习惯”，激发并调动乡村民众参与公共事务的主体性与积极性，以实现社会改造的远景目标——构建“新社会组织构造”、新社会秩序或“新礼俗”。①

梁漱溟对社会教育的重视，不仅是出于对近代中国盲目效仿“新式教育”的不满，由此更进一步地思考如何引入更契合近代乡土社会的教育模式的尝试，而且，梁漱溟的社会教育思想带有浓厚的实用主义色彩，即服务于乡村建设、振兴乡村社会。而在梁漱溟这里，乡村建设并不仅仅是因为感受着近代乡村社会的日趋衰败，从而发起一场弥缝补苴的救济乡村或乡村自救的运动，而实实在在是一种文化运动，是一场从根本上重建乡村社会秩序的文化运动。故梁漱溟社会教育思想的具体内容十分丰富，涵盖了政治、经济、伦理多个层面，从而大大超出了传统儒家社会教化的范围，融入了诸多时代元素。从某种意义上来说，梁漱溟的社会教育思想既是传统儒家社会教化的一种延续，也体现为传统儒家社会教化的一种新展开，从而仍能对新时代的乡村振兴有所启示。

① 当然，由于当时的中国乡村民众普遍缺乏教育，梁漱溟的社会教育同样包括识字教育、公共卫生改革等内容，这也是平教会、中华职教社等开展乡村工作团体的通行做法，这里不再赘述，感兴趣的读者，可参见郑大华：《民国乡村建设运动》，北京：社会科学文献出版社，2000 年；祝彦：《“救活农村”：民国乡村建设运动回眸》，福州：福建人民出版社，2009 年；吴星云：《乡村建设思潮与民国社会改造》，天津：南开大学出版社，2013 年。

第四章　山东乡建：梁漱溟社会教育思想的实践展开

本章考察梁漱溟社会教育思想的实践展开。从广义上说，梁漱溟自1924年夏天离开北京大学讲台，奔赴山东曹州办学开始，就已经是在进行某种社会教育的实践活动，但这个时候梁漱溟的行动主要出之教育改造目的，他“在这方面的设想并不如日后那样深刻博大”①。同时，曹州办学活动中的有力人物并不是梁漱溟，而是邀请他前往山东办学的王朝俊等人。因此，尽管不能说梁漱溟本人的思想丝毫没有得到尊重与体现，但曹州办学以及其后不久胎死腹中的广东乡治实验、进行不到一年旋即戛然而止的河南村治实验等，都不能视作充分反映梁漱溟本人思想的实践活动。而真正意义上体现梁漱溟本人思想的社会教育实践活动之展开，仍主要是在山东乡村建设时期（1931—1937年），特别是由梁漱溟指导的邹平实验。

正是梁漱溟基于“认识老中国，建设新中国”的全盘统筹，山东乡村建设运动尤其是邹平实验模式在20世纪30年代掀起之如火如荼的乡村建设运动热潮中显得格外引人注目。而山东乡村建设及邹平实验在布局的眼界、指导的理论思想及其实践的展开方式等方面，也都显著区别于甚至大

① 王宗昱:《梁漱溟》,台北:东大图书公司,1992年,第29页。

大地超出了同时期进行的其他一些乡村建设活动或乡村教育的改革实验①，如由晏阳初先生在河北定县发起并主持的平民教育运动；由中华职业教育社（经黄炎培、江恒源、赵叔愚诸先生提议发起）、中华教育改进社（陶行知先生创建之南京晓庄师范学校即为代表）和江苏民众教育学院（后改称“江苏省立教育学院”，由俞庆棠、高践四等先生主持成立）在江苏昆山的徐公桥、南京以及无锡等地分别开展的乡村建设与乡村教育的改革实验；等等。

基于此，本章主要就是依据梁漱溟在山东乡村建设运动时期的实践活动，特别是其本人主持的邹平实验，从梁漱溟之社会教育思想的实践展开这一角度予以相应的梳理和总结。

一、山东乡村建设与邹平实验模式

（一）山东乡村建设运动的开展

本书的第一章已述及，梁漱溟等人的山东乡村建设运动是在不经意间获得机会，从而在山东邹平等地得以重新开展其相关实验的。1930 年 10 月，蒋介石在与冯玉祥、阎锡山等人的“中原大战”中取得了胜利，蒋的心腹大将刘峙兼任河南省政府主席，河南省政府正式宣告成立。河南村治学院原本的政治大靠山冯玉祥被迫率部西退，以前在河南地方主政的韩复榘虽然及时地弃冯投蒋，被蒋介石重新任命为山东省政府主席，其本人亦曾致电刘峙，请其继续维持河南村治学院，但在军阀政治错综复杂的利益

① 关于民国时期乡村建设运动的研究无一例外地都很重视梁漱溟的山东乡村建设运动，特别是其主持的邹平实验模式。参见郑大华：《民国乡村建设运动》，北京：社会科学文献出版社，2000 年；祝彦：《“救活农村”：民国乡村建设运动回眸》，福州：福建人民出版社，2009 年；吴星云：《乡村建设思潮与民国社会改造》，天津：南开大学出版社，2013 年；潘家恩：《回嵌乡土——现代化进程中的中国乡村建设》，北京：中国人民大学出版社，2020 年；俞可平、徐秀丽：《中国农村治理的历史与现状——以定县、邹平和江宁为例的比较分析》，《经济社会体制比较》2004 年第 2 期；俞可平、徐秀丽：《中国农村治理的历史与现状（续）——以定县、邹平和江宁为例的比较分析》，《经济社会体制比较》2004 年第 3 期；何建华、于建嵘：《近二十年来民国乡村建设运动研究综述》，《当代世界社会主义问题》2005 年第 3 期。值得我们注意的是，随着新时代乡村振兴战略的全面开局，梁漱溟的邹平实验再次引起学界的热议。参见《文史哲》编辑部等：《2018 年度中国人文学术十大热点》，《文史哲》2019 年第 3 期。

斗争中，河南村治学院势必会沦为牺牲品。事实上，早在 1930 年 5 月，当河南省代主席的时候，刘峙所下的第一道命令就是停办河南村治学院。而在韩复榘特意就此事致电刘峙后，碍于韩复榘的情面，刘峙自然要有一番表示，但也不过是将之作为提案交由民政厅核办，任由官僚机构自行来消化这一方案。而其时已经转任民政厅厅长一职的张钫当即“心领神会”，遂将原来的村治学院改设为地方行政人员训练所，并报经河南省政府会议通过。在这种情况下，河南村治学院的曲终人散已经势难挽回，村治学院的未来以及学院同仁辛苦谋划的村治事业只能另求他乡，基本上不可能在河南继续深入开展了。

但令梁漱溟等人没有想到的是，重新组织开展乡村建设实验的机会不仅来得十分突然，而且还来得很快。当河南村治学院停办以后，诸同仁显然不能够再聚集辉县——原河南村治学院所在地——继续从事村治学院的教育和培训等工作，而只能暂停事业各奔前程。例如，梁漱溟本人就在河南村治学院停办之后不久回到北京接着主持《村治月刊》的编辑事务。但河南村治学院的工作毕竟曾雷厉风行地展开过，并且一度进行得颇为顺利，首批招收的 200 多名学员也在村治学院统一实行的近乎半军事化的管理和教学活动中得到了训练，已经点燃起来的“星星之火”虽在军阀政治兜头泼下的一盆冷水中难以形成燎原之势，却也不至于完全被浇灭。学院同学会仍在村治学院另一位有力人物王柄程先生的领导下继续开展活动，并在河南汲县创办了学校，仍致力于乡村改造和乡村建设工作，以期达到改善农民生活、巩固地方自卫、增加农业生产等目的。同学会的这些活动显然受益于村治学院播下的种子，于是，同学会推定两位学员代表专程赴济南拜见韩复榘一申谢意，而河南村治学院的代院长梁耀祖先生也需要就村治学院停办及善后事宜当面向韩复榘有个交代，遂一同前往济南面见韩复榘。

孰料韩复榘听罢梁耀祖的汇报之后，当场表示河南村治学院既已经结束，不妨到山东来再办一个村治学院，将在河南地方未竟的事业继续下去。在梁耀祖返回北京，将这一情况与梁漱溟等人细细商量之后，大家似乎都觉得如果能在山东重新创办一个类似于河南村治学院的机构，继续进行他们的乡村改造与乡村建设事业也未尝不是一件好事。于是，1931 年初，梁耀祖、梁漱溟一行与从河南专程赶来的王柄程，以及原本就在山东的朱经古、陈亚三、王子愚等人齐聚济南，反复磋商如何在山东将他们在河南未能完成的事业继续进行下去。众人商议的结果首先是从“正名”的工作做起，亦即决定不再延用“村治”“乡治”等曾经使用过的概念，而改称“乡村建设”，取其语义通俗、含义清楚，又有积极建设的意味。[①]如梁漱溟所说的：

> 十七年我在广州时用“乡治”，彼时在北方若王鸿一先生等则用“村治”，如出版村治月刊，在河南设立村治学院等等皆是也。民国十九年河南村治学院停办。诸同人来鲁创办类似于村治学院性质之学术机关。我等来鲁之后，皆以“村治”与“乡治”两名词不甚通俗。于是改为“乡村建设”。这一个名词，含义清楚，又有积极的意味，民国二十年春季即开始应用。但我之主张，则仍继续已往之村治主张，并未有所改变也。[②]

就在他们正式标出“山东乡村建设研究院”这一名称之后，国内的乡村运动风气渐升渐炙，而“乡村建设”一词也不胫而走，“不断地为大家所引用”[③]。1931 年 6 月，山东乡村建设研究院（简称为“乡建院”）在邹平正式成立，经与韩复榘协商，由梁耀祖先生出任院长，孙则让先生担任副院长并兼任训练部主任，梁漱溟则担任研究部主任一职。轰轰烈烈的山东乡村建设运动之序幕从此拉开，而山东乡村建设运动特别是邹平实验的顺利开展，无疑是梁漱溟运用其所体认的儒学思想改造乡村社会的一次系统尝试，堪称梁漱溟社会教育事业史上的一座高峰。

（二）邹平实验县区之设立与发展

1931 年 6 月，山东乡村建设研究院在邹平成立，依据“一面研究乡村建设问题，一面指导乡村建设的实施”（232）原则，乡建院在内部组织安排上自有其一番部署，即分别设立了（一）乡村建设研究部，由梁漱溟担任主任。该部设立之命意约为两层：“一层是普泛地提倡这种研究，以为学术界开风气；一层是具体地研究本省（山东省——引者注）各地方的乡村建设方案。”（232）研究部学员的招收标准颇高，需要受过高等教育

① 参见马勇：《思想奇人梁漱溟》，北京：北京大学出版社，2008 年，第 111—129 页。

② 梁漱溟：《自述》，《梁漱溟全集》第 2 卷，第 31 页。

③ 梁漱溟：《乡村建设大意》，《梁漱溟全集》第 1 卷，第 602 页。

或具有“同等学力”，“大抵以具有较高知识，对于乡村问题向曾留意者为合适”(232—233)。(二）乡村服务人员训练部，由副院长孙则让兼任主任。训练部主要是从“指导乡村建设的实施”而来，旨在从“实际服务之精神陶炼”(234)、“各种实际问题之知识上的开益”(234）和“解决各种实际问题之技能上的指授”(234）等三个方面培养乡村服务的人才队伍。考虑到这些学员最终需要回乡村社会服务，故在取材条件上以世代居乡(熟谙乡村情形)、曾受过相当程度的教育（略相当于初中水平)、年龄在20—35岁之间（既年富有为，又不至年幼冲动）较为合适。(三）同样是从“指导乡村建设的实施”一面考虑，由乡建院请求山东省政府指定一县作为实验县区，组织开展各类乡村改革与乡村建设的实验，这一实验县区随即选定为乡建院院址所在地——邹平。而选择邹平作为实验区，显然，也是经过了乡建院同仁们一番仔细的思考与权衡。诚如梁漱溟指出的，实验县区的设立一是考虑到“训练学生不徒在口耳之间，更有实地练习试做之资”(237)；二是要以此实验县区作为其他各县乡村建设的示范，乃至整个山东省乡村建设的起点，故此实验县区的条件，应“以地点比较适中，县份不过大，不甚苦而亦非富庶，不太冲繁而交通又非甚不便者为合适”(237)。根据这些条件层层筛选，最终择定的实验县就是邹平。①

因此，我们不妨走近邹平来具体看一看。邹平，古称梁邹平，地处鲁省中部秦沂山区与鲁省北部黄泛平原的叠交地带，东接齐文化的发祥地、山东名城淄博，西邻山东省省会济南，南依胶济铁路，北濒滚滚东流入海的黄河，水陆交通颇为便利，但又确实不是繁华都市，而只不过是一高度依赖农业的小县城。20世纪30年代初，邹平境内东西约50里，南北约80里，总面积约为2680平方里，全县共有300余村、3万余户，人口超过了16万。据中国社科院近代史研究所研究员、国内梁漱溟研究专家马勇先生介绍，邹平“南部长白山区为山地丘陵，是重要的林果产地”(122)，该地主要产品以邹平水杏、礼参葡萄、红芽香椿、长山山药和金星山楂等最负盛名，行销四方。邹平当地的矿产资源也比较丰富，“特别是铜、金、花岗石等储量巨大”(122)。邹平的中北部乃是一片黄河冲积平原，土壤肥沃，又有黄河、小清河、孝妇河等主要河道在此纵横交织，

① 关于乡建院选定邹平作为实验县区的具体说明，可参见梁漱溟:《山东乡村建设研究院设立旨趣及办法概要》,《梁漱溟全集》第5卷,第222—239页。

再加上水利工程配套较好，故而“历来是粮棉集中产地”（122）。[①]

至于经济方面，邹平既是一个地地道道的农业县，自然谈不上富庶，但也并非十分贫困。从孔子所说的“不患寡而患不均”（《论语·季氏》）的角度来衡量，邹平还颇有值得为人所称道的地方，如邹平地方的土地分配相对平均，贫富差距也并不明显。据梁漱溟致燕京大学教授、近代著名社会学家许仕廉先生——当山东乡村建设研究院成立之初，曾邀请许仕廉与杨开道等一起来院指导邹平地方的社会调查事项——函，邹平百亩（以二百四十步计）以上的地主极少，“唯城北极远之乡，地势洼下，土质沙碱，人口略稀，间有数百亩之农家”（427），大家族或数世同居者亦极少，“父子分家，乃平常事”（427），故每家人丁大多在六七口，平均每人分配土地不过二三亩。但邹平农副业较发达，种菜、养蚕、产棉等经营得皆有声有色，只是近年来在西方经济势力入侵影响渐深的情况下，难免“萎顿不堪”（428），以至于整个农村经济渐渐显现出枯竭之势。此外，从事其他行业的手工业者（如铁匠、锔补瓷器匠等）往往也有比较可观的收入，“于农家经济多所裨益”（428）。[②] 再加上邹平虽然距离省城济南不远，但其民风民俗之淳朴，几若没有受到近代城市的影响，而当时频繁干扰乡村社会秩序的土匪活动在邹平地方也不明显，因此，其确实是作为实验县区的一个上佳之选。

自山东乡村建设研究院在邹平成立，并选定邹平作为实验县区以来，相关工作随即紧锣密鼓地开展起来。乡建院首批招收研究部学员 30 人、训练部学员约 300 人。其中，训练部学员全部来自旧济南道属的 27 个县，除实验县邹平招收 40 余人外，其他各县平均有 10 人，规定修业年限为 1 年，“主要课程有三民主义、建国大纲、军事训练、社会调查及统计、农业技术常识、乡村自卫组织、乡村教育、风俗改良、卫生和筑路等”[③]。学员结业之后旋即分配在实验区各县担任教育指导员，或主持或协助创办和主管乡农学校，积极进行乡村改革、乡村建设与社会教育的实践。

为了推进和指导结业学生在各县工作的开展，乡建院又相机于 1932 年 10 月成立了乡村服务人员指导处，梁漱溟本人兼任主任，安排学院导师在各县巡回为乡农学校提供指导，帮助解决各种实际问题，并利用其组

---

① 马勇：《思想奇人梁漱溟》，北京：北京大学出版社，2008 年。

② 梁漱溟：《就邹平土地状况复许仕廉函》，《梁漱溟全集》第 5 卷。

③ 马勇：《思想奇人梁漱溟》，北京：北京大学出版社，2008 年，第 122 页。

织力量，为各县的乡农学校编写、出版了不同类型的教材，如《农民识字读本》《识字明理》《中华民族的故事》等。此外，乡建院还开设了农场，积极培育优良品种，并先后两次成功在邹平地方举办农展会，展览品主要为经过改良后的农具、鸡、猪、肥料、棉花等，深受农民群体的欢迎。农展会不仅有效推广了各类新品种、新方法和新工艺，而且增加了乡村民众对乡建院的感性认知，便利了工作的开展。①

由于邹平实验进展得卓有成效，1934 年，经山东省政府同意，“增划山东济宁专区等十四县为实验区”（109），乡建院在菏泽设立分院，并以之作为第二实验县区。但与邹平实验按正常步骤，从社会、经济等方面的改革入手，以社会教育方式予以推行不同，“菏泽一向多匪，故先从乡村自卫着手”（95）。② 同时，邹平之实验县规格也在不断“升级”。1931 年，当梁漱溟等人将拟定设立乡建院及邹平实验区的计划呈请国民党中央的时候，国民党中央并未批驳设立乡建院的申请，但却没有通过设立实验区的计划。其回复大意是说全国除了广东省中山县（孙中山先生故乡）特别划定为实验县之外，不再设立第二个实验县。如此一来，由于得不到国民党政权的官方认可，邹平虽然被划为了乡建院的实验区，但其试图进行的社会实验却碍于国民党中央法令的限制而不能大规模地展开，其时研究院的工作虽已经紧锣密鼓地开展了起来，显现出蓬勃生机，但各项实验实际上没有机会全面铺开。“总的看来，各项实验还显得比较分散，缺乏一个总体性的规划，乡建院的人才培养成为工作的主体，而真正的乡村改进仅是乡建院学生实习时的一些初步尝试。梁漱溟亦承认：这一时期的乡村建设仅是‘领导学生在邹平的地方上作一种实习的工作’。因此，这一时期又被称为‘试验县’时期。”③

1932 年底，国民党中央在南京召开全国内政工作会议，通过了县政改革和地方自治改革方案，而山东省政府依据这些方案，参照本省各地县政实验区的经验，很快制定推出了山东省的《县政建设研究院实验区条例十一条》及《实验区条例实施办法二十条》。据此，邹平由原来的“乡村建设实验区”升格为“县政建设实验区”。所谓“县政建设”的概念，源

---

① 关于乡建院举办农品展览会的具体情况介绍，可参见山东乡村建设研究院等编：《社会调查及邹平社会》（上），北京：中国社会科学出版社，2022 年，第 56—80 页。

② 李渊庭、阎秉华编著：《梁漱溟先生年谱》，桂林：广西师范大学出版社，2003 年。

③ 李伟中：《20 世纪 30 年代县政建设实验研究》，北京：人民出版社，2009 年，第 71—72 页。

自国民党在1932年底召开第二次全国内政会议通过的《县政改革案》，实含“县政改革”和“乡村建设”二义①，亦即全面进行县以下地方自治实验和包括产业振兴、经济进步、民智开发、风俗改善等在内的社会改造实验。自邹平升格为县政建设实验区，“乡村运动者与政府成了一家”②，实验区的县长由乡建院提名并报请省政府择用，县长以下各级行政人员则由乡建院或者县政府委任，而县政府及其机关还要受到乡建院的指挥与监督。具体来说，升格为县政建设实验区之后，邹平地方行政在乡建院的统筹下做出一系列改革。例如，乡建院成立之初，由于缺乏实验的权限，仅能做到影响县政府这一点。至于县政府以外的公安、财政、教育和建设四大局，却是受省政府的直接指挥，类似于今日所谓之“条条”部门，故不受邹平县政府和县长的节制，乡建院更是无力对它们产生任何实质影响。等到被确立为县政建设实验区，邹平旋即裁局设科，在行政上将原四局裁并为科室，即归并职能相同的科室，按数字将整个县政府设为五科。“各科实行合署办公，扩大秘书组织，科长和主要职员均由县长推荐、研究院挑选的精干人员担任”③，由此保障了县长的用人权，使各科之间亦能够声气相通，大大保证了工作效率。更重要的是，改革之后的县政府原则上只需对乡建院负责，不再对省府各厅负责，而由乡建院直接对省政府主席即韩复榘负责。这样一来，过去县行政被省府各厅分割的状态不复存在。同时，乡建院也对整个邹平地方的行政规划重新做出部署，将原来的7个区150余乡镇的行政框架，按照人口构成、自然条件、风俗习惯等重新划分为14乡300余个村，每村设村学，每乡设乡学，初步确立了行政机构教育机关化的模式。④ 诚如马勇先生指出的，在经过这样一番调整之后，乡建院开始大大超出原本教育机关或学术机关的范畴，而兼代地方的行政机关，成为真正意义上“政教合一”“政学合一”的机构——而在梁漱溟关于理想社会的展望中，也正是强调“新社会内政治、经济、教育（或教化）三者是合一而不相离的”⑤ ——拥有了极大的行政权力，并掌控着大量的行政资源，这就为乡建院的工作开展提供了极大的便利。得益于此，

---

① 李伟中：《20世纪30年代县政建设实验研究》，北京：人民出版社，2009年，第15—16页。

② 梁漱溟：《乡村建设理论》，《梁漱溟全集》第2卷，第393页。

③ 李伟中：《20世纪30年代县政建设实验研究》，北京：人民出版社，2009年，第76页。

④ 参见梁漱溟：《山东乡村建设研究院县政建设实验区邹平县实验计划（摘录）》，《梁漱溟全集》第5卷，第378—385页。

⑤ 梁漱溟：《乡村建设理论》，《梁漱溟全集》第2卷，第562页。

梁漱溟的邹平实验以社会教育的手段，在启发农民的上进心、引导乡村民众合作、改良农业与改造社会等方面，都取得了不俗的成绩。

（三）梁漱溟在邹平实验中之作用分析

山东乡村建设研究院成立初期，乡建院的院长由梁耀祖先生担任，孙则让担任副院长并兼任训练部主任，梁漱溟仅为研究部主任，并不负最高的行政责任，但其在这一时期发挥的作用却不容轻忽。首先，梁漱溟是平衡山东乡村建设各派势力的关键人物。他与梁耀祖、孙则让等人皆有同事或师生之谊，又与本土势力曹州帮的精神领袖王鸿一交好。作为当时的一位社会知名人士，梁漱溟本身亦拥有一批坚定的追随者，如先后多次担任邹平实验县县长的徐树人就在梁漱溟的精神感召下，辞去河北省东光县县长一职，追随梁漱溟而来。[①] 而乡建院研究部培养出的骨干也大多成为梁漱溟的追随者，故而梁漱溟能够利用这些人际关系发挥平衡各方势力的作用。更重要的是，依据自身独特的思想家性格特征及一贯秉持之刚健有为的士人精神和行动方式，梁漱溟仍几乎从一开始就在山东乡村建设运动中发挥着灵魂人物的功能，乡建院办院的原则、章程等大多出自梁氏的手笔，而且在很大程度上体现的正是梁漱溟本人的办学思想与主张。按乡建院之设立旨趣及其办法概要等文件，原本计划是由院长梁耀祖执笔起草，希冀与当年的招生简章一同发布，以就山东乡村建设研究院创立之意义、内容办法等做一具体说明，并推而广之，然草创当中的乡建院诸事千头万绪，院长梁耀祖“以所事过忙，不遑执笔”（222），最终执笔之责还是落在了梁漱溟一人身上。梁漱溟遂“就同人所夙昔讨论者，综取大意”（222），挥笔写成《山东乡村建设研究院设立旨趣及办法概要》一文，对于乡建院设立之背景、旨趣、办法等予以概括说明。[②] 援此一例即可以看出，即便是在山东乡村建设初期，梁漱溟就已经占据了非常重要的地位，发挥着思想引领的作用。

随着邹平实验的开展，梁漱溟更是成为其中的灵魂人物。他不仅在乡建院成立于 1932 年的乡村服务人员指导处兼任主任，负责安排学院导师

---

① 参见徐树人：《我担任邹平实验县县长的前前后后》，山东省政协文史资料委员会、邹平县政协文史资料委员会编：《梁漱溟与山东乡村建设》，济南：山东人民出版社，1991 年，第 90—109 页。

② 梁漱溟：《山东乡村建设研究院设立旨趣及办法概要》，《梁漱溟全集》第 5 卷。

巡回指导各地乡农学校，帮助结业学员解决种种实际困难，在邹平地方的乡村改造与社会教育活动中表现得十分之积极与活跃；而且，当山东省政府此后增设济宁专区等十四县作为实验区，调梁耀祖先生担任济宁专员之后，正是梁漱溟继任乡建院院长，并且他的学生黄艮庸、孙俶知、陈亚三分别担任研究部主任、训练部主任、菏泽县县长。[①] 这使得梁漱溟更加方便地以其本人的思想来规划和指导邹平实验，乃至影响整个山东乡村建设运动的开展。

在这种情况下，梁漱溟作为邹平实验之灵魂人物的地位也开始得到人们的普遍认可。如梁漱溟不断接到邀请，赴全国各地参加各式各样的以地方自治、社会教育等为主题的会议，受聘为国民党教育部民众教育委员会委员，并在邹平召开的全国“乡村工作讨论会”第一次会议上，与晏阳初、黄炎培、章元善、江恒源和许仕廉诸先生一起被公推为主席团的成员，等等。（见表4.1）

表4.1　梁漱溟乡村建设时期主要参会、演讲及相关经历

年份	主要参会经历
1932	冬，梁漱溟应邀参加在南京举行的以地方自治为主题的内政会议
1933	2月，梁漱溟应邀参加国民党教育部讨论民众教育问题的会议； 3月，被国民党教育部聘为民众教育委员会委员； 5月，在无锡江苏省立教育学院发表《民众教育何以能救中国?》的演讲； 7月，全国乡村工作者集会于邹平，召开为期三天的“乡村工作讨论会”第一次会议，到会者公推梁漱溟为主席团六位成员之一； 8月，在济南参加中国社会教育社之年会，发表《社会本位的教育系统草案》
1934	10月，第二次全国“乡村工作讨论会”在河北定县召开，梁漱溟在会上发表《乡村建设旨趣》演讲； 12月，为邹平实验小学教职员发表《目前中国小学教育方针之商榷》演讲

① 参见李渊庭、阎秉华编著:《梁漱溟先生年谱》,桂林:广西师范大学出版社,2003年,第109页。

续表

年份	主要参会经历
1935	年初，应李宗仁、白崇禧等多次邀请，梁漱溟回广西讲学，其间与李宗仁、白崇禧等人谈话数次，并为广西军政干部发表演讲； 10月，梁漱溟应邀参加在无锡江苏省立教育学院举办的全国“乡村工作讨论会”第三次大会，并以《一年来的山东工作》为主题进行报告
1936	春，梁漱溟在朱经古、秦亦文、黄明等陪同下前往日本考察

资料来源：据《梁漱溟先生年谱》《梁漱溟全集》等资料整理。

综合上述内容我们不难看出，早在山东乡村建设运动初期，梁漱溟就扮演了十分关键的角色，更是邹平实验进行与开展过程中的灵魂人物。梁漱溟的一生也与邹平这方热土结下了不解之缘，不仅其生前曾先后三次到过邹平，甚至其逝世以后也将一部分骨灰埋葬在这里，凝视着这片土地的变迁。[①] 正是从这个意义上来说，山东乡村建设运动特别是邹平实验堪称梁漱溟一生事业的高峰，而我们也以邹平实验作为梁漱溟社会教育思想的集中呈现与实践展开。

二、知识分子下乡与社会教育的开展

在邹平实验中，社会教育既是梁漱溟进行乡村建设与社会改造的一种自觉的方法选择，并且，邹平模式也试图通过种种革故鼎新的举措，使“行政机关教育机关化”[②]，将一切工作皆以教育的手段予以推行。而从当时中国乡村社会的实际情况来看，要做到这一点的一大关键则是吸引知识分子下乡，真正地承担起《孟子·万章上》所说的“先知觉后知”“先觉觉后觉”的社会教育使命。因此，梁漱溟邹平实验得以开展的一个重要前提就是呼吁知识分子下乡，并摆正他们在乡村建设过程中的位置，以充分利用知识分子群体的优势，发挥他们在社会教育过程中的功能与作用。正

---

① 据其子梁培宽、梁培恕二人的说明，梁漱溟先生的骨灰一部分葬在邹平，一部分放在八宝山（后来迁移到广西桂林的穿山公园）。参见梁培宽、梁培恕：《父亲梁漱溟》，武汉：长江文艺出版社，2014年，第82页。

② 梁漱溟：《山东乡村建设研究院最近工作概述》，《梁漱溟全集》第5卷，第489页。

是得益于知识分子的广泛参与和社会教育的循序开展，邹平实验取得了一定的成效。

（一）呼吁知识分子下乡

传统士人群体也需要应对近代中国的大变局，完成其自身身份与功能定位等全方位的转变。我们看到，以本篇故事的主人公梁漱溟先生作为代表的一大批中国知识分子正是以刚健有为——在《东西文化及其哲学》中，梁漱溟先生就主张重新拿出孔子所谓“刚”的精神，开拓崭新的人生路向①——的入世态度，积极、主动地寻求社会变革，试图为中华民族的前途和命运开辟出一新局面，挺立起中国知识人的脊梁。② 但当时绝大多数中下层知识分子面对着国家和民族的衰落不知道从何处着手，个人的前途同样十分渺茫，陷入烦闷、虚无、苦恼种种负面情绪的包围自是在所难免③，以至于每天只是消极地混迹于城市社会，在军政学界蝇营狗苟，沦为只求到处混口饭吃的“高等乞丐”。在近代中国社会的急剧变迁中，“不拘一格降人才”固然重要，但更重要的则是为这些知识分子指明一条出路，让他们能够在时代的大变局中站稳脚跟，真正地发挥知识分子这一特殊群体本身的价值和功用。

依梁漱溟之所见，摆在这些知识分子面前最好的一条出路就是“大家一齐回乡，骈力作广义的促兴农业工夫——乡村建设工夫”（226）。质言之，就是呼吁广大知识分子不要再继续浮游于都市社会，而是转向乡村社会去做扎扎实实的社会教育工作，以“开出乡村建设的风气，造成乡村运动的潮流”（226）。④ 按梁漱溟之所以会持有这样的观点，首先在于他清楚地认识到了中国城市的致命缺陷。与西方国家的城市不同，近代中国的大多数城市都是商业性的、消费性的，而不是生产性的，这样的城市本身就是寄生在乡村经济基础之上的，不仅难以通过工业化等方式来带动乡村经济的发展，激发乡村社会的活力，反倒需要不断地从贫瘠的乡村社会当中汲取财富与养分，直至将乡村社会的血髓敲干剥净，自身亦跟着一起衰

① 参见梁漱溟：《东西文化及其哲学》，《梁漱溟全集》第 1 卷，第 537—539 页。

② 参见魏文一：《“刚”的人生态度与新知识分子——梁漱溟早期论中国文化的路向》，《社会学研究》2016 年第 4 期。

③ 参见王汎森：《“烦闷”的本质是什么——近代中国的私人领域与“主义”的崛起》，《思想是生活的一种方式：中国近代思想史的再思考》，北京：北京大学出版社，2018 年，第 89—137 页。

④ 梁漱溟：《山东乡村建设研究院设立旨趣及办法概要》，《梁漱溟全集》第 5 卷。

败下去。[①] 费孝通曾经以上海为例指出，自近代通商开埠以来，上海虽然“发生了巨变并很快繁荣起来”（84），但它不可能像纽约、伦敦等大都市那样可以成为“一个大的经济区域的神经中枢”（84），上海的繁荣实则是与整个中国经济相脱离的。盖作为通商口岸的上海，既“是外国商品进入中国的大门，也是中国财富外流的老鼠洞”（85），但却不是一个工业发达的城市，它“不能自给自足而要靠来自乡村的收入”（86），只是一个依靠乡村社会的消费者与寄生虫，“而不是一个现代型的高度发展的都市”（86）。[②] 可见，在当时的学界，有关中国城市只是一种寄生经济的观点比较普遍，如此寄生性的城市经济显然不可能为同样在城市中蝇营狗苟的知识分子创造多少谋生的机会，老实不客气地说，“现在中国社会中吃饭最成问题的，似更在受过教育，有些知识的那般人”[③]。

城市既然没有为知识分子开辟多少生存的空间，则知识分子不得不从乡村社会中另谋出路，这仍主要是从消极一面来说的。转从积极的一面来看，呼吁知识分子下乡，在梁漱溟这里还有更深一层次的思考，亦即梁氏对于中国社会之乡土本质和乡土特性的充分认知。这一点我们已经在第三章中有所述及，如梁漱溟主张要从农业切入为中国经济谋一个翻身之道，走出一条由振兴农业引发工业发展的道路。进而言之，梁漱溟认识到中国社会、经济和文化的根基都在乡村，从乡村社会可以培育生长出一种新的社会组织构造，为中华民族开出一新的前途。[④] 故知识分子转入乡村社会并不单单是为了给自己寻求一谋生的出路，更重要的还在于关系到乡村社会的振兴，关乎国家的命运和民族的前途，诚可谓兹事体大。

当然，梁漱溟所说的知识分子下乡，并不是要让他们如同乡村民众一样从事农业生产和劳动，盖“在简拙的旧农业上用不着知识分子”（225），且农民的勤苦习惯在他们这里也已经不再具备，故他们仍主要是结合其本身之所长以及乡村社会的需要，充分发挥自身作为知识分子这一群体在乡村建设过程中独特的功能与效用。诚如梁漱溟所指出的，受过教育的人在教育发达的国家或许并不稀罕，在“当下”的中国都市中更是显得过剩、

---

① 参见梁漱溟：《往都市去还是到乡村来？——中国工业化问题》，《梁漱溟全集》第5卷，第637—642页。

② 费孝通：《中国士绅》，赵旭东、秦志杰译，北京：生活·读书·新知三联书店，2009年。

③ 梁漱溟：《山东乡村建设研究院设立旨趣及办法概要》，《梁漱溟全集》第5卷，第225页。

④ 参见梁漱溟：《乡村建设理论》，《梁漱溟全集》第2卷，第161—166页。

多余，好像没有太大的用处，但在乡村社会却是一笔弥足珍贵的资源，尤其当时中国的乡村民众普遍缺乏教育，不少人甚至连识字都很困难。[①] 在这种现实情况之下，即便是“最无多少知识能力的”（227）读书人于乡村社会至少能够起到两种重要的作用：

> 1. 乡村最大病症是愚蔽，从他的一知半解，总可替乡下人开一点知识，最低程度亦能教乡下人认识几个字。
>
> 2. 乡村最大缺憾是受到祸害没人理会，自家亦不能呼唤人注意；而他则容易感觉问题，不似乡间人疲钝忍默，亦有呼喊的工具——即文字。（227）

这两种作用一则仿佛“为乡村扩增了耳目”（227），二则好像是“为乡村添了喉舌”（227）。梁漱溟认为，只要转回乡间的知识分子不是想着回乡去做土豪劣绅，不是想着如何占尽农民的便宜，这两种作用就一定能发生，尤其是回乡的人多起来之后，这种作用更是必然会发生。倘若真能由此消除掉几分乡民的愚昧，又使乡村人所受到的祸害和委屈能够呐喊出来，那么，中国民族的前途也就多了几分希望。而“较有能力的知识分子”（227）在乡村社会当中还有更进一步的功用，亦即“替乡间谋划一切建设事宜，好比为乡村添了脑筋一样”（227）。[②] 显然，这第三种作用更代表着梁漱溟对于回乡知识分子的殷切期盼。只有广大知识分子群体转回乡村社会，踏实做好他们能够发挥功效的社会教育工作，乡村建设运动才能够顺利开展，乡村社会的振兴乃至整个中华民族的前途才会真正出现曙光。

（二）以出家的精神来做乡村工作

梁漱溟所论及之返乡知识分子的作用，在传统中国社会实际上主要是

① 罗兹曼等人认为，晚清中国民众的识字率可能并不像我们想象的那么糟糕，“男性识字相当普遍”，30％至 45％的男性“具有基本的文字基础”，而且，“受初级教育的机会在乡村和都会之间的差异不大”。但随着中国传统教育制度（如书院制度、私塾制度等）受到抨击和质疑，新式的学校教育制度的引进反而带来了非常严重的问题，“普及初等教育和成人扫盲是现代化过程转变阶段的核心任务”。参见〔美〕吉尔伯特·罗兹曼主编：《中国的现代化》，国家社会科学基金“比较现代化”课题组译，南京：江苏人民出版社，2003 年，第 193—195、359—370 页。

② 梁漱溟：《山东乡村建设研究院设立旨趣及办法概要》，《梁漱溟全集》第 5 卷。

由所谓士绅阶层承担的。诚如吴晗、费孝通诸先生所指出的，传统中国的社会秩序是在政治与社会、文化与道德等多个层面交相发生作用的，而士人们则在“政治路线”与“伦理路线”两个方面都发挥着非常重要的功效。[①] 特别是在传统中国的乡村社会，作为乡村领袖的士人群体，一面推行儒家社会教化以敦睦乡里，一面组织和凝聚地方社会的力量以承担起主持地方公共事务、维护地方利益的责任。[②] 但自近代中国的大变局以来，随着晚清政府、北洋政府和此后的国民党政权不断加大对乡村社会的资源汲取，在各级政权敲骨吸髓般的掠夺下，原本在乡村社会中发挥着重要功能的士绅阶层或基层精英应对乏术，不得不纷纷逃离乡村社会。“在19世纪中期的社会巨变中，基层精英大多逃离了乡村，定居于相对安全的城市，其中一些人也是因投资城市商业和工业而离开了乡村。”[③] 这些基层精英的离场为土豪劣绅、高利贷者乃至土匪头子等各色人物的出场提供了机会，他们取而代之，开始在乡村社会中扮演起“领导者”的角色。诚如美国学者杜赞奇（Prasenjit Duara）的经典研究所表明的，在晚清和民初的大变局中，随着乡村社会原有的以士绅阶层为代表的“保护型经纪”的离场，代之而起的形形色色的“掠夺型经纪”顿时令乡村治理陷入了困境，乡村社会的不和谐日益凸显出来。[④] 易言之，保护型士绅阶层在乡村社会的逐渐退隐、衰微，使得乡村社会在地方领袖或地方精英层面出现了一个难以弥补的真空，而从某种意义上来说，返乡的知识分子正好在一定程度上填补了这一巨大空缺。

当然，依据梁漱溟本人的设想，知识分子在乡村社会中扮演的具体角色与传统士绅阶层并不完全相同，甚至还有着较为显著的区别。这一方面是因为相较于传统士人阶层这一从乡土社会生长出来的内生性治理力量，知识分子群体大多仍只是转入乡村社会的外生性力量。[⑤] 以梁漱溟本人为例，他坦言“自己生长于北京而且好几代皆生活于北京，完全为一都市中

---

① 参见费孝通、吴晗等：《皇权与绅权》，长沙：岳麓书社，2012年。

② 参见张仲礼：《中国绅士研究》，上海：上海人民出版社，2008年；萧公权：《中国乡村：19世纪的帝国控制》，张皓、张升译，北京：九州出版社，2018年。

③ 〔美〕易劳逸：《家族、土地与祖先：近世中国四百年社会经济的常与变》，苑杰译，重庆：重庆出版社，2019年，第170页。

④ 参见〔美〕杜赞奇：《文化、权力与国家：1900—1942年的华北农村》，王福明译，南京：江苏人民出版社，2003年。

⑤ 关于内生性力量、外生性力量对乡村社会秩序建构产生的不同影响，可参见董运生、张立瑶：《内生性与外生性：乡村社会秩序的疏离与重构》，《学海》2018年第4期。

人，未尝过乡村生活”（31），现在转入“从事于乡村工作，倡导乡村建设运动”（31），正是其所谓“四不料”之第三个“不料”。① 另一方面则是由于近代中国的大变局，要求下乡的知识分子们发挥不同的作用。质言之，返乡知识分子更应该着力的是社会教育工作，即从社会教育入手，为乡村社会引入新的农业生产技术与生产经营模式，提振乡村民众的精神状态，激励并调动起乡村民众作为乡村建设运动之真正主体的主动性与积极性。因此，转入乡村社会的知识分子群体所发挥的作用、所扮演的角色等，明显不同于传统中国社会的士绅阶层。这也就对返乡的知识分子群体从精神生活到实际行动等各个层面，都提出了不一样的要求。

先从精神层面来看，梁漱溟主张知识分子要以一种所谓“出家的精神”来从事乡村工作。何谓“出家的精神”？这里关涉到梁漱溟本人对于佛学和出家作为一种宗教精神的独到见解——据梁氏的宗教观，“所谓宗教的，都是以超绝于知识的事物，谋情志方面之安慰勖勉的”（417），虽然低等的宗教动机不过是从生存问题、祸福问题等而来，故有“极幼稚低等拜蛇、拜黄鼠狼乃至供奉火神河神瘟神种种”（418）行为，但高等的宗教动机却完全是出于一种悲悯世人的博大情怀，而佛教正是这样一种“慈悲勇猛”（430）的宗教。② 梁漱溟坦言，其一生“思想的根本就是儒家跟佛家”（7），他在早年的时候（二十岁前后）曾萌生要“出家做和尚”的想法，后来的“出佛入儒”也只不过是将过去想“出家做和尚”的念头放弃了，“在思想上还是那样”（8），而梁漱溟理解的“出家的精神”从一开始就不等同于寻常所说之遁入空门。③ 正是因为佛教在梁漱溟那里乃是要“誓不舍众生而取涅槃”的，他的出家就是为了完成两个深心大愿，“一曰研考哲理，以阐佛学。一曰唱导社会主义，以促佛教之成功”④。故梁漱溟倡导要以“出家的精神”来做乡村工作，主要原因在于所谓“出家精神”在他那里并不是出世的，而恰恰是从一种“慈悲勇猛”的精神转化而来。诚如梁漱溟所言：

> 真正的和尚出家，是被一件生死大事，打动他的心肝，牵动他的

---

① 梁漱溟:《自述》,《梁漱溟全集》第 2 卷。

② 梁漱溟:《东西文化及其哲学》,《梁漱溟全集》第 1 卷。

③ 〔美〕艾恺(采访),梁漱溟(口述),一耽学堂(整理):《这个世界会好吗?:梁漱溟晚年口述》,天津:天津教育出版社,2011 年。

④ 梁漱溟:《谈佛》,《梁漱溟全集》第 4 卷,第 496 页。

> 生命；他看到众生均循环沉沦于生死之中，很可怜的，所以超脱生死，解决生死，遂抛弃一切，不顾一切。现在我来作乡村运动，在现在的世界，在现在的中国，也是同和尚出家一样。我同样是被大的问题所牵动，所激发；离开了朋友，抛弃了亲属，像和尚到庙里去般的到此地来。因为此事太大，整个的占据了我的生命，我一切都无有了，只有这件事。[①]

梁漱溟在这里所表述之“出家的精神”，是与他本人在《东西文化及其哲学》一书当中倡导的重新拿出孔子所谓“刚”的精神，以开拓出某种崭新的人生态度或人生路向一脉相承的，盖“刚”在梁漱溟那里“就是里面力气极充实的一种活动”（537），由此出发的人生，正是要“大家往前动作……最好要发于直接的情感，而非出自欲望的计虑”（537）。[②] 但相较而言，“出家的精神”无疑更多了一层对牺牲与奉献精神的强调，原因在于，乡村工作远不像舞文弄墨的文士生涯那般悠游从容，乡村的生活条件要比城市社会艰辛数倍乃至数十倍，没有一种牺牲与奉献的精神必然难以担负起乡村工作的重任。

因此，我们看到，梁漱溟的乡村建设运动始终高度重视对于从事乡村工作人员之情志的启发、精神的激励，如通过朝会等形式对乡建院学员产生潜移默化的影响。梁漱溟在朝会中每每告诫大家要“发心”“自觉”“立志”，不要误将欲望当作志气，至今读来仍令人颇为动容。[③] 此外，又专门通过撰写《精神陶炼要旨》《乡村工作人员修养法》等予以具体的指点。[④] 正如梁漱溟所言，要一扫乡村民众意志消沉、精神烦闷的局面，使社会教育在乡村建设过程之中发挥其所应有的作用，促使乡村民众积极进取、奋发向上，保障各项乡村建设和社会改造事业均能够顺利开展，“离不开工作者自己生命活泼增强”[⑤]。只有返回到乡村社会的知识分子群体以刚健有为、“出家的精神”从事乡村工作，乡村建设才有可能进展顺利，中华民族也才能由此开出新的前途。换言之，梁漱溟倡导的“刚”的人生

---

① 梁漱溟：《以出家的精神做乡村工作》，《梁漱溟全集》第 5 卷，第 425 页。

② 梁漱溟：《东西文化及其哲学》，《梁漱溟全集》第 1 卷。

③ 参见梁漱溟：《朝话》，《梁漱溟全集》第 2 卷，第 46—49 页。

④ 梁漱溟在这一时期撰写的《精神陶炼要旨》《乡村工作人员修养法》《朝会讲话四则》等文字，相关文字均一并收入《梁漱溟全集》第 5 卷。

⑤ 梁漱溟：《乡村工作人员修养法》，《梁漱溟全集》第 5 卷，第 804 页。

态度、所谓“出家的精神”的实现，最终都需要落实在社会、落实在“群”（群体）的层面，“需要新知识分子深入到乡村中，从事具体的乡村建设，培育实在的社会基础”①。

（三）摆正知识分子在乡村建设运动中的位置

与传统士绅阶层不同，下乡的知识分子并不是从乡村社会中自然生长起来的一股内生性力量，而是从外界转入乡间社会，试图为乡村民众提供其力所能及的帮助的一股外援性力量。费孝通先生在他现已被称为经典之作的《乡土中国》中指出，传统中国乡村社会乃是一个建立在亲缘、地缘等关系之上的“熟人社会”，这种熟人社会能够在一种“信任”的基础上自然而然地运转起来。但与现代商业社会之中的“信任”不同，乡土社会的这种“信任”并不是出于对契约的尊重或基于“契约精神”，而完全是从熟悉得来，“发生于对一种行为的规矩熟悉到不假思索时的可靠性”②，故从这种“信任”衍生出来的几乎就是一种不治而治的、天然的“礼治”或“无为”的秩序。乡土社会的这种特性意味着作为其一种外援性力量的知识分子必须要摆正自己在乡村建设运动中的位置，或者说，知识分子群体需要寻找到他们从事乡村工作的正确方式。

这一点在梁漱溟那里得到了高度的重视。按照梁漱溟本人的设想，知识分子在乡村建设的各个方面，如启发乡村民众的知能与主体意识、培育乡村社会的经济力量和政治力量等方面，都能够发挥关键性的作用，“凡所以启发知能，增殖物资，促进组织者，都是我们要作的”（232）。但乡村建设真正的主体却并不是返回到乡村社会的知识分子群体，而是本地人即乡村民众，盖乡村建设的“力量非可由外铄；乡村建设之事，虽政府可以作，社会团体可以作，必皆以本地人自作为归”（232）。③ 在梁漱溟看来，乡村建设必须始终坚持以乡村民众为主——“乡村问题的解决，一定要靠乡村里的人”，“乡村问题的解决，天然要靠乡村人为主力”（351），然乡村问题的复杂性又远远地超出了乡村民众所能理解的范围——“乡村人对于问题只能直觉的感觉到，而对于问题的来源，他不能了解认识”

---

① 魏文一：《“刚”的人生态度与新知识分子——梁漱溟早期论中国文化的路向》，《社会学研究》2016 年第 4 期。诚如魏文所指出的，梁漱溟希望新知识分子群体能够真正成为“刚”的担当者，从而走出一己的小天地，投入改造乡村社会的事业。

② 费孝通：《乡土中国》，北京：人民出版社，2008 年，第 7 页。

③ 梁漱溟：《山东乡村建设研究院设立旨趣及办法概要》，《梁漱溟全集》第 5 卷。

(351)，以至于单靠乡村民众往往解决不了乡村的问题。故下乡的知识分子群体，即梁漱溟所谓的"有知识、有眼光、有新的方法、新的技术的人"(351) 在其中的作用同样不容有丝毫的轻忽，只不过需要注意的是，知识分子所处的位置是"客"，而非"主"。[①] 正是基于这样的认知，梁漱溟主张乡村建设需要采取的是一种行政机关教育机关化的途径，即主要以社会教育的方式引导乡村民众，而不走运用行政手段强制推行的道路（如山西村政建设），知识分子在乡村建设运动当中的功能与作用的发挥，亦正是从社会教育这一途径充分体现出来的。

我们看到，在乡村建设和社会教育的具体实践中，梁漱溟始终注意知识分子介入乡村社会的方式，如乡建院成立之初，第一步就是让杨效春（又名杨兴春，浙江义乌人，民国著名乡村教育家）先生主办了一个由各实验县区乡小学教员约 370 人参与的乡村教师假期讲习班，这个讲习班不仅讨论一些关于小学教育的问题，并从生活指导上于无形中来做乡村运动的工作。其主要的做法是将学员分为若干小组，每组指派一位乡建院内的学生作为导友，参与学员的日常生活，并随时向他们讲述乡村建设的意义与方法，而讲习班结束以后又成立了一个同学会，以期此后仍能够继续互通音讯。乡建院的良苦用心即在于"小学教员究竟是乡村间比较有知识的人，容易接头；而他们散处全县，又散得很匀。经过这一番浸染，回到乡里自然会替我们的工作向乡下人说明说明了"(304)。与此同时，乡建院又精心组织了我们前文已经提及的两次农展会，通过这种形式进一步增加了乡村民众对于乡建院及其工作的感性认知与了解，明白了乡建院所讲所做的无非都是乡村的事、庄稼人心目中所有并且很关心的问题，"这样就无形中消灭了误会和远离的心理"(305)。在农展会结束以后，还有一些方匾、对联之类作为比赛优胜的奖品相赠，这样"又可以使农民对于我们工作的印象更深些，更了解些"(305)。经过如此一番的"广告宣传"之后，乡建院才敢着手组织学员下到各实验区县去试办乡农学校，让他们深入乡村去开展社会教育工作。[②]

另外，山东乡村建设研究院为了克服知识分子群体在乡土社会只是一股外援性力量的缺陷，他们在招收训练部学员的时候就考虑到，要以"世

① 梁漱溟:《乡村建设理论》,《梁漱溟全集》第 2 卷。注:梁漱溟自信地认为,只要知识分子与农民群体相互结合起来,中国的问题就能得到有效的解决。

② 梁漱溟:《山东乡村建设研究院之工作》,《梁漱溟全集》第 5 卷。

代居乡，至今其本人犹住家在乡村”（234）作为取材的标准之一。因为这些学员未来都是要回到乡村社会去从事各项服务工作，正可以凭借他们的“不失乡村生活习惯”和“熟谙乡村情形”（234）为社会教育进入乡村社会，在田间地头发生效用打开一条通道。① 而乡建院则通过成立乡村服务人员指导处，安排学院导师巡回各实验区县，以为结业学员继续提供工作上的指导。总之，作为一种外援性力量，知识分子在乡村建设运动中所处的位置是“客”而非“主”，因此，需要以一种乡村民众乐于接受或至少并不抵触的方式介入乡土社会，才能够顺利地推行各项革故鼎新的举措，进而充分发挥社会教育方面的功效。

三、乡村教育系统的改造与社会教育的深入

梁漱溟社会教育思想之实践展开之一大关键就是引导知识分子下乡，发挥他们在社会教育当中的功能与作用。与此同时，梁漱溟也意识到社会教育工作要深入乡村社会，并充分发挥其功效，更有赖于通过乡村教育系统的改造，形成一种有条理、有活力的组织安排，在组织层面提供有效保障的基础上，借助于社会教育的深入开展，推动乡村建设的事业，完成对乡土社会的改造。事实上，山东乡村建设的实质，就在于创建一种“新的社会组织构造”或“新礼俗”，而梁漱溟的社会教育思想之实践展开亦正体现在对乡村教育系统的彻底改造。具体言之，体现在经过补充并改造传统乡约制度而形成的乡农学校之设置与安排上。

（一）传统乡约的补充与改造

梁漱溟本人非常看重团体组织的力量，其所理解的乡村建设的关键就在于从中国文化之“理性”特征出发，在沟通调和中、西具体事实的基础上，形成一种新型的社会组织构造。根据梁漱溟的说明，理想形态的“新组织”主要是从传统中国的乡约制度经过补充与改造得来的，但他一再强调，这里所谓的“乡约”，并非“明、清两代政府用政治力量来提倡的那

① 梁漱溟:《山东乡村建设研究院设立旨趣及办法概要》,《梁漱溟全集》第5卷。

个乡约，而是指着当初在宋朝时候，最初由乡村人自己发动的那个乡约”①。

传统中国的基层治理虽然历来流行“皇权不下县”的说法，然行政权力的触角竭尽所能地往基层社会延伸仍是一个大的趋势。《周礼》关于“五家为比，十家为联；五人为伍，十人为联；四闾为族，八闾为联；使之相保相受，刑罚庆赏相及相共，以受邦职，以役国事，以相葬埋”（《周礼·地官》）的记载，或许只是出于作者的一种浪漫想象。但是，自从秦始皇统一六国，在全国范围内推行郡县制以来，帝国的行政权力触角不断伸入基层社会，并最终形成了以县令长作为主导、由乡官或地方精英共同协理的基层社会秩序。② 而在行政权力朝下渗透，以广施社会教化、整合乡村秩序的同时，基层社会还在儒家士大夫等地方领袖或地方精英的引导下，自发地形成了“乡约”的制度。

事当宋神宗熙宁九年（1076），经陕西蓝田关中理学一脉的吕氏昆仲在本乡发起，由当地乡民自愿参与，遂产生了以“德业相劝、过失相规、礼俗相交、患难相恤”作为纲领之著名的《吕氏乡约》。这一乡约不仅被视作中国乡约制度的起源，而且在具体的制度和组织安排等方面呈现出一系列鲜明的特色。如（1）以乡而不是以县为单位；（2）由人民公约，而不是政府的行政命令形成；（3）以自愿为基础的局部参与，而不是受行政命令强迫的全体参与；（4）形成见之于文字的成文法则。③ 故《吕氏乡约》被萧公权先生推许为“于君政官治之外别立乡人自治之团体，尤为空前之创制”④，誉以为从中可以窥见近代地方自治的雏形。也正是因此，梁漱溟主张经过这一乡约制度的补充与改造来开出乡村社会的“新组织”。

不过，梁漱溟并不只是因为看到了乡约制度的自治精神，毋宁说梁氏所看重的更在于其他的方面，即传统乡约制度充满了中国人的精神，是从中国文化之“理性”特征产生的一种团体组织制度。诚如梁漱溟所言：

---

① 梁漱溟：《乡村建设理论》，《梁漱溟全集》第2卷，第320页。此外，关于宋代乡约与明清时期乡约的具体区别，可参见黄书光主编：《中国社会教化的传统与变革》，济南：山东教育出版社，2005年，第133—150页；杨开道：《中国乡约制度》，北京：商务印书馆，2015年。

② 参见张德美：《皇权下县：秦汉以来基层管理制度研究》，北京：清华大学出版社，2017年；鲁西奇：《中国古代乡里制度研究》，北京：北京大学出版社，2021年。

③ 参见杨开道：《中国乡约制度》，北京：商务印书馆，2015年，第69—73页。

④ 萧公权：《中国政治思想史（二）》，沈阳：辽宁教育出版社，1998年，第496页。

> 如果拿现在的地方自治与乡约比较，很显然的有一个不同。现在的地方自治，是很注意事情而不注意人；换言之，不注意人生向上。乡约这个东西，它充满了中国人精神——人生向上之意，所以开头就说“德业相劝”，“过失相规”。它着眼的是人生向上，先提出人生向上之意；主要的是人生向上，把生活上一切事情包含在里边。地方自治则完全是注意事情，没注意到人生向上。①

据此，梁漱溟对于传统乡约制度的补充与改造亦遵循这一思路，以“理性”或“人生向上”作为指引，更进一步将乡约由以往消极的态度转入积极的精神，从而形成的一种全新的社会组织构造。

在梁漱溟看来，古代中国的乡约只是一种精神，是务虚但并不落实的，所以必须要有实际的内容进一步予以填充。易言之，乡约只能算作纲领，乡约的精神要真正下落到实践层面尚须有其具体条目。至于所谓的“目”——依据清初理学家陆世仪（号桴亭，江苏太仓人）先生在他的《治乡三约》中的说法——体现在“社学、保甲、社仓”三个方面（见图4.1），故所谓的“乡约”就是由一乡民众相约共同办好社学、保甲和社仓三件事。其中，社学是一个教育机关，社仓是一个经济机关，保甲则是自治自卫的政治机关。“乡约的实际工作，是保甲、社仓、社学，保甲、社仓、社学的基本精神是乡约，一纲三目，一虚三实，相辅相行，互相为用。”② 梁漱溟认为，这样的乡约制度设计包含了教育、经济、政治等多个方面，已经是一个非常完备的乡约，而他只不过依循着“改消极为积极”（331）的方向，对于这一乡约制度再作相应的补充。例如，将乡约中原本消极的彼此顾恤、患难相助、周贫济困，转变成为积极的合作生产、联合经营、兴修水利等一系列行动；从敦勉个人积德行善，升华为改造社会、创造新文化与理想社会、建设新组织的努力；并由乡与乡之间的联络，而渐渐扩及县与县之间、省与省之间的往来通信，由此去改造社会并创造新文化；等等。③

---

① 梁漱溟：《乡村建设理论》，《梁漱溟全集》第2卷，第322页。

② 杨开道：《中国乡约制度》，北京：商务印书馆，2015年，第175页。

③ 参见梁漱溟：《乡村建设理论》，《梁漱溟全集》第2卷，第331—335页。

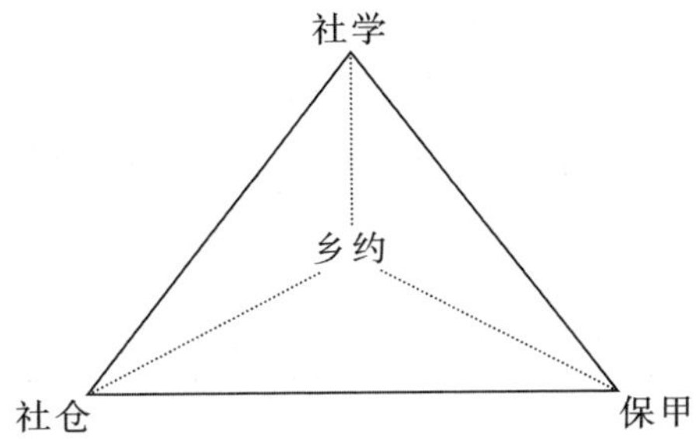

图 4.1　“乡约为纲而虚，社学、社仓、保甲为目而实”之示意图

资料来源：转引自杨开道：《中国乡约制度》，北京：商务印书馆，2015 年，第 174 页。

（二）邹平的村学与乡学

从改造并补充传统乡约制度出发，梁漱溟的社会教育之实践展开落在具体组织的层面，就是关于乡农学校的一系列设计与安排。梁漱溟指出：

> 所谓乡农学校这个东西，是补充改造后的《乡约》中自然要有的机关。这个机关主要的是讲求进步；而同时我们即以乡农学校来表示《乡约》，表见我们的组织。乡农学校，一面是为讲求进步所不可少，一面是用以形著我们的组织。①

依据梁漱溟本人的上述构想，乡农学校并不是一所普通的学校，而更是一种团结起来、共同追求进步的乡村组织。正是乡农学校的设置，才能够将地方行政机关教育机关化，并将一切的乡村工作都用教育的工夫来办，或者以社会教育的手段予以推行。具体到邹平实验来说，梁漱溟的这一设想主要转化为村学乡学的组织形态——1931 年 11 月，山东乡村建设研究院 300 多名师生就分头奔赴邹平各村试办乡农学校；“到 1932 年 2 月，共办乡农学校 91 处，入学人数达 3996 人”（314）。同时，邹平被确立为乡村建设的实验区以后，其内部行政区划亦做出了相应的调整，废除原本 7 区 150 多个乡镇的行政框架，重新划分为 14 个乡和 300 余个村。针对这一行政调整，乡建院在邹平乡村设置了“既是乡教育机关，又是乡行政机关”（317）、所谓“政教合一”式的地方自治组织——乡学和村学，

① 梁漱溟：《乡村建设理论》，《梁漱溟全集》第 2 卷，第 346 页。

从而使梁漱溟关于创办乡农学校的设想一步步地转化为现实。[①] 这样的村学或者乡学组织大体上由学众、学长、学董和教员（乡学又有辅导员）等四部分人构成，他们分别在乡学和村学组织中发挥着独立不同的作用，而梁漱溟也对其提出了不同的要求。（见表 4.2）

表 4.2　邹平村学和乡学各人员组成及其相应的须知事项

	人员组成	须知事项
学众	村中或乡中男女老幼一切人等	以团体为重；开会必到，事事从心里过一遍；有何意见即对众说出；尊重多数，舍己从人；更须顾全少数，彼此迁就；应为团体服劳；勇于负责，出头做事；遵规约，守秩序；敬长睦邻；尊敬学长；接受学长的训饬；信任理事；爱惜理事；知推村学之义于乡学
学长	村中或乡中有德有品、齿德并茂之人	凡学众须知之事，学长都应知道；自爱自重；抚爱后生，调和大众；于村中子弟有不肖者应加督教；于邻里有不睦者应加调解；监督理事而调护之；自处于一个超然的地位
学董	村中或乡中有办事能力的人	除学众须知之外，更须：劝学众入学；注意开会，用心讨论；凡经决议，即倡导实行；协助理事办事；为常务学董兼理事者，更须知道：遇事公开讨论，以求多得人了解与赞助；希望大众监督公事；接受学长规戒；礼待教员；代表乡村对县政府说话；善将县政府意思转达于众；与其他学董和衷共济
教员（辅导员）	乡村运动者	知道教员的责任，即广义的教育工夫；村学、乡学的工作尽可能的作，不勉强着非如何不可；知道以教育力量代行政力量；处处着眼为地方自治团体之完成

资料来源：据梁漱溟《村学乡学须知》（收入《梁漱溟全集》第 5 卷）整理。

我们不妨以邹平的村学模式为例来做一个详细的说明。如表 4.2 所示，在邹平的村学构成中，学众即乡村民众，但与《吕氏乡约》有所不同的是，全村男女老幼通统包括在这一村学内，他们就是改造乡村社会、解

① 关于邹平村学和乡学的具体设置情况，可参见善峰：《梁漱溟社会改造构想研究》，济南：山东大学出版社，1996 年，第 341—342 页；曲延庆：《邹平通史》，北京：中华书局，1999 年，第 245—247 页。

决乡村问题、开展乡村建设的主力。故梁漱溟在《村学乡学须知》之“学众须知”部分提出，学众重在“知道如何作村学（或乡学）的一分子”（451）。具体来说，就是应当知道以团体为重，保证凡开会必到，事事都从自己心中过一遍，并且学会与他人商量着办事——“尊重多数，屈己从人”“更须顾全少数，彼此迁就”（452）。同时，“知道尊敬学长”并“接受学长训饬”（453），信任理事和爱惜理事，等等。村学的学长则是本村一齿德并茂、素为众人平日所信服和敬重的人，其经县政府的礼聘而为村学学长，负责主持本村的教化，为全村民众之师长，但不承担任何具体行政事务相关的责任。这样的设计是为了避免学长因具体负责做事而与村民们发生冲突，失去其教化、劝诫和敦勉的威信，以至于当“落入问题争执之中，再无人可以出来调和转圜”（455）。村学学董乃是一村中较具有办事能力的人，邹平地方每村学董有5—10人，并组成了学董会。此外，又选择一名学董经县政府委任为理事，“算个办事人”（456），但其他各位学董也都有义务帮同理事一起办事。梁漱溟要求学董在学众须知之外，更应明确其职责在于“劝学众入学”（456）、“注意开会，用心讨论”（456）、“凡经学董会决议通过之事，各学董应首先倡导实行”（456）、带头尊敬学长、协助理事办事。而针对兼任理事的学董，他更进一步提出了要求。最后，教员作为村学聘请的先生，乡学中更有代表着县政府下乡工作的辅导员，这些人多半已经在乡建院接受过训练或讲习，“较为明白村学、乡学这套办法，而负有推行这制度的使命”（458），但往往又是外来者，在乡村直接开展工作甚为不便。故梁漱溟谆谆告诫他们：各项工作应以社会教育的方式来推行，不可采取命令、强制的办法，也不必勉强去做，“应知以教育力量代行政力量”（462），并“处处着眼为地方自治团体之完成”（464）。[①]

以上所述即邹平地方村学的办学模式与方法，至于邹平的乡学，在构成上基本与村学并无二致，只不过乡学的规模、任务等远胜于村学。例如，乡学学董会一般是由各村理事、学董及素孚众望、热心公益的人士组成，人数则在十数人或数十人不等；又在乡学教员之外由县政府推荐介绍、经乡学学董会聘请一名辅导员等。通过村学和乡学如此一番的布置，梁漱溟不仅重新改造了乡村社会的教育系统，为其社会教育的深入开展提

① 梁漱溟：《乡学村学须知》，《梁漱溟全集》第5卷。

供了有力的组织保障，还在邹平县政改革的基础上形成了“政教合一”“政学合一”的组织。诚如相关论者所指出的，邹平创办村学和乡学的“这种改革，旨在以政治的力量推行教育，以教育的力量完成建设（政治、经济、文化、军事），纳社会运动于教育之中，以改造教育来完成社会改造”①。

（三）乡农学校的远景发展规划

梁漱溟主持的邹平实验——相较于菏泽的从乡村自卫入手——是以一种正常的步骤，从社会、经济和教育等方面的改革入手，以社会教育作为乡村建设的一种自觉的方法选择，步步为营、稳扎稳打地推进。② 故邹平村学、乡学的设置，是邹平实验得以顺利进行的一大关键，而下乡的知识分子在很大程度上也是通过村学和乡学这一组织体系开展他们的乡村工作。1937 年 7 月 7 日，日本军政府悍然发动“卢沟桥事变”，抗日战争全面爆发，在整个中华民族危急存亡的关头，梁漱溟的邹平实验自然难以继续进行下去，而梁漱溟关于乡农学校及其社会教育功用的一系列构想实际上仍未充分展开便即戛然而止。为了让读者能够更深入地把握梁漱溟的相关构想，在这里，我们仍有必要就梁漱溟关于乡农学校的设想做更进一步的补充说明。

首先，在梁漱溟看来，乡农学校的意义既远远超出一所学校，而代表着一种团结起来、共同追求进步的乡村组织，故乡农学校的作用并不仅仅体现在社会教育这一方面。按照梁漱溟本人的设计，以乡农学校为核心的新乡村组织越能做事，就会越充实，从而也就越能够成为一个地方团体，最终实现地方自治。因此，这一新型乡村组织当初固然只是一个乡农学校，但“当乡农学校慢慢充实起来的时候，这个组织就要渐渐开展、分化，分成四个——乡长、乡农学校、乡公所（总干事）、乡民会议”(362)。经此乡农学校的扩充与发展，基层社会的行政机关、监督教训机关以及立法机关等才能够真正地融为一体，形成一个“政教合一”和“政学合一”的机关，而这个时候的乡农学校则蜕变成为一个“推动设计的机关”。（见表 4.3）

---

① 善峰：《梁漱溟社会改造构想研究》，济南：山东大学出版社，1996 年，第 317 页。

② 参见李渊庭、阎秉华编著：《梁漱溟先生年谱》，桂林：广西师范大学出版社，2003 年，第 95 页。

表 4.3 乡农学校之扩充与发展

<table>
<tr><th>名称</th><th>其发展所自</th><th>作用</th><th>与现行法令表面近似而不同</th><th>直接系统</th></tr>
<tr><td>乡长</td><td>原乡农学校校长</td><td>监督教训机关</td><td>表面若即现行法令之乡长，而语其作用乃替代现行法令之监察委员会与调解委员会掌教训而不负行政责任</td><td rowspan="2">属于文化运动团体（社会运动团体）系统而得现政权之承认</td></tr>
<tr><td>乡农学校</td><td>原乡农学校</td><td>推动设计机关</td><td>表面近似现行法令之国民补习学校及国民训练讲堂，而作用大异</td></tr>
<tr><td>乡公所</td><td>原乡农学校校董会</td><td>行政机关</td><td>相当于现行法令之乡公所</td><td rowspan="3">属于现政权下之政治组织系统</td></tr>
<tr><td>总干事</td><td>原乡农学校校董会常务理事</td><td>事务领袖</td><td>略同现行法令之乡长</td></tr>
<tr><td>乡民会议</td><td>原乡农学校全体学众</td><td>立法机关</td><td>相当于现行法令的乡民大会</td></tr>
</table>

资料来源：转引自梁漱溟：《乡村建设理论》，《梁漱溟全集》第 2 卷，第 360 页。有改动。

根据梁漱溟的解释，“推动”和“设计”是他本人想出来的两个名词，代表的是乡农学校需要发挥的两种功能与作用。梁漱溟认为，原本向前推进是谁都会去做的，是一种自然而然的事情，根本无须“推动”，但由于“中国此刻不是一个平常的时期，乃是一个文化转变、社会改造的时期，我们此刻的社会，须要赶快进步，并且须要是一个有方向的进步，尤其是内地乡村”（363），所以，自然需要发挥乡农学校以及返乡知识分子的智慧和力量积极予以推动，并为之提供相应的各种设计。从这个意义上来说，作为推动、设计机关的乡农学校，实际上就是“完成中国社会改造，完成中国新文化建设的一个机关”（365）。①

梁漱溟更进一步指出，为了实现并充分发挥乡农学校这种“推动”和“设计”的功能，乡农学校的工作不能够孤立开展，而必须为其“量身定制”出一套社会教育体系，完成对整个教育系统的改造。1933 年 2 月，

① 梁漱溟：《乡村建设理论》，《梁漱溟全集》第 2 卷。

国民党教育部邀请众多专家汇集南京商讨推行民众教育的方案，梁漱溟本人亦在受邀之列。他当时就提出了“既非于现行学制中为社会教育讨一地位，亦非另订一平行系统”（393），而是要“以社会教育为本而建树一系统，今之学校转在此系统中，求得其地位”（393）的构想，并在会上为众人所推举，与钮永建、高践四、陈礼江和孟宪承等先生共同负责起草《民众教育在教育系统上的地位》，但实际的执笔之责仍落在梁漱溟一人身上。梁漱溟遂拟定《社会本位的教育系统草案》，主张应以教育对象的区域范围为依据，遵循“社会区域之大小统属”（401）、“上级学府应辅导下级之进行，下级学府应受上级之指导”（402）的原则，试图以“社会教育本位的教育”为中心，完成对整个教育系统的改造。[①]（见图 4.2）

<table>
<tr><th>国学</th><th>省学</th><th>县学</th><th>区学</th><th>乡学</th></tr>
<tr><td rowspan="5"></td><td rowspan="3"></td><td></td><td></td><td></td></tr>
<tr><td colspan="2">市（隶省政府之市）学</td><td>坊学</td></tr>
<tr><td colspan="2"></td><td></td></tr>
<tr><td colspan="3">市（隶行政院之市）学</td><td>坊学</td></tr>
<tr><td colspan="3"></td><td></td></tr>
</table>

图 4.2　社会本位的教育系统

资料来源：转自梁漱溟：《社会本位的教育系统草案》，《梁漱溟全集》第 5 卷，第 407 页。

在梁漱溟设计的这个社会本位的教育系统中，乡学作为“当地社会及国家力所能举之最低级教育”（404），其职能就是以基本教育为主，即借助上级学府的辅导，“相机倡导本乡所需要之各项社会改良运动（如禁缠足、戒早婚等），兴办本乡所需要之各项社会建设事业（如合作社等），期于一乡之生活逐渐改善，文化逐渐增高，并以协进大社会之进步”（404）。区学的主要职能则是基本教育之高级和技术训练之预备段，同时借助上级学府的辅导，另有“酌设升学预备职业训练部等，办理本区所需要而所属各乡学独力所不办之教育”（404）的要求。县学之重心体现在对技术训练人才的培养，资借于上级学府的辅导，酌设升学预备部、职业训练部、自由教育部和乡村师范部等，办理为本县所需要但区学独立所不办之教育，“研究并指导所属各区乡之社会改良运动及社会建设事业，促成本县之自

① 梁漱溟:《社会本位的教育系统草案》,《梁漱溟全集》第 5 卷。

治，并以协进大社会之进步”（405），而隶属省政府的市学视同为县学兼括乡学，市内设置坊学，视同乡学。省学进一步以专门技术教育与实际问题的研究为主，相当于一种高等教育，省学依靠上级学府、同级学府以及下级学府的协助，“酌设农工商医等科，举办所属各县学独立所不办之专业训练，为本省养成其建设所需人才”（405），并“为本省人士供给专科研究上之设施与导师，以发展其不同之天才”（405），同时负责研究本省地方上各种的自然或社会问题，为当地政府及社会提供解决问题的种种方案设计，“指导所属各下级学府社会工作之进行”（406），隶属国民党行政院的市所设立之市学则视同省学兼括县学、区学，市内设置的坊学视同乡学。而作为“联络国际学术机关或团体”（406）的国学是最高程度的教育机关，依托下级学府的协助，国学在职能上以学术研究为主，如“着意于中国固有学术之整理，固有文化之阐明”（406），期望增进民族价值的自觉，并为世界未来文化发展做出贡献，同时，酌设文理法工农医等科，以养成专门的学术人才，推进相关领域的研究，并负责国内各种自然与社会问题的研究，为政府及社会提供解决问题的方案设计，负责指导下级学府社会工作的进行，等等。①

透过如此一番复杂的设计，我们不难看出，梁漱溟是希望通过对教育系统的改造，以社会教育为本位，在全国范围内形成一种上下级学府之间互相沟通、紧密配合的体系。② 其中，乡学、区学、县学、省学、国学各有侧重，各司其职，在各自力所能及的范围内，做好当地的社会改良、生活改善、文化提高、科学研究诸方面的工作，协力推动社会进步。而当它们遇到各自独立所不能有效解决的问题的时候，就将这些问题层层“上达”，从而借助上级学府的指导和帮助，寻求最终的解决方案与办法。经过这样的精心安排，乡农学校就突破了“从前的《乡约》是与外面不相往来，没有广大的联合”（358）的缺陷，由此而成就一个“或名之曰社会运动团体的系统，或名之曰文化运动团体的系统”（358）。正是在这个系统中，乡农学校实现了广大的联合，并“能够利用各地乃至全世界的知识技术”（365），而乡村运动者即下乡的知识分子，同样得益于这一系统的大力支持，为建设乡村和改造乡村社会出谋划策。诚如梁漱溟所言：

---

① 梁漱溟：《社会本位的教育系统草案》，《梁漱溟全集》第5卷。

② 参见马勇：《梁漱溟教育思想研究》，沈阳：辽宁教育出版社，1994年，第188—197页。

> 总之，须要相联，须要成功一个大的社会运动团体的系统，乡农学校的教员要直接于这个大系统。当他直接于这个大系统的时候，他才有他的效用；如果他与大系统断了气，则没有了效用。因为乡农学校里的教员，他是代表一个新知识、新方法、新眼光，去帮助乡村人解决问题的；但他所以新，所以能够常常不断的新，所以能够解决问题，不是他本人的力量，而是由于他是从这个大的系统来的。如果他与这个大的系统断了气，则他自己没有多大本领，并且即有知识方法也不是新的；因失其大系统无从与外面相交通故也。这个大系统的建立，是推进社会的一个根本，没有这个系统，则不能推进社会；有这个系统，对于各种学术的研究，各种知识技术，都能利用得上。这个系统仿佛是个总的脑筋，乡农学校的教员，是一个末梢神经；有此总的脑筋，才可以应付种种问题，解决种种问题。(358)①

当然，梁漱溟的这一设计并未在实践中充分展开，而主要停留在一种思想的层面。但从山东乡村建设研究院对于各实验县及其乡学、村学，特别是邹平地方的乡学、村学提供的指导与帮助中，我们仍可略窥一斑。

最后，梁漱溟既然把社会教育视为乡村建设的一种自觉的方法选择，那么解决乡村问题乃至整个中国问题的主力并不是现政权的行政系统，而应当是文化运动团体，特别是上文所提及的形成一个体系严密的、联合起来的、全国性的文化运动团体。按照梁漱溟的说法，这样的一个文化运动团体系统是解决中国问题的主力，现政权的行政系统则是副力。倘若以现政权系统作为后盾、通过行政方式开展乡村工作，固然可以像阎锡山的山西村政那样，建设出几处甚至一批“模范村”，但这完全只是凭靠行政力量予以推动，而“全无引人民自动的好方法”（910），刚开始的时候或许能“大推大动，小推小动，不推不动”（910），到最后恐怕终将沦入“推亦不动”（910）的尴尬境地。② 与之相比，如果能够将乡村工作以社会教育的手段予以推行，也就是以社会教育来取代行政命令，“不用硬的力量，而用软的工夫，是顶进步、顶好的”（394）。在梁漱溟看来，只有走社会教育的途径才能够充分引生乡村民众的自力，“以他为主，而不以自己为主，引生社会民众自己的力量”（394），这样一来，乡村社会的进步才是

---

① 梁漱溟:《乡村建设理论》,《梁漱溟全集》第 2 卷。

② 梁漱溟:《北游所见记略》,《梁漱溟全集》第 4 卷。

真正意义上的进步。因此，梁漱溟强调，乡村运动者自己不必操持政权，尤其注意不要以行政命令或行政强制的手段开展乡村工作。在乡村建设和乡村社会教育中，现行的政权系统只是一个副力，它所起到的作用是维持现状，从而开出机会以促使社会进步特别是经济的进步，并“让新社会组织的苗芽生长”（392），而真正的主力始终是文化运动团体这个系统。①

四、邹平实验中社会教育运用之实践成效

在本章的前面部分，我们依据梁漱溟主持的邹平实验，考察了其社会教育的实践展开，并对梁漱溟关于改造乡村教育、深入开展社会教育的远景构想进行了补充性的说明。尽管梁漱溟的社会教育思想并未在实践中充分展开，但其是否已经取得了一定的成效呢？我们认为，得益于知识分子下乡的广泛参与，并以社会教育架起了一座沟通知识分子团体与乡村社会的桥梁，梁漱溟的邹平实验曾经开展得有声有色，正如暮年的费孝通先生在邹平梁漱溟墓前凭吊后所指出的：“梁先生在邹平 7 年，从事乡村建设实践，大力开展乡村教育、推广科学技术，改良农村经济，取得了一定成效。”②

（一）改善乡村经济

改善乡村经济是邹平实验的入手之处。梁漱溟认为，乡村工作虽从政治或教育入手均无不可，“但照天然的顺序，则经济为先”（227），只有乡村经济得到了一定程度的发展，“而后才有政治改进教育改进的需要，亦才有政治改进教育改进的可能”（227—228）。③ 因此，乡建院刚一建立，就在当年的 10 月筹办了第一次农品展览会，以“表证展览”和“普通展览”两种形式，展出改良后的农具、畜种、农作物，等等。④ 翌年 11 月，

① 梁漱溟：《乡村建设理论》，《梁漱溟全集》第 2 卷。

② 费孝通：《孔林片思：论文化自觉》，北京：生活·读书·新知三联书店，2021 年，第 16 页。值得注意的是，年轻时代的费孝通先生亦曾短暂参与过梁漱溟的邹平实验。参见张浩：《从“各美其美”到“美美与共”——费孝通看梁漱溟乡村建设主张》，《社会学研究》2019 年第 5 期。

③ 梁漱溟：《山东乡村建设研究院设立旨趣及办法概要》，《梁漱溟全集》第 5 卷。

④ 相关介绍，可参见山东乡村建设研究院等编：《社会调查及邹平社会》（上），北京：中国社会科学出版社，2022 年，第 56—80 页。

第二次农品展览会举行，“展出历城等27个县的农产品，参观者达5万人之多”①。两次农展会的成功举办，为在邹平全县推广先进的农业技术、优良的农畜品种奠定了坚实的基础，其影响甚至直到半个世纪后仍为一些老人所津津乐道。② 依托下乡的知识分子，并以社会教育作为方法，即梁漱溟所谓“散漫的农民，经知识分子领导，逐渐联合起来为经济上的自卫与自立”③，邹平的棉业、蚕业、畜牧业、林业、水利等均有所改善④，从而有力地促进了当时邹平乡村经济的发展。

尤为值得一提的是，梁漱溟改善乡村经济的举措始终与发展乡村合作事业紧密关联在一起。换言之，在梁漱溟那里，乡村经济问题的解决从来就不是片面地追求经济增长，而在于以何种方式实现经济的增长与合理的利益分配。由于对西方资本主义“个人营利自由竞争”的经济发展模式的弊病有着深切体认，梁漱溟主张乡村“经济建设的下手处就是组织农民”，而其组织形态“莫善于合作主义的经济组织”。⑤ 在这种情况下，培育乡村民众的合作理念，成为梁漱溟社会教育的具体内容，而引导乡村民众合作、发展乡村合作事业成为邹平经济建设的重中之重。据统计，到1936年底，邹平全县的合作社就有美棉运销、蚕业产销、林业生产、信用庄仓、信用和购买等六类，“合作社总数为307所，入社社员8828户”⑥。合作事业的开展有力地促进了邹平乡村经济的发展，而注重在合作事业中发展经济，使经济发展的成果能够为广大乡村民众所共享，对于当代的乡村产业发展亦不无启示。

（二）改良乡村社会

与经济发展相应，邹平社会的各个方面都得到了有效的改良。以乡村公共卫生事业为例，乡建院成立之初，就已经有了发展医药卫生事业的打算，然因人才、经费等一时无措，只能暂时搁浅。⑦ 到1934年7月，邹

---

① 马勇：《思想奇人梁漱溟》，北京：北京大学出版社，2008年，第124页。

② 关于这一点，艾恺先生曾在20世纪80年代造访邹平并与当地老人进行交流，可参见张兰英等：《激进与改良——民国乡村建设理论实践的现实启示》，《开放时代》2014年第3期。

③ 梁漱溟：《乡村建设理论》，《梁漱溟全集》第2卷，第495页。

④ 参见曲延庆：《邹平通史》，北京：中华书局，1999年，第249—253页。

⑤ 梁漱溟：《乡村建设理论》，《梁漱溟全集》第2卷，第547页。

⑥ 曲延庆：《邹平通史》，北京：中华书局，1999年，第253页。

⑦ 参见山东乡村建设研究院等编：《社会调查及邹平社会》（上），北京：中国社会科学出版社，2022年，第146页。

平卫生院的筹备工作进入了实质性阶段，不仅与齐鲁大学医学院建立了合作关系，“他们（即齐鲁大学医学院——译者注）以邹平为乡村卫生实验基地”，“对邹平卫生院在医疗技术和设备上予以支援指导”[①]，并从上海市卫生局处商借得该局李玉仁医生担任主任，邹平卫生院遂在当年的 9 月 20 日开始接诊，10 月 1 日正式举行开幕典礼，其主要工作除了医疗和救治病患外，还包括“灌输民众对于疾病之预防常识”（151）、“举行卫生运动”（164）、开展妇幼保健等方面。此后，各乡诊疗所亦陆续开办，使现代公共卫生事业进一步深入邹平的乡土社会。[②]

当然，乡村公共卫生事业的发展仅为一显例。在乡建院的主持和下乡知识分子的不懈努力下，邹平的其他社会事业，如户籍管理、土地陈报、风俗改良等工作，同样取得了显著的进展。[③]

（三）发展乡村教育

邹平实验的另一大成效体现在乡村教育方面。社会教育本来就是梁漱溟所青睐的乡村工作的方法，故乡村教育的发展始终是邹平实验的侧重点。具体言之，邹平教育工作主要包括两个方面：一是教育人才的培养，二是实施成人教育和社会教育。

从教育人才培养的一面来看，乡建院从成立到 1936 年的短短几年间，就已经取得了突出成效。乡建院的“研究部共办了两期，培养学生 58 人；训练部共办 3 期，培养学生 1000 余人；其他短训班 4 期，培养学生 1000 余人”[④]。这些学生都可视作广义上的教育人才，他们在不同程度上为山东乃至全国各地的乡村建设做出了不容忽视的贡献[⑤]，“尤其是在改良农业、传授和推广农业技术方面，这些学员做了大量的工作，为农村带去了

---

① 善峰：《梁漱溟社会改造构想研究》，济南：山东大学出版社，1996 年，第 333 页。

② 参见山东乡村建设研究院等编：《社会调查及邹平社会》（上），北京中国社会科学出版社，2022 年，第 146—184 页。

③ 参见善峰：《梁漱溟社会改造构想研究》，济南：山东大学出版社，1996 年，第 331—338 页；曲延庆：《邹平通史》，北京：中华书局，1999 年，第 259—261 页。

④ 马勇：《思想奇人梁漱溟》，北京：北京大学出版社，2008 年，第 125 页。

⑤ 乡建院培养的学生中不乏奔赴全国各地从事乡村建设事业者，仅以研究部第一届结业学生为例，就有薛泽生、李星三两人奔赴四川南泉担任乡村建设实验区（县）教员，并有四川涪陵（现归重庆）委托培养的乡村师范教员王静如。参见山东乡村建设研究院等编：《山东乡村建设研究院概览・山东乡村建设研究院及邹平实验区概况》，北京：中国社会科学出版社，2019 年，第 50—51 页。

近代科学的火种"①。再就开展成人教育和社会教育的一面来说，乡建院的这项工作主要依靠乡学和村学予以实施。其中，乡学设升学预备部与职业训练部，前者相当于"部颁高级小学"(245)，邹平"全县 14 处乡学共设预备部 17 个班"(245)；后者因地制宜地开展教育活动，如在蚕桑生产区设养蚕训练班、产棉区就举办棉业合作社讲习会等。乡学还负责推动本乡教育的开展，"倡办青年义务教育训练班，凡 16 岁以上，30 岁以下青年，一律参加训练"(245)。与之相比，村学则是乡学的基层组织，其教育对象主要为成年农民、妇女和儿童，以启发民族意识、讲授一般知识、培养组织能力等为宗旨。随在实施教育，"1934 年，全县共建有村学 54 处，其中男子部 54 个班，学生 5871 人；妇女部 11 个班，学生 214 人；儿童部 69 个班，学生 1095 人。1935 年，村学增至 74 处，其中男子部 116 个班，学生 3455 人；妇女部 29 个班，学生 558 人；儿童部 93 个班，学生 2069 人。1936 年，由于'强调村学质量'，村学数目及学生人数大量减少，全县仅存 28 处。其中男子部有 36 个班，学生 1515 人；女子部 11 个班，学生 181 人；儿童部 26 个班，学生 1081 人"(246)。②

综上所述，在乡建院的主持之下，得益于广大知识分子的奉献和乡村民众辛勤的劳作，梁漱溟的邹平实验收获了一定的实效，尽管这些成绩在今日回看或许有些微不足道，但在内忧外患的当年则殊为不易。

五、乡村振兴视域下梁漱溟社会教育实践之审视

邹平实验的开展，使梁漱溟的乡村建设理论得到了付诸实践的机会，而邹平实验也集中体现为梁漱溟社会教育思想的一种实践，并取得了一定的成效。本章详细梳理了邹平实验的经过，并着重呈现了邹平实验中的社会教育的具体实践模式，显然，梁漱溟社会教育的实践同样打上了其本人的鲜明烙印，不仅迥异于当时一般意义上的民众教育或社会教育，并在整个民国乡村建设运动的内部亦独树一帜。

---

① 马勇：《思想奇人梁漱溟》，北京：北京大学出版社，2008 年，第 125 页。

② 曲延庆：《邹平通史》，北京：中华书局，1999 年。

首先，梁漱溟的邹平实验是一场知识下乡的实践①，广大知识分子下乡填补了近代中国乡村社会的人才真空，而邹平社会教育的开展也离不开下乡知识分子群体的无私奉献。在《乡土重建》一书中，费孝通先生曾指出，近代中国乡村社会面临的一个关键问题，就是新式教育培养出来的学生尽管掌握了一些“新知识”，但“却找不到一条桥可以把这套新知识应用到乡间去”（189），以至于一波又一波的乡村子弟外出求学，却从此切断了“回乡”的后路，直至成为悬浮在都市的寄生阶层，“乡土培植出来的人已不复为乡土所用”（188）。因此，费先生认为，近代中国乡土重建的关键就在于重新恢复城乡之间的有机循环，使知识分子及其所掌握的现代科学知识能够服务于乡土社会。② 梁漱溟同样清楚地看到了这一问题，他呼吁广大知识分子回乡，并力从事乡村工作，既为浮游在都市的知识分子们寻找到一条出路，也为近代中国乡村开拓出一条新路。在这个意义上说，社会教育仿佛架起了一座将知识分子群体及其所掌握的新知识输送回乡间社会的“桥梁”，而邹平实验中的社会教育正体现为一场典型的知识下乡实践。

其次，梁漱溟的社会教育虽然离不开知识分子群体，表现为一场轰轰烈烈的知识下乡实践，但他并未因此忽视乡村民众的主体地位，他的社会教育始终以唤醒乡村民众（如“农民自觉”“引生自力”）为目标。在梁漱溟看来，虽然政府机关、社会团体等都可以去做乡村建设，但归根结底，乡村建设仍需要着落在乡村民众这一责无旁贷的真正主体身上。③ 知识分子团体尽管能够在乡村建设中发挥重要的作用，如可以从旁发挥“设计”“推动”的作用，沟通乡村社会与外部世界，为乡村社会输入外界的新知识等，但下乡的知识分子群体绝对不能越俎代庖，甚至谋求替代乡村民众的主体作用，“除了乡下人起来自救之外，谁也救不了乡村”④。因此，在邹平实验中，梁漱溟始终强调应以教育的方式启发“农民自觉”和“引生自力”，而其之所以青睐社会教育这一方法，关键亦正在于“教育的好处即在能以他力引生自力”⑤。如梁漱溟所指出的，倘若换作行政等其

---

① 参见刘金海：《知识实践视角下的“乡村建设”研究——基于定县教育、邹平实验和乌江试验的比较分析》，《人文杂志》2021 年第 4 期。

② 费孝通：《乡土中国　乡土重建》，北京：生活·读书·新知三联书店，2021 年。

③ 参见梁漱溟：《山东乡村建设研究院设立旨趣及办法概要》，《梁漱溟全集》第 5 卷，第 232 页。

④ 梁漱溟：《乡村建设大意》，《梁漱溟全集》第 1 卷，第 616 页。

⑤ 梁漱溟：《乡村建设理论》，《梁漱溟全集》第 2 卷，第 394 页。

他手段，则很容易落入一层层的机械，“用硬性的法令来行事”，不利于真正启发乡村民众的自觉，引发乡村社会的自力。[①] 从这个意义上说，梁漱溟社会教育实践的关键始终落在唤醒和激活乡村民众上。

最后，重构乡村组织，使乡村组织运转起来，也是梁漱溟社会教育试图实现的重要目标。邹平实验中的村学和乡学不仅是其社会教育实践依托的载体，更是梁漱溟重建乡村组织的尝试。梁漱溟一再强调，千万不要将村学和乡学仅仅视为一所学校，“而忽略了它是一种组织”[②]，这正是它迥异于其他乡村工作者创办的学校的地方，如平教会在河北定县创办的平民学校。梁漱溟认为，村学和乡学是在传统乡约制度上发展起来的组织，通过学长、学董和学众等不同的角色设置与安排，能够将一村或一乡的所有民众组织起来，“大家齐心学好向上求进步”[③]。在梁漱溟看来，村学和乡学的组织融政、学（教）为一体，它们既不像北方的平民学校那样偏重于“学”，也不像南方地区成立的乡村改进会那般侧重于“事”，而是“以学包事”、政教合一的组织模式[④]，故邹平的乡学、村学等乡村组织离不开社会教育。具体言之，邹平实验借社会教育的开展，推动乡村组织的运转和乡村工作的进行，同时在乡村组织的运转和乡村工作的进行中，落实社会教育的宗旨与目标，最终在社会教育与乡村组织相互促进的基础上，促生一种新型的乡村组织形态。[⑤] 诚如相关论者所指出的，梁漱溟的邹平实验注重培养所谓“新政治习惯”，村学和乡学是探寻“本土化”乡村组织模式的一次有益的尝试。[⑥]

总之，梁漱溟的邹平实验为知识分子下乡开辟了一条通道，并以社会教育为方法，向乡土社会输入各类新技术、新元素、新方法，使封闭的乡土社会得以与外部世界相沟通。与此同时，梁漱溟的邹平实验始终注重以教育唤醒民众，树立乡村民众的主体地位，盘活和运转乡村组织，新时代的乡村振兴仍能从梁漱溟的社会教育实践获得诸多启发。

---

① 参见梁漱溟:《乡村建设大意》,《梁漱溟全集》第 1 卷,第 675—676 页。

② 梁漱溟:《乡村建设理论》,《梁漱溟全集》第 2 卷,第 346 页。

③ 梁漱溟:《乡村建设大意》,《梁漱溟全集》第 1 卷,第 668 页。

④ 参见梁漱溟:《乡村建设理论》,《梁漱溟全集》第 2 卷,第 348—349 页。

⑤ 参见魏文一:《梁漱溟乡村建设理论中的村学与乡学》,《学海》2017 年第 5 期。

⑥ 参见李善峰:《乡村团体组织重建的“本土化”尝试——以梁漱溟的邹平乡村建设实验区为例》,《山东社会科学》2018 年第 11 期。

六、本章小结

本章从梁漱溟社会教育思想之实践展开的角度对于山东乡村建设运动，特别是对其中的邹平实验模式进行了梳理。我们认为，梁漱溟社会教育思想转化为实践的集中呈现正是由其本人主持的邹平实验。为了推进乡村建设与社会教育事业，梁漱溟呼吁广大知识分子转入乡村社会，以“出家”的奉献和牺牲精神来从事乡村工作，并在邹平实验县区推行了包含县政改革、发展经济、改良风俗在内的一系列革故鼎新的举措。而在社会教育方面，邹平实验模式则具体表现为对乡村教育系统的改造，也就是试图通过举办乡学和村学，即借助乡农学校的一系列设置与安排，全面推行社会教育以及开展针对乡土社会的改造。从其实践特征来看，梁漱溟等人在邹平的社会教育活动表现为一场典型的知识下乡实践，其目的仍在于唤醒乡村民众，激活和运转乡村组织。

1937 年，当日本政府悍然发动卢沟桥事变，抗日救亡成为整个中华民族的主旋律。在这种情况下，梁漱溟的邹平实验尽管尚未充分展开，不得不面临着被迫终止和流产的命运，他本人亦随之开始了为国难东奔西走的新阶段①，但山东乡村建设运动特别是邹平实验，仍然堪称梁漱溟社会教育事业史上的一座高峰。他的社会教育实践不仅在邹平结出了丰硕的果实，同时也留下了不少的遗憾乃至教训，既值得我们从中汲取丰富的思想资源，又需要我们对其成败得失认真地予以总结和反思②，而这将是本书最后一章探讨的主题。

---

① 关于梁漱溟为抗战救亡而东奔西走的介绍，可参见马东玉：《梁漱溟传》，北京：东方出版社，1993 年，第 100—118 页；马勇：《思想奇人梁漱溟》，北京：北京大学出版社，2008 年，第 131—225 页；马勇：《中国圣雄：梁漱溟传》，石家庄：河北人民出版社，2010 年，第 163—210 页。

② 关于山东乡村建设运动尤其是邹平实验，梁漱溟自己也有不少的反省与总结，可参见梁漱溟：《我们的两大难处》，《梁漱溟全集》第 2 卷，第 573—585 页；梁漱溟：《我的努力与反省》，《梁漱溟全集》第 6 卷，第 966—1030 页；梁漱溟：《我致力于乡村运动的回忆和反省》，《梁漱溟全集》第 7 卷，第 424—428 页。

第五章　鉴往知来：梁漱溟社会教育思想与实践的当代意义

在前面各章中，围绕着梁漱溟的社会教育思想及其实践形态，我们进行了相应的梳理、介绍和总结，本章将对梁漱溟社会教育思想与实践活动进行总体评价，并结合新时代全面开启的乡村振兴战略，更进一步地阐发梁漱溟社会教育思想与实践的现实意义。

诚如前文所述，梁漱溟的社会教育思想是在山东乡村建设运动过程中逐渐发展、走向成熟，并获得了付诸实践的机会，因此，准确评判梁漱溟的社会教育思想与实践不能脱离对山东乡村建设运动的整体考察。本章首先将山东乡村建设运动置入中国乡村在近代百年大变局①中的遭际，并在民国时期掀起的、风起云涌的乡村建设大潮中，透过大历史的视野，重新审视梁漱溟的山东乡村建设，进而聚焦到梁漱溟在山东乡村建设尤其是邹平实验中运用的社会教育这一主要方法，以衡定其方法的成败得失。由于梁漱溟的邹平实验备受学界的关注，不少研究者已经对之进行了相当深刻的分析，但通过聚焦邹平实验运用的社会教育方法，本书试图从乡建院之组织行动逻辑及策略选择的角度贡献一些新解。

当然，本书研究的动力始终源自现实的关怀。值得我们注意的是，作为体现党的十九大报告精神的一项重大决策部署，全面实施的乡村振兴战略既是新时代我国“三农”工作的总抓手，更是“决胜全面建成小康社会、全面建设社会主义现代化国家的重大历史任务”。随着当代中国乡村

① 在这里需要多做一点说明的是，笔者认为，从1840年中英第一次鸦片战争直至今日，可将这一长时段的中国历史大致划分为两个百年，第一个百年是从鸦片战争开始直到1949年中华人民共和国成立，另一个百年则是1921年中国共产党成立2021年。显然，这两个“百年”之间存在一定的交集，并不是严格意义上完全遵照时间顺序所做的划分，而为了便于进行区分，笔者将前一个百年称为“近代百年”，并将后一个百年称为“现代百年”。

振兴战略在2018年的正式开局，梁漱溟的山东乡村建设运动尤其是梁漱溟本人主持的邹平实验在学界引起高度的关注，成为当前中国人文社会科学研究的一大热点。[①] 有鉴于此，本章亦将紧扣乡村振兴这一宏伟蓝图，结合笔者在江苏、安徽、河南、江西、陕西、山西和云南等七省实地调研所获得的材料，深入思考并探讨梁漱溟社会教育思想与实践的当代启示。

一、近代百年大变局中的山东乡村建设运动[②]

纵观梁漱溟的一生，正如梁氏本人所坦言，他始终都在为解决“中国问题”不懈地奋斗、“拼命地干”，而山东乡村建设和邹平实验堪称其个人事业的一座高峰，是梁漱溟根据其所深切体会的儒家思想或者说中国文化的“老道理”对乡土社会进行的一次系统性改造的尝试。在近现代中国知识分子中，梁漱溟一直享有很高的声望，这与山东乡村建设（邹平实验）的影响不无关联。至于梁漱溟等人在山东开展的乡村建设，历来有着各色各样的评价，这伴随梁漱溟的个人际遇及对其一生是非功过的评判起起伏伏。[③] 直到20世纪80年代中后期，在梁漱溟传记（艾恺著，郑大华译）和访谈录（汪东林采访）等相继出版以后，学界掀起了一股不大不小的“梁漱溟热”，绝大多数的研究者皆能出之以同情和理解的眼光来看待梁漱溟其人其学。[④] 特别是在新旧世纪之交，随着“三农”问题受到社会各界的广泛关注，研究者在摆脱意识形态的束缚之后，跳出一时的成败得失之计，重新返回以山东乡村建设为代表的民国时期风起云涌的乡村建设运

---

① 参见《文史哲》编辑部等：《2018年度中国人文学术十大热点》，《文史哲》2019年第3期。

② 本部分讨论受到潘家恩和温铁军两位先生相关论述的启发，参见潘家恩、温铁军：《三个“百年”：中国乡村建设的脉络与展开》，《开放时代》2016年第4期；潘家恩：《回嵌乡土——现代化进程中的中国乡村建设》，北京：中国人民大学出版社，2020年，第35—63页。

③ 据马东玉先生的总结，梁漱溟的山东乡村建设运动在当时的知识界多受肯定，“许多人对梁的理论和实地工作推崇甚高”，但新中国成立以后，尤其是梁漱溟本人遭到批判之后，其乡村建设工作随之被全盘否定。而20世纪80年代中后期，出现了对其工作实事求是的评论，“开始从中国的文化深层去寻找他的答案，有了较为中肯的结论”。参见马东玉：《梁漱溟传》，北京：东方出版社，1993年，第96—97页。

④ 参见郭齐勇主编，问永宁副主编：《当代中国哲学研究（1949—2009）》，北京：中国社会科学出版社，2011年，第228—229页。

动。[①] 显然，更宽的历史视界让我们能够有机会看得更为清楚。

（一）乡村衰败与民国乡村建设运动的兴起

众所周知，传统中国是一个典型的农业社会，“中国最大的自然资源一直是农耕土地”，并且依靠着在总人口中占据绝大多数（约80%）的农民群体含辛茹苦地劳作，既为历代封建王朝的统治提供物质和人力的支持（如缴纳赋税、承担劳役等），又在很大程度上维护了政权统治的稳定。[②] 诚如马克斯·韦伯（Max Weber）所指出的：“将人民非常彻底地重组成在纳税、徭役与征兵上负有连带义务的诸团体，表示出以国库收入为目的的土地耕作义务，通常是（历朝历代统治者们的——引者补）第一要件。”[③] 因此，近代大变局之前的中国深深地扎根在广袤的乡村社会。

但是，随着西方国家以坚船利炮强行打开中国的国门之后，古老的中华民族面临着不得不改弦更张的命运，被迫适应由西方列强开启并主导的现代化进程。在这种情况下，“救亡”成为中国近代史上的主旋律[④]，而在亡国灭种的深重民族危机面前，整个中国社会难免会陷入或十分强烈、或稍稍和缓的要求改变现状的激进（radicalism）。余英时认为，所谓“激进”，在中国近代史上“并不是说哪一套思想，也不是指某一特定的学派”（162），而是指“一种态度，英文叫 disposition，一种倾向，或者是一种 orientation”（162）。在他看来，中国近代史上之“激进”的最简单表达“就是对现状不满，要打破现状”（163）。尽管当涉及不同人物的时候，我们会发现这些人的具体主张容或有较大的差异，至于他们所要求做出改变的程度或有畸轻畸重的出入，但这种不满足于现状、极度渴望改变现状的基本取向却是高度一致的。值得注意的是，在一个要求变革甚至迅速做出变革的时代，“激进”往往更容易成为时代思潮的底色，因此，“中国近代一

---

① 参见温铁军：《我们还需要乡村建设》，《开放时代》2005年第12期；张兰英等：《激进与改良——民国乡村建设理论实践的现实启示》，《开放时代》2014年第3期；潘家恩、温铁军：《三个“百年”：中国乡村建设的脉络与展开》，《开放时代》2016年第4期。

② 〔美〕费正清，赖肖尔主编：《中国：传统与变革》，陈仲丹等译，南京：江苏人民出版社，2012年，第11—13页。

③ 〔德〕马克斯·韦伯：《中国的宗教：儒教与道教》，康乐、简惠美译，桂林：广西师范大学出版社，2010年，第109页。

④ 参见李泽厚：《启蒙与救亡的双重变奏》，《中国现代思想史论》，北京：东方出版社，1987年，第7—49页。

部思想史就是一个激进化的过程（process of radicalization）”（173）。[①]

显然，正是深刻的民族危机为中国近代史上“激进”的滋生与弥漫提供了土壤，而“激进”反过来又为仁人志士们注入了奋斗、拼搏的动力，激励他们去探求各式各样的救国方案。[②] 举例来说，作为最后的垂死挣扎，晚清政府曾经推出了一系列“新政”，而北洋军阀和此后的国民党政权也都争先恐后地开展了一些诸如兴办新式学校、推行警察制度、加强国家基层政权建设等所谓“现代化”的努力，至于那些一心向往着西方文明的知识分子，更是迫不及待地将他们为未来中国描绘的蓝图和盘托出，其中的代表人物胡适就在《我们走哪条路?》一文中这样写道：

> 我们要建立一个治安的、普遍繁荣的、文明的、现代的统一国家。“治安的”包括良好的法律政治、长期的和平、最低限度的卫生行政。“普遍繁荣的”包括安定的生活、发达的工商业、便利安全的交通、公道的经济制度、公共的救济事业。“文明的”包括普遍的义务教育、健全的中等教育、高深的大学教育，以及文化各方面的提高与普及。“现代的”总括一切适应现代环境需要的政治制度、司法制度、经济制度、教育制度、卫生行政、学术研究、文化设备等等。[③]

问题在于，人们虽然有机会去创造自己的历史，“但是他们并不是随心所欲地创造，并不是在他们自己选定的条件下创造，而是在直接碰到的、既定的、从过去承继下来的条件下创造”[④]，在没有真正地认清历史和现实，寻找到一条出路之前，任何激进主义的改革方案——无论这一方案的倡导者的主观愿望或努力程度如何——都难以取得任何实际的成效，并且往往还会由于人们的主观意志脱离现实的条件太远，对现实造成巨大冲击与破坏，其典型的表现之一就是近代中国乡村社会的衰败。这是因为在一支支奏响的渴望迅速实现现代化的浪漫“狂想曲”中，在种种激进求

---

① 余英时:《中国近代思想史上的激进与保守——香港中文大学廿五周年纪念讲座第四讲》,《钱穆与现代中国学术》,桂林:广西师范大学出版社,2006 年。

② 尽管梁漱溟本人的思想与实践经常被学界贴上“保守”的标签,但不难发现,早年的梁漱溟同样深受这股激进主义思潮的影响,本书第一章即有相关讨论。

③ 胡适:《我们走哪条路?》,《胡适文存(四)》,合肥:黄山书社,1996 年,第 305—326 页。

④ 〔德〕卡尔·马克思:《路易·波拿巴的雾月十八日》,《马克思恩格斯全集》第 11 卷,北京:人民出版社,1995 年,第 131—132 页。

变的“现代化”改造方案面前，乏人问津和“代言”的乡村社会通常处在更不利的位置，沦落为彻彻底底的牺牲品。

关于这一点，梁漱溟本人同样有着深切的认知。在《乡村建设理论》中，梁漱溟得出了一个振聋发聩的结论：“一部中国近百年史，从头至尾就是一部乡村破坏史。”(481) 照他的进一步解释，所谓“乡村破坏史”，并不是说乡村在此之前的社会中处在有利的位置，与之相反，乡村在人类历史上的几乎所有社会里面都处在不利的地位①，但“说作乡村破坏史，必须在这一段历史里面，乡村破坏成了一种趋势，日进无已”(152)、每况愈下，而这正是中国乡村在近代史中悲惨命运的真实写照。至于近代中国乡村破败的具体根源，则一为“他毁”或“外力破坏”，亦即“外交、军事上的失败，和国际经济竞争上的失败”(197)；另一乃是“自毁”或者说“自觉地破坏”，这主要指的是国内各方势力——如先有晚清政府、继之以北洋军阀以及后来的国民党政权——在感受外界的巨大压力之下，匆匆出台而又频频流产的各种版本的激进主义改革方案，对于乡村社会造成循环往复的破坏。在梁漱溟看来，这些“自毁”的力量还要远甚于“他毁”的力量，它们之于乡村社会造成的冲击与破坏显然“是更有力的”(198)。②

当乡村社会一天天地衰败，乡村中的矛盾与社会问题日形扩展，终于不少有识之士开始将目光转向农村，救济乡村的行动即肇始于斯，直至20世纪30年代民国乡村建设运动中的蔚为大观（见“附录二”）。事实上，早在20世纪之初，随着晚清政府在与西方列强的抗争中频频受挫，不断割地赔款，并相继推出了一系列旨在垂死挣扎的所谓“新政”，政府对于乡村社会的资源汲取便在不断增加，导致乡村中的矛盾和问题越积越多，先行者们便开始发起了乡村自救的行动，如清末状元张謇先生在其家乡通州（江苏南通）推行“村落主义”、米鉴三父子于翟城村（河北定县）开展“模范村”实践，等等。③ 而当时的一些报纸与刊物，如《申报》

---

① 梁漱溟的这个判断当然并非孤例。例如，马克斯·韦伯就有过类似的论断，在他专门研究中国的经典论著《中国的宗教：儒教与道教》中，韦伯这样写道：“中国行政中的租税政策极度有利于城市居民，所牺牲的是广大的农村地区。”〔德〕马克斯·韦伯：《中国的宗教：儒教与道教》，康乐、简惠美译，桂林：广西师范大学出版社，2010年，第27页。

② 梁漱溟：《乡村建设理论》，《梁漱溟全集》第2卷。

③ 参见潘家恩：《回嵌乡土——现代化进程中的中国乡村建设》，北京：中国人民大学出版社，2020年，第56—57页。

《农学报》《大公报》等，也已经陆续刊载了关注农村的相关言论。但正如南开大学王先明教授所指出的，这一时期的言论虽已出现了关注乡村的迹象，然绝大多数仅限于介绍农业知识或调查农业状况，主题亦偏重在农业改进这一方面，仅“少数短文围绕农业发展及其地位问题，进行了一些理论探讨……随着时间的推移，相关的理论探讨有所增多，论述范围亦有所拓展，但直到1920年，农业及其相关问题仍然是乡村发展理论问题讨论的中心”[①]。在这种情况下，尽管乡村社会中的问题与矛盾在一天天积累增多，但大规模拯救乡村的行动并不可能真正开展。

这种状况一直延续到20世纪20年代中后期，乡村中国的衰败非但未见任何好转，反倒日甚一日地变得更为严重。例如，不少现有研究表明，这一时期的国民党政权采取了一系列有利于地主阶级、买办资产阶级的政策和措施，损害了广大农民阶级的利益；封建统治者（如地主阶级）加重地租剥削，进一步造成大量农民家庭破产；再加上外国资本主义势力的入侵，更是让中国经济特别是小农经济处在崩溃的边缘；最后，各种各样的天灾同样没有放过早已穷困潦倒、挣扎在死亡边缘的中国农民，而军阀混战、土匪横行等人祸更进一步加剧了乡村社会的苦难，使得抗灾荒能力极差的农村几乎陷入绝境。[②] 因此，当时的一位外国观察者这样写道：“中国有些地方的农民就好像一直站在水没脖子的地方，水稍稍泛起一点涟漪，他们就能被吞没。”[③]

终于，处在水深火热之中的中国乡村社会和农民让人再也无法袖手旁观，而是有必要立刻采取行动，民国时期旨在拯救乡村社会的乡村建设运动遂逐渐拉开了大幕。首先，由晏阳初、陶行知等一批海外学成归国的学者，以及国内一些有识之士，如河北定县翟城村的米迪刚（米鉴三之第三子）兄弟、山东的王朝俊等人发起了各类乡村教育、乡村自治或农村自卫等实验。南京国民政府起初只不过是袖手旁观，直至在民间蓬勃兴起的拯救乡村的势头带动下，才以官方的姿态表示支持甚至直接从事类似活动，“提出‘复兴农村’的口号，组织了所谓‘农村复兴委员会’，轰轰烈烈地

---

① 王先明：《走近乡村——20世纪以来中国乡村发展论争的历史追索》，太原：山西人民出版社，2012年，第19页。

② 参见郑大华：《民国乡村建设运动》，北京：社会科学文献出版社，2000年，第1—65页；祝彦：《“救活农村”：民国乡村建设运动回眸》，福州：福建人民出版社，2009年，第1—11页。

③ R. H. Tawney, *Land and Labor in China*, Boston: Beacon Press, 1932, p. 77.

掀起了历史上所称的‘乡村建设运动’”①。得益于南京国民政府的支持，各地的乡村建设运动与实验如火如荼地开展起来，形成燎原之势。根据南京国民政府实业部的调查统计，20 世纪 20 年代末 30 年代初，全国范围内从事乡村建设工作的团体和机构一度超过了 600 个，先后设立的各类实（试）验区更是达到 1000 多处。② 值得注意的是，尽管这些乡村建设机构和团体各有各的来历和背景，如仅从这些机构和团体的社会属性来看，就“有官方的，有半官方的，有纯学术性团体，有教育单位，还有地方势力派等”③，但这些乡村建设工作者仍在很大程度上共享相近的目标，而这个目标也就是我国老一辈经济学家薛暮桥先生在给刘少奇的一份报告中所总结的“改造乡村，改造中国”，最终借此来实现“民族自救”或“民族再造”的长远目标。④

具体言之，民国时期的乡村建设运动之所以风风火火地开展起来，首先是为了“改造乡村，改造中国”。尽管民国时期乡村建设运动的动机十分复杂，不能简单地一概而论，但不容否认的是，相当一部分的乡村建设工作者正是由于深切地感受到了中国乡村的破败，而主动放弃了更优越的都市生活，真诚地希望为拯救广大农民阶级的悲苦命运贡献自己的力量。诚如陶行知先生所言：

> 我们从事乡村教育的同志，要把我们整个的心献给我们三万万四万万的农民。我们要向着农民“烧心香”。我们心里要充满了农民的甘苦。我们要常常念着农民的痛苦，常常念着他们所想得的幸福。我们必须有一个“农民甘苦化的心”才配为农民服务，才配担负改造乡村生活的新使命。⑤

更重要的是，一些具有远见卓识的乡村建设领导者之所以会在胡适等

① 祝彦：《“救活农村”：民国乡村建设运动回眸》，福州：福建人民出版社，2009 年，第 11 页。

② 参见郑大华：《民国乡村建设运动》，北京：社会科学文献出版社，2000 年，第 456 页；晏阳初：《乡村运动成功的基本条件》，《晏阳初全集》第 1 卷，天津：天津教育出版社，2013 年，第 264—265 页。本书“附录二”整理和列举了其中的一些代表，感兴趣的读者可一并参照。

③ 祝彦：《“救活农村”：民国乡村建设运动回眸》，福州：福建人民出版社，2009 年，第 12 页。

④ 参见薛暮桥：《给刘少奇同志写的报告——关于白区乡村和中国农村经济研究会的工作问题》，陈翰笙等编：《解放前的中国农村》第二辑，北京：中国展望出版社，1987 年，第 9—14 页。

⑤ 陶行知：《我们的信条》，《中国教育改造》，北京：商务印书馆，2014 年，第 71—72 页。

自由派知识分子一再号召人们“往都市去”的大背景下，选择逆流而动地转回“到乡村来”①，不仅是由于他们心中“充满了农民的甘苦”，试图通过自己的努力去挽救乡村的命运和缓解农民阶级的苦难，而更在于他们已经看到了乡村建设或农村运动所承担的更重要的历史使命。关于这一点，河北定县实验中的灵魂人物晏阳初先生表达得十分清楚：

> 中国的农村运动的使命，到底是什么？据我们很清楚地看来，它耸着巨大的铁肩，担着“民族再造”的重大使命。②

至于乡村建设何以承担着如此重大的使命，晏阳初先生亦有进一步的解释和说明。在他看来，这一方面是因为农民占中国人口的绝大多数，“中国的民族，人数有四万万，在农村生活的，要占 80%”（88），仅以量的层面而言，民族再造的对象就应当特别地注重农村；另一方面是因为中华民族的坏处和弱点差不多全落在“都市人”的身上。当然，这并不是说中国的农民群体毫无弱点③，但“你试到农村里去，在乡下佬的生活上，还可以看得出多少残存的中国民族的美德，在都市人的生活上，那就不容易发现了”（88）。因此，再就质的关系来说，民族再造的对象也自然而然地要特别注重在乡村社会和广大农民身上。④

诚然，民国时期的乡村建设运动并没有实现上述目标，而且绝大多数的乡村建设工作在历史上只不过是昙花一现，并没有真正留下自己的痕迹。但如果我们跳出一时的成败得失之计来重新看待民国时期的乡村建设运动，并将其放置在近代以来的中国乡村百年大变局中再次予以认识，则民国乡村建设运动就是在中国农村日益卷入世界市场，在诸如现代化、市场化和全球化等多种力量的重重挤压之下，在各种激进主义改革方案导致

---

① 梁漱溟：《往都市去还是到乡村来？——中国工业化问题》，《梁漱溟全集》第 5 卷，第 637—642 页。

② 晏阳初：《农村运动的使命》，《平民教育与乡村建设运动》，北京：商务印书馆，2014 年，第 86—98 页；晏阳初著，宋恩荣主编：《晏阳初全集》第 1 卷，天津：天津教育出版社，2013 年，第 254—263 页。

③ 事实上，晏阳初先生关于近代国人“愚、贫、弱、私”四大缺点的经典概括，同样适用于广大的乡村民众。参见晏阳初著，宋恩荣编：《平民教育与乡村建设运动》，北京：商务印书馆，2014 年，第 146 页。

④ 晏阳初：《农村运动的使命》，《平民教育与乡村建设运动》，北京：商务印书馆，2014 年，第 86—98 页；晏阳初著，宋恩荣主编：《晏阳初全集》第 1 卷，天津：天津教育出版社，2013 年，第 254—263 页。

乡村社会不断被边缘化的艰难处境当中，由政府、知识分子等不同力量，通过各自的形式或途径深入乡村社会，努力尝试开拓出一条属于中国的农业生存与发展的道路，甚至从此实现所谓“民族自救”“民族改造”宏伟目标的尝试。在这里，我们有必要多说一句，纵使时移世易，当前中国的农业、农村和农民依然面临着来自市场化、现代化和全球化的多重压力。从这个意义或许才可以真正理解“三农”问题研究专家温铁军教授说过的一句意味深长的话——“我们还需要乡村建设”①。

（二）儒家版本的现代乡村重建方案

透过中国近代的百年大变局，前文回望了民国时期的乡村建设运动。民国时期乡村建设运动尽管曾经在 20 世纪 20 年代末 30 年代初如火如荼地进行，但其中的绝大多数实际上并没有形成自己的特色，同样没有在历史上留下深刻的印记。不过，梁漱溟等人发起的山东乡村建设运动显然是一个例外。山东乡村建设运动中的邹平实验不仅在当时就已经备受世人瞩目，即便是放在今天，依旧能够激发起人们无比浓厚的研究兴趣（见“附录一”）。

依笔者浅见，梁漱溟等人的山东乡村建设运动特别是邹平实验之所以在当时和现在受到人们的广泛关注，首先，在一定程度上应归功于梁漱溟的个人影响力。早在 1921 年推出《东西文化及其哲学》之后，梁漱溟就一跃成为民国舞台上一位闪耀的公众人物，他的言行举止理所当然地成为众人瞩目的焦点。而梁漱溟参与山东乡村建设运动的“初心”，也受到了时人和现代研究者的充分同情和理解。尽管其中并不缺乏或尖刻或平和的批评②，但从当前学界的主流观点来看，论者们普遍认为：“梁漱溟出于救国救民的真诚之心，坚持中国的民族自救的立场，看到了中国问题的解决在广大的农民和辽阔的农村，自己身体力行、深入乡村做了若干年的艰苦卓绝的努力，这是难能可贵的。”③ 除此之外，邹平实验之所以能够在蔚为大观的民国时期乡村建设运动大潮中引起人们的关注，与其在乡村文化教育、农业改良、乡村自卫、社会风气改良等方面取得的一系列实际成

---

① 参见温铁军：《我们还需要乡村建设》，《开放时代》2005 年第 12 期。

② 参见善峰：《梁漱溟社会改造构想研究》，济南：山东大学出版社，1996 年，第 342—349 页；Guy S. Alitto, *The Last Confucian: Liang Shu-ming and the Chinese Dilemma of Modernity*, Berkeley: University of California Press, 1986, pp. 269-272。

③ 马东玉：《梁漱溟传》，北京：东方出版社，1993 年，第 97 页。

效是密不可分的。[①]

更进一步来说，梁漱溟的山东乡村建设最终脱颖而出、得享盛名，根本原因恐怕还在于邹平实验在民国时期兴起的乡村建设浪潮中独树一帜。当然，这并不是说其他地方的乡村建设工作完全是千篇一律或者毫无特点的。事实上，以晏阳初先生为核心的平教会在河北定县发起并主持的乡村建设实验同样进行得有声有色，无论是在国内外受到的关注度，还是其所享有的声誉，恐怕都不在梁漱溟等人的邹平实验之下。但这同样并不能否认梁漱溟主持的邹平实验在民国乡村建设运动大潮中特色鲜明、独树一帜，最终形成了一种非常具有代表性或者说具有典范意义的乡村建设模式。[②]

进而言之，邹平实验的典范意义主要得益于梁漱溟本人的思想家性格及其独立思考提炼出来的乡村建设理论。前文已经多次说明，在梁漱溟这里，尽管邹平实验与其他乡村建设工作共享了民国时期乡村建设运动的“拯救乡村”“改造乡村”，乃至实现“民族自救”“民族改造”的宏远目标，但梁漱溟在文化哲学比较的基础上充分肯定中国文化之“理性”精神，始终坚持将近代中国或近代中国乡村的根本问题理解为一种极其严重的文化失调，因此，乡村建设之最终目标也被他本人落实在“重建一新社会构造”或创造新文化、“新礼俗”上。[③] 梁漱溟认为，近代中国乡村社会的日渐衰败和茫然无出路，不单是由于被迫地融入了西方列强主导的现代化进程，面临着现代化、市场化等多重力量的逼迫与挤压，更重要的是，国内各方势力在这些外来的压力面前惊慌失措，东施效颦般地摆弄出了一套又一套舶来的“洋”方案。而这些“洋”方案尽管被其倡导者精心地贴上了各式各样亮眼的标签，但它们究竟能否在中国文化的土壤中生根发芽以至于枝繁叶茂，却鲜有人认认真真地计及，最终的结果就是乡村社会在各种水土不服的“洋”方案来来回回的试验中，落得个千疮百孔、满目疮痍的下场。诚如梁漱溟一针见血地批评的：

---

① 关于邹平实验的实际成效，参见善峰：《梁漱溟社会改造构想研究》，济南：山东大学出版社，1996年，第320—342页；曲延庆：《邹平通史》，北京：中华书局，1999年，第241—261页。

② 关于民国乡村建设运动中若干代表模式的具体介绍，可参见郑大华：《民国乡村建设运动》，北京：社会科学文献出版社，2000年；祝彦：《“救活农村”：民国乡村建设运动回眸》，福州：福建人民出版社，2009年；吴星云：《乡村建设思潮与民国社会改造》，天津：南开大学出版社，2013年。

③ 参见梁漱溟：《乡村建设理论》，《梁漱溟全集》第2卷，第161—166页。

我们一定要融取西洋东西，变化过自己，才得适应新环境，这是没有疑问的。然当初于中西文化的不同，谁也没有根本地认识，而能为徐徐有步骤有计划地调整改变；只有任他支支节节在刺激与反应中，往复激宕机械地演变去。于此演变中，在中国人总不免情急而指望着变得一结果出来；但正面结果往往不可见，其所见者只是中国社会自身引入更深一度地崩溃而已。于是，自救适成为自乱。①

正是由于这些人没有深切地体会中西文化根本上的差异，特别是没有看到中国文化的重要意义，认清西方文明“内而形成阶级斗争社会惨剧，外而酿发国际大战世界祸灾，实为一种病态文明”② 的本质，所以他们提出的种种看上去“现代化”的方案反而对乡村社会造成了最大的伤害，使整个乡村社会落入了文化瓦解、秩序崩溃的深渊。而作为民国时期的“思想奇人”，梁漱溟一方面在对待西方文明成果上并未表现出丝毫的保守，即便是在山东乡村建设时期和邹平实验中，他始终强调要去吸纳西方文化的种种长处——主要体现在科学技术和团体组织两方面；但另一方面，梁漱溟绝不轻率地否弃本土文化，他不仅高唱“中国文化复兴”的论调，认为儒家文化或中国文化孕育的“理性”精神，经过充分的发展之后甚至能够成就出一种远高于西方社会的文明形态，成为一种更值得人们向往和追求的人类文明，而且本人还毅然决然地转入乡村社会，勇敢地去实践自己的理想和主张。

诚如相关论者所指出的，梁漱溟的乡村建设方案始终从重建乡村社会秩序或新礼俗的整体着眼。而梁氏理想中的社会秩序或新文化、新礼俗从根本上体现的是儒家“理性”精神的展开，同时要求在具体内容方面兼收并蓄西方社会的种种长处，故梁漱溟的邹平实验既是他感受近代乡村的悲惨命运而提出的一套旨在救济乡村、振兴乡村的乡村建设方案，更是一场意在重建新秩序的文化运动，试图由此进一步完成“整个中国社会之建设，或可云一种建国运动”③。从这一运动或实验的理论底色来看，梁漱溟推出的是一个儒家版本的现代乡村重建方案，是一次想要从礼俗、政治和心性等多个维度重构儒家生活世界的努力，甚至是一套基于儒家立场的

① 梁漱溟:《乡村建设理论》,《梁漱溟全集》第 2 卷,第 200 页。

② 梁漱溟:《山东乡村建设研究院设立旨趣及办法概要》,《梁漱溟全集》第 5 卷,第 222 页。

③ 梁漱溟:《乡村建设理论》,《梁漱溟全集》第 2 卷,第 161 页。

“现代国家建设的系统方案”。[①] 笔者认为，梁漱溟的邹平实验之所以能在民国时期如潮水般涌现的乡村建设大潮中泛起一朵绚丽的浪花，根本原因就在于梁氏依据的是儒家文化这一本土思想资源，他的山东乡村建设所欲实现的新秩序、新礼俗从根本上说就是其所深切体认的儒家思想的一次实践。

（三）对山东乡村建设运动的评价

由于感受到了近代中国农民群体的深重苦难，特别是看到了解决中国政治与社会问题的力量在基层、在广袤的中国农村，梁漱溟等人深入乡村社会，通过广泛开展社会教育，身体力行地改造乡村社会，他的睿思卓识、他扎根乡土的情怀、他的埋头苦干精神，得到了不少当代研究者的同情、理解和肯定[②]，邹平实验也在梁漱溟等人的苦心经营之下取得了一定的成效。但不容回避的是，梁漱溟等人的山东乡村建设最终仍然不得不以宣告失败而匆匆收场。倘若仅从直接原因来分析，山东乡村建设的失败固然是因为日本的入侵以及山东军阀韩复榘的变节，“继任的山东省主席沈鸿烈上任后，说乡村建设‘不合法令’，下令把全省乡农学校一律撤销，恢复了区、乡、闾、邻制度”[③]，使乡村建设失去了继续进行下去的外部条件，历时七年的山东乡村建设运动至此不得不凄凉地落幕，更主要的原因恐怕还需要从山东乡村建设运动或邹平实验本身予以深刻反思。

实际上，山东乡村建设运动几乎从一开始就已经面临着各式各样的批评。例如，持“西化论”立场的陈序经在走马观花似的考察了邹平之后，不无刻薄地讽刺邹平实验是“孔家店式”的，给人的印象仿佛是一群穿着长衫的封建遗老遗少们在地方军阀的翼护之下做着“复古”的迷梦[④]；至

---

① 参见〔美〕艾恺：《最后的儒家：梁漱溟与中国现代化的两难》，王宗昱、冀建中译，北京：外语教学与研究出版社，2013 年，第 188—220 页；顾红亮：《儒家生活世界》，上海：上海人民出版社，2016 年；李善峰：《一个现代国家建设的系统方案——纪念梁漱溟〈乡村建设理论〉出版 80 周年》，《济南大学学报》（社会科学版）2017 年第 6 期。

② 参见善峰：《梁漱溟社会改造构想研究》，济南：山东大学出版社，1996 年，第 349—355 页；马勇：《思想奇人梁漱溟》，北京：北京大学出版社，2008 年，第 128—129 页。

③ 曲延庆：《邹平通史》，北京：中华书局，1999 年，第 262 页。

④ 陈序经在略作实地考察之后，就民国乡村建设的理论基础、组织模式、方式方法等进行了一系列的评论。而梁漱溟的邹平实验则是其批评的主要对象之一，并被陈氏毫不客气地讽刺为“孔家店式”的乡村建设。参见陈序经、江恒源：《乡村建设运动・农村改进的理论与实际》，北京：中国社会科学出版社，2019 年，第 1—58 页。

于国民党的甘乃光、张溥泉等人更是把邹平实验看作背离三民主义的异端而加以大肆攻击。这种来自政、学各界的批评与质疑或许有过甚其辞的地方，但却几乎伴随着山东乡村建设运动的始末[①]，以至于有人（周调阳）曾经当面含沙射影地询问梁漱溟本人："实验区所耗费的钱，究竟所得能偿所失否？我去江南各处参观，听人批评乡村工作人员有蝗虫之讥，这事对否？"[②] 在这些或尖锐或含蓄的批评声音之外，就连向来非常自信的梁漱溟同样坦言，他们在山东邹平等地开展的乡村建设运动存在着两大难处："头一点是高谈社会改造而依附政权；第二点是号称乡村运动而乡村不动。"（573）至于各地的乡村运动团体或力量不能够统一，"彼此也不能合而为一"（577），亦是摆在乡村建设者们面前的又一道难题。[③]

根据学界的一般观点，梁漱溟的山东乡村建设运动和邹平实验陷入上述的窘境绝非偶然，这是因为他的理论与方案虽不乏睿见，但从根本上代表的仍然是一种改良主义立场，他试图通过乡村社会教育的途径或方法来收拾世道人心，重建新秩序、新礼俗或新文化，毕竟难以真正搔中当时乡村民众的真切痛痒，"使人们一目了然的是，中国当时是军阀为代表的封建地主阶级压迫农民、统治国家，造成了中国的政治黑暗、经济落后，中国要解放只有一条路：打倒军阀、推翻地主阶级的统治，如此才能解放农民，解决中国的社会问题"[④]。作为一个鲜明的对比，当梁漱溟四处奔走寻求一个开展乡村实验机会的时候，毛泽东亦在同一时期深入湖南各地考察农民运动，就是在湖南农民运动中，毛泽东敏锐地发现，"农民的主要攻击目标是土豪劣绅，不法地主，旁及各种宗法的思想和制度，城里的贪官污吏，乡村的恶劣习惯"（14），并从中看到了冲决一切罗网、"朝着解放的路上迅跑"（13）的巨大革命潜能。[⑤] 因此，梁漱溟等人的乡村建设方案虽不乏深刻之处，并收获了一定的成效，但正如我国老一辈无产阶级革命家、著名经济学者孙冶方先生一针见血地指出的：

---

① 关于当时政、学界人士对山东乡村建设运动的批评和质疑，可参见善峰：《梁漱溟社会改造构想研究》，济南：山东大学出版社，1996 年，第 342—349 页；Guy S. Alitto, *The Last Confucian: Liang Shu-ming and the Chinese Dilemma of Modernity*, Berkeley: University of California Press, 1986, pp. 269-272.

② 梁漱溟：《乡村建设运动中的三大问题》，《梁漱溟全集》第 5 卷，第 632 页。

③ 梁漱溟：《我们的两大难处》，《梁漱溟全集》第 2 卷。

④ 马东玉：《梁漱溟传》，北京：东方出版社，1993 年，第 97—98 页。

⑤ 毛泽东：《湖南农民运动考察报告》，《毛泽东选集》第 1 卷，北京：人民出版社，1991 年。

> 一切乡村改良主义运动，不论它们底实际工作是从那一方面着手，但是都有一个共同的特征，即是都以承认现存的社会政治机构为先决条件；对于阻碍中国农村，以至阻碍整个中国社会发展的帝国主义侵略和封建残余势力之统治，是秋毫无犯的。①

梁漱溟的乡村建设既出之以改良主义的眼光，自然无法准确地认识清楚当时主宰乡村命运背后的帝国主义、军阀和土豪劣绅等剥削势力。因此，尽管梁漱溟本人对于现政权时时保持着高度的警惕，却又在不知不觉地为地方军阀势力（韩复榘）所利用，“走上了一个站在政府一边来改造农民，而不是站在农民一边来改造政府的道路”（581），这样的乡村建设运动尽管采取的是社会教育这一相对温和的方式，也显然难以赢得农民的认同，以至于最终沦入“我们动，他们不动；他们不惟不动，甚且因为我们动，反来和他们闹得很不合适，几乎让我们作不下去”（575）。梁漱溟本人并不讳言，假如乡建院要搬走，为此征询邹平当地农民的意见，“投票的结果如何，我也不敢担保”（575）。② 马克思主义认为，社会存在决定社会意识，相对社会存在而言，社会意识“是社会存在的反映”，“是派生的、第二性的社会现象”。③ 对于当时处在水深火热中的中国农村和广大农民阶级来说，能否获得实实在在的利益以解决迫在眉睫的生存问题才是他们真正关切的问题，为此则必须冲破剥削阶级编织的重重罗网，而不是跟着梁漱溟奢谈什么“新文化”或“新礼俗”。④ 在这种情况之下，梁漱溟等人的乡村建设和邹平实验陷入“依附政权”和“乡村不动”的尴尬境地绝非偶然，山东乡村建设运动并没有真正地为中国农村开拓出一条新的道路。梁漱溟通过社会教育方法推行改良主义的乡村建设实验同样不可能真正赢得乡村民众的拥护，更遑论为整个中华民族指明前途。这一点已经为近现代中国的历史所充分证明。

---

① 孙冶方：《为什么要批评乡村改良主义工作》，《中国农村》1936 年第 2 卷第 5 期。

② 梁漱溟：《我们的两大难处》，《梁漱溟全集》第 2 卷。

③ 孙正聿等：《马克思主义基础理论研究》（上），北京：北京师范大学出版社，2019 年，第 544—545 页。

④ 诚如曾经多次亲赴邹平等地搜集地方史料和访问当地老人的艾恺先生坦言，梁漱溟的邹平实验最让人有印象的，并不是其本人更为在意的文化复苏、精神建设等方面的工作，而是创办合作社、运用科学技术带来的实实在在的物质好处。参见张兰英等：《激进与改良——民国乡村建设理论实践的现实启示》，《开放时代》2014 年第 3 期。

二、关于邹平实验中的社会教育方法之再认识

本章的第一节透过近代中国乡村百年大变局，审视梁漱溟等人发起的山东乡村建设运动和邹平实验的意义，并结合学界的主流观点对之进行了总体性的评价。正是梁漱溟关于中国乡村社会衰败的因缘，尤其是对中国乡村社会未来出路的独到见解与思考，使得他的邹平实验最终需要完成的乃是一种社会秩序或文化的重建，并需要以社会教育作为乡村建设的主要途径或方法。诚如其本人所言："我们一点一滴的教育，就是一点一滴的建设，一点一滴的建设，无非是一点一滴的教育；只有从一点一滴的教育着手，才可以一点一滴的建设！……乡村建设与社会教育，是一而二，二而一者。"①

显然，梁漱溟的社会教育同样打上了鲜明的改良主义烙印，不可能为当时水深火热的中国乡村真正指明一条出路。但就乡村工作的途径或方法来看，梁漱溟对于社会教育的青睐仍有值得重新思考的地方。因此，本节更进一步聚焦梁漱溟邹平实验采取的社会教育方法，首先通过三个相互关联的问题：（一）社会教育为何重要，（二）社会教育的关键点在哪里，（三）社会教育应当如何开展，深化我们对邹平实验所运用的社会教育方法的认识，进而借助当代学界关于"第三方"参与乡村社会改造困境的研究②，从"第三方"参与乡村社会改造的组织行为逻辑及其策略选择的角度，深入评判梁漱溟邹平实验对于社会教育方法的选择。

（一）社会教育为何重要？

作为山东乡村建设和邹平实验中的一种主要方法，社会教育受到梁漱溟本人的高度重视并非偶然，而是基于其对社会教育方法之重要性的认识。诚如梁漱溟所言："我们正面解决社会问题的乡村建设者，由于方法的探求，也一定要归到教育。"③ 那么，社会教育方法的价值和意义究竟

---

① 梁漱溟:《社会教育与乡村建设之合流》,《梁漱溟全集》第5卷,第435—436页。

② 相关探讨,可参见罗婧:《他山之石,却难攻玉? ——再探"第三方"改造困境的源头》,《社会学研究》2019年第5期。

③ 梁漱溟:《社会教育与乡村建设之合流》,《梁漱溟全集》第5卷,第431页。

体现在哪里？根据梁漱溟本人给出的说明，我们可以从如下的几个方面来认识。

首先，梁漱溟等人的山东乡村建设运动是在近现代中国的“三千年未有之大变局”中，由知识分子群体发起的一次振兴乡村社会的实验，并试图由此挽救国家与民族的危难，为国家和民族开拓出一条新的道路。在梁漱溟看来，近代中国政治与社会之所以会遭遇如此深重的危机，其中真正的病症既不在于如胡适先生等自由主义者所诊断的“贫穷”“疾病”“愚昧”“贪污”“扰乱”等“五大恶魔”①，也不是如当时一般观点所认定的“第一大仇敌是国际的资本帝国主义，其次是国内的封建军阀”②，或者阶级压迫等问题，而在于西方文明的强势入侵引起的一种极严重的文化失调。用梁漱溟本人的话来说：“中国问题并不是什么旁的问题，就是文化失调；——极严重的文化失调，其表现出来的就是社会构造的崩溃，政治上的无办法。”③

问题在于，中国社会这种“文化失调”并不是由内部引发的，而是受到外部的冲击所引起的。换言之，传统中国的社会秩序及其维持方式在西方强势文明的猛烈冲击之下骤然面临着改弦更张的命运，一方面难以再按照过去的方式继续运行下去，另一方面，新的社会秩序或新的社会构造又尚未充分发育、成熟起来。因此，如何在这样特殊的历史时期推动社会顺利完成转型就是一项异常艰巨的工程，而近代中国能否成功转型的关键，照梁漱溟本人的认识，则又在于能否创造出其所谓的“新文化”“新礼俗”。盖引发近代中国政治与社会深重危机的原因，“或有民族对外问题，而做功夫则仍在自己，仍在内部文化方面”④。事实上，梁漱溟等人在山东各地特别是在邹平开展的乡村建设工作或实验，其实质正是谋求这样一种“新文化”“新礼俗”的创造。至于建设这一“新文化”“新礼俗”的主要途径或方法，自然而然地就是梁氏所青睐的社会教育。从这个意义上来说，社会教育的重要意义首先体现在它是拯救中国乡村社会、挽救国家危难和民族危机的一种途径或方法。

其次，社会教育方法之所以会在梁漱溟那里受到青睐，还出于另一层

---

① 参见胡适：《我们走哪条路？》，《胡适文存（四）》，合肥：黄山书社，1996 年，第 305—326 页。

② 梁漱溟：《敬以请教胡适之先生》，《梁漱溟全集》第 5 卷，第 35 页。

③ 梁漱溟：《乡村建设理论》，《梁漱溟全集》第 2 卷，第 164 页。

④ 梁漱溟：《民众教育何以能救中国？》，《梁漱溟全集》第 5 卷，第 483 页。

更重要的思考。梁漱溟既然是山东乡村建设运动特别是其本人主持的邹平实验中的灵魂人物，山东乡村建设运动和邹平实验的开展在很大程度上依据的是梁氏本人的理论。具体言之，邹平实验的主要理论依据正是梁漱溟的文化哲学观。这种文化哲学观发端于梁漱溟早年任教北京大学时期，在令他“暴得大名”的《东西文化及其哲学》一书中，通过比较中国、西洋和印度三方文化，梁漱溟本人就已经充分肯定了中国文化或儒家文化的价值，并由此提出了著名的“世界文化三期重现说”，大力鼓吹“世界未来文化就是中国文化的复兴”①。而在后来的论述中，梁漱溟更进一步从文化哲学层面将中国文化的主要特征把握为“理性”。他认为，从中国文化透显出来的这股“理性”，不仅是整个中国民族精神的集中呈现，更是对“人类之所以为人类”的最本质规定。因此，唯有充分彰显出人类之“理性”特征的社会形态，才称得上是一种理想的社会，才是值得人们追求和向往的社会，才能够真正地代表着世界文化未来的前进方向。②

基于此，梁漱溟不仅将西方社会和西方文明斥责为一种“病态的社会”“偏欹的文明”，更将其所理想社会的特征概括为六个方面：（一）“先农而后工，农业工业结合为均宜的发展”（557）；（二）“乡村为本，都市为末，乡村与都市不相矛盾，而相沟通，相调和”（558）；（三）“以人为主体，是人支配物而非物支配人”（561）；（四）“是伦理本位合作组织而不落于个人本位或社会本位的两极端”（561）；（五）“政治、经济、教育（或教化）三者是合一而不相离”（561）；（六）“秩序的维持，是由理性替代武力”（564）等。③ 梁漱溟认为，他们在山东邹平开展的乡村建设实验，就是要从乡村社会开其端，并在此基础之上逐步发展、壮大，最终不仅为中国，更要为全体人类，成就一种“正常形态的人类文明”。

正是由于梁漱溟并不以西方社会作为模板，他主持的邹平实验也不试图重走西方资本主义国家的现代化老路——在梁漱溟这里，毋宁说我们所看到的恰恰是对于马克斯·韦伯所描述的现代社会运行模式，即以技术手段和目的之理性化作为核心、在组织和运作模式层面日趋官僚化的社会形

① 梁漱溟：《东西文化及其哲学》，《梁漱溟全集》第1卷，第525页。

② 参见梁漱溟：《山东乡村建设研究院设立旨趣及办法概要》，《梁漱溟全集》第5卷，第223—224页；梁漱溟：《精神陶炼要旨》，《梁漱溟全集》第5卷，第492—519页。

③ 梁漱溟：《乡村建设理论》，《梁漱溟全集》第2卷。

态[①]的刻意回避。梁漱溟本人更青睐于运用社会教育的方法，试图通过社会教育的广泛开展，以创造出“新文化”或“新礼俗”，成就一个人类历史上从未有过的新社会。诚如吴飞教授在他关于梁漱溟“新礼俗”思想的评论当中所指出的，梁漱溟等人的山东乡村建设运动及邹平实验之所以在今天仍具有重要的启发意义，既不是因为梁漱溟的总体构想比中国共产党的革命路线更高明（孰优孰劣，历史早已充分证明），也不是因为梁漱溟对中西文化的具体判断多么精当或深刻，而是因为梁漱溟“为思考中国问题和中国的现代性改造提供了另外一个角度”[②]。显然，梁漱溟的邹平实验选择社会教育这一途径和方法，试图将“行政机关教育机关化”的真正用心就在于此。

（二）社会教育的关键点在哪里？

梁漱溟对于社会教育方法的选择与运用既然有其深意所在，即一方面试图通过社会教育的广泛开展来重建乡村秩序，振兴乡村社会，另一方面更希望由此创造出“新文化”“新礼俗”，乃至成就一个理想的社会形态，辟造一种正常形态的人类文明。故梁漱溟的社会教育包含着广泛的内容，如为乡村社会引入科学技术、培育乡村民众的合作理念、提振乡村民众的精神状态、促使乡村民众结成新型的团体组织，等等。正如梁漱溟本人所一再强调的，邹平实验中的社会教育并不等同于定县（晏阳初等人）、南京晓庄师范学校（陶行知等人）或者无锡（高践四、俞庆棠等人）的平民教育或乡村教育，因为这些地方的出发点都是教育，而邹平实验“所办的乡村建设，是广义的教育，不是狭义的教育”。只有认为教育“是借人与人的交通传递作用，而谋个人或社会的向上进步”[③]，才可以将邹平实验看成是一种教育工作。由此可见，梁漱溟的社会教育包含着极为丰富的内容，那么，乡村社会教育的关键之点究竟在哪里呢？

根据梁漱溟本人的表述，通过社会教育的方式要完成乡村建设的两个关键任务，即（一）提振乡村民众的精神状态，启发农民的自觉；（二）

---

① 关于马克斯·韦伯对现代世界日趋官僚化及其影响的论述，参见〔德〕施路赫特：《理性化与官僚化：对韦伯之研究与诠释》，顾忠华译，桂林：广西师范大学出版社，2004 年。

② 吴飞：《梁漱溟的“新礼俗”——读梁漱溟的〈乡村建设理论〉》，《社会学研究》2005 年第 5 期。

③ 梁漱溟：《邹平工作概谈》，《梁漱溟全集》第 5 卷，第 625 页。

引导乡村民众联合起来，结成团体组织。① 借用梁漱溟自己的话来说，就是“要用教育工夫，启发农民的自觉，组织乡村”②。这是因为梁漱溟清楚地认识到了解决中国社会问题的力量在基层、在广大的乡村民众，他们才是乡村建设真正意义上的主体，乡村社会的振兴首先需要启发农民的自觉，使他们真正发挥出作为乡村建设主体的重要作用。在此基础上，形成真正具有充沛活力的团体组织，则更是解决乡村社会中一切问题的关键。诚如梁漱溟所言：

> 农民自觉了，乡下人明白乡村的事要自己去干了；但是怎样干法呢？这还要靠乡村组织。天下事无论什么都不是一个人干所能干得好的。如果你干你的，我干我的，大家各不相顾，各不相谋，结果谁也干不成功；必须大家组织起来，也就是说必须大家合起来一齐去干，才有办法，才能干得好。无论作什么事，都要如此。(618—619)

总之，只有启发和调动乡村民众的自觉，并使他们团结起来，结成活力充沛的团体组织，乡村社会才能够真正地焕发出其自身的生机与活力，才“能与外面勾通，吸收外边所供给的方法材料，像花木吸收肥料一样，渐渐地就可以发荣滋长了”(624)。③ 而其他各种想要帮助乡村社会开展建设的力量，如政府、银行界、社会团体甚至外国友人等，方才可以借此内生性力量的接引而进入乡村社会，并为振兴乡村社会做出应有的贡献。因此，社会教育工作的开展，一方面要启发乡村民众的自觉，唤醒乡村民众的主体意识；另一方面要引导乡村民众真正团结并联合起来，结成有活力的团体组织。这是梁漱溟社会教育工作的两个关键着力点，而培养所谓的“新政治习惯”云云，也正是出于这一考虑。

（三）社会教育应当如何开展？

关于如何在当时的中国乡村开展社会教育，梁漱溟同样做过一番深入

① 梁漱溟认为，乡村建设需要做的工作很多，但顶要紧的就在于“农民自觉”“乡村组织”两点，而启发农民群体的自觉、促使形成乡村组织也正是梁漱溟社会教育思想与实践的关键着力点。参见梁漱溟：《乡村建设大意》，《梁漱溟全集》第 1 卷，第 616 页；梁漱溟：《山东乡村建设研究院设立旨趣及办法概要》，《梁漱溟全集》第 5 卷，第 232 页。

② 梁漱溟：《乡村工作中一个待研究待实验的问题——如何使中国人有团体组织》，《梁漱溟全集》第 5 卷，第 768 页。

③ 梁漱溟：《乡村建设大意》，《梁漱溟全集》第 1 卷。

的思考，并能够在一定程度上将之付诸实践。在梁漱溟这里，走社会教育的途径以推进乡村建设工作，就是始终要回避以政府行政的力量直接干预乡村社会。而对于行政主导模式的不足，梁漱溟本人同样有一番深切的体会，其中尤以阎锡山在山西推行的村政改革[①]作为镜鉴。

梁漱溟本人曾经在1929年深入山西的汾阳、清原、太原等地进行考察，实地走访了不少开展村政改革的村庄。在他看来，山西村政由于得到了主政者阎锡山的大力支持，在诸如改善地方治安、教育（识字）普及、禁烟和禁缠足等方面都取得了一系列显著的成效。然究其实，则依旧难逃“盛名之下，其实难副”的公例。举例来说，山西村政改革旨在成就一种“村本”“自治”的政治，但从“人民自治一面来说，自治的真精神似乎很少”（892），具体体现在“村民会议的不实在，出席的人数少，以及有人操纵等情”（892）。至于政府试图借助村政改革来一并推行的几项行政命令，如植树、种棉之类，则更是收效甚微，不仅没有实质性地改善乡村社会的状况，反倒令老百姓不堪其扰。“总之官权太重，乡民软弱，虽是善政，而有意无意之间，人民非要吃亏不可。”（893—894）

那么，为什么会出现这样的状况呢？政府何以总是在“好心办坏事”？关于这一点，梁漱溟本人生动形象地解释说，这是因为“中国人民好比豆腐，官府力量强似铁钩”（910），握着“铁钩”的人或许是好心好意要来帮“豆腐”的忙，但结果却是他“不帮忙还好点，一帮忙，豆腐必定要受伤”（910）。[②]基于对所谓“铁钩”与“豆腐”之间辩证关系的深刻认知[③]，梁漱溟时时地对于以行政力量直接干涉乡村社会保持着高度的警惕，始终主张要坚持“守定社会运动的立场，绝对不自操政权”[④]。而从理想之中的社会教育方式来看，所谓的社会教育，正是要回应乡村民众痛痒相关的真实需求，致力于“在现代化过程中，面对中外文化的冲撞、融合，既注意吸收西方文化的长处，又注意本民族文化的特长及对外来文化的接受方式，努力提供一个既合于西方科学方法，又能被我国农民所接受

① 关于山西村政建设的详细介绍，参见山西省地方志办公室编：《民国山西村政建设》，太原：山西人民出版社，2014年。

② 梁漱溟：《北游所见记略》，《梁漱溟全集》第4卷。

③ 参见潘家恩：《回嵌乡土——现代化进程中的中国乡村建设》，北京：中国人民大学出版社，2020年，第340—342页；潘家恩等：《“铁钩”与“豆腐”的辩证——对梁漱溟20世纪50年代思想张力的一个考察视角》，《开放时代》2018年第2期。

④ 梁漱溟：《我们的两大难处》，《梁漱溟全集》第2卷，第584页。

的教育模式”。① 梁漱溟的最终目标是要通过社会教育的充分展开，激活中国文化中孕育的“理性”精神，由此进一步培育乡村民众的合作理念、“新政治习惯”等，并最终创造出一种新社会秩序或新文化、新礼俗。如此，梁漱溟必然会更加青睐传统儒家倡导的“止邪于无形”“使人日徙善远罪而不自知”（《礼记·经解》）的社会教化途径，并将之在现代社会大背景下拓展为内涵更丰富的社会教育方法，而不是试图以政府的行政主导、法令规划来强制性地干涉乡村社会。后者或许更容易取得一时的成效，但前者才是一项更基础和根本的工作。

根据梁漱溟自己的设想，中国乡村社会的改造需要形成两大系统：“一是乡村运动或曰文化运动的系统；一是现政权的系统。”② 其中，应当以乡村教育系统或文化运动系统作为主力，而现政权系统的作用则在于为之提供助力。按照梁漱溟本人的理解：

> 乡村建设天然是中国社会的一种社会运动，要靠知识分子来引导，要靠乡村自身为主力。政府最贤明的政策，是间接的与这种运动以种种的方便，而助成其事，却不是政府包揽负责来作。③

因此，梁漱溟的社会教育实践十分注重打造这样一种乡村教育系统或文化系统。具体言之，山东乡村建设运动的一个重要举措就是对乡村教育系统的改造，在各实验区县广泛地设立乡农学校，从而发挥它们在乡村社会改造和建设过程中的“推动”“设计”功能。在《社会本位的教育系统草案》中，梁漱溟更进一步地提出了要以开展社会教育为中心，形成一个不同层次、不同地区的乡农学校之间能够相互沟通和联系的社会教育系统。④ 尽管这样的设想最终碍于形格势禁，并没有真正转化为现实，但纷纷设立的邹平实验区县乡学和村学，的确在乡村建设过程中发挥了重要的作用。正是得益于梁漱溟本人的悉心主持，得益于各地乡学、村学有条不紊地开展的社会教育工作，山东乡村建设尤其是邹平实验在许多方面都取得了显著的成效。如经济方面促进了农业改良，在生产、销售等领域开展了非常广

---

① 善峰：《梁漱溟社会改造构想研究》，济南：山东大学出版社，1996 年，第 355 页。

② 梁漱溟：《乡村建设理论》，《梁漱溟全集》第 2 卷，第 338 页。

③ 梁漱溟：《乡村建设是什么？》，《梁漱溟全集》第 5 卷，第 377 页。

④ 参见梁漱溟：《社会本位的教育系统草案》，《梁漱溟全集》第 5 卷，第 393—410 页。

泛的合作；社会改革方面也巩固了乡村自卫，改善了公共卫生，改良了社会风气；等等。[①] 梁漱溟带领一群有理想的热血青年扎根乡土、辛勤耕耘，在邹平这方热土之上结出了累累硕果。

(四) 组织行为逻辑下的社会教育方法之深入反思

随着新世纪“三农”问题受到社会各界的广泛关注，特别是乡村振兴战略在2018年的正式开局，民国时期的乡村建设运动尤其是梁漱溟的邹平实验再次进入公众视线，成为当前人文社会科学研究的一大热点。[②] 时过境迁，不少研究者的基调都是主张重新回到曾经的乡村建设运动，从梁漱溟等人当年的深思睿识之中汲取有益于新时代乡村振兴的思想资源和实践启示。诚然，民国时期的乡村建设运动至今仍不失为一笔宝贵的历史财富，值得我们深入发掘，而本章末节亦将紧扣新时代的乡村振兴战略，阐发梁漱溟社会教育方法的当代启示意义。不过，梁漱溟的邹平实验毕竟年代久远且曾深陷困境，在民国乡村建设研究“热”面前，我们也有必要先做一番“冷”的思考。笔者在这里着重参考并借鉴了当前学界关于“第三方”参与乡村社会改造困境的相关研究[③]，尝试从组织行为逻辑的角度——这一视角使我们可以在一定程度上跳出时代背景的差异——再探邹平实验以社会教育为主要方法的策略选择。

1. “第三方”参与乡村社会改造的双重行动逻辑

从形式上看，梁漱溟等人的邹平实验可以被视为民国时期由“第三方”发起的一场乡村社会改造的实验。在这里，所谓的“第三方”是指政府和村民以外的乡村建设团体或机构。具体来说，就是以梁漱溟等人为代表的山东乡村建设研究院。按梁漱溟本人对于乡建院在山东乡村建设过程中的“第三方”身份始终保持着十分清楚的认知，他坦言：“我自己生长于北京而且好几代皆生活于北京，完全为一都市中人，未尝过乡村生活。”[④] 而山东乡村建设研究院的其他骨干人物，虽然可能并不像他那样

---

① 关于梁漱溟邹平实验实际成效的详细介绍，参见善峰：《梁漱溟社会改造构想研究》，济南：山东大学出版社，1996年，第320—342页；郑大华：《民国乡村建设运动》，北京：社会科学文献出版社，2000年。

② 参见《文史哲》编辑部等：《2018年度中国人文学术十大热点》，《文史哲》2019年第3期。

③ 关于学界已有研究的一个简单梳理，可参见罗婧：《他山之石，却难攻玉？——再探“第三方”改造困境的源头》，《社会学研究》2019年第5期。

④ 梁漱溟：《自述》，《梁漱溟全集》第2卷，第31页。

“完全为一都市中人，未尝过乡村生活”，但大多数也都并不是邹平本乡本土人氏。[①] 同时，梁漱溟一直强调山东乡村建设研究院的性质为一乡村建设的研究团体，并不代表政府，更不是以另一种形式而存在的“政府”，为此需要自始至终地和政府保持一定距离，乡建院应当“守定社会运动的立场，绝对不自操政权”[②]。

显然，这样一种特殊身份的“第三方”团体要想深入乡村社会，首先就要获得正式进入现场的资格，这往往离不开政府的同意[③]，而为了获得政府的支持和认可，“第三方”团体难免要与政府进行某种形式上的合作。另外，考虑到我国乡村“熟人社会”的特征[④]，“第三方”团体不仅需要密切自身与政府之间的合作，还需要想办法融入乡村社会或杜赞奇所说的“权力的文化网络”[⑤]，才能真正地在乡村社会改造实践中发挥其影响与作用。总之，“第三方”参与乡村社会改造必须要与政府、村民双方都建立起相应的合作关系，并在合作过程中努力守住自身的独立地位，坚持自己改造乡村社会的主张，这样才可能既有机会实现自己改造乡村社会的理想，又不至于沦为地方政府的附庸或浮在乡土社会的表面，难以开展实质性的改造工作。

在邹平实验中，与政府一方的合作主要是通过梁漱溟等人与韩复榘的私人关系。[⑥] 据梁漱溟本人回忆，韩、梁二人早就有过交集。1922年，韩

---

① 据曾多次担任邹平实验县县长的徐树人回忆，乡建院的人员主要分为三大派系：一是以梁耀祖为首的河南村治学院派，另一是以孙则让为首的山东曹州帮，再一是梁漱溟及其学生。其中大多数骨干并非邹平甚至山东本地人。参见徐树人：《我担任邹平实验县县长的前前后后》，山东省政协文史资料委员会、邹平县政协文史资料委员会编：《梁漱溟与山东乡村建设》，济南：山东人民出版社，1991年，第95页。

② 梁漱溟：《我们的两大难处》，《梁漱溟全集》第2卷，第584页。

③ 显然，在未获得政府正式许可的情况下，甚至就连进入现场调查的机会都很难得，更遑论深入乡村社会进行系统改造的实验。参见曹锦清：《黄河边的中国：一个学者对乡村社会的观察与思考》，上海：上海文艺出版社，2013年。

④ 参见费孝通：《乡土中国》，北京：人民出版社，2008年。

⑤ 按照杜赞奇的解释，“文化网络由乡村社会中多种组织体系以及塑造权力运作的各种规范构成，它包括在宗族、市场等方面形成的等级组织或巢状组织类型”，权力只有融入并在这样的文化网络体系当中运作才有可能发挥效用，而不会仅仅基于身份等自然而然地就能发挥其实质影响。参见〔美〕杜赞奇：《文化、权力与国家：1900—1942年的华北农村》，王福明译，南京：江苏人民出版社，2003年。

⑥ 关于韩、梁二人的私人交往，梁漱溟本人在晚年接受艾恺、汪东林等人访谈时有过非常详细的说明。参见〔美〕艾恺（采访），梁漱溟（口述），一耽学堂（整理）：《这个世界会好吗?：梁漱溟晚年口述》，天津：天津教育出版社，2011年，第213—216页（本次访谈的主要内容以“附录”形式，收入《梁漱溟全集》第8卷，第1137—1178页）；汪东林：《我对于生活如此认真：梁漱溟问答录》，北京：当代中国出版社，2013年，第48—50页。

复榘还只是冯玉祥手下一个团级将领的时候，就已经在北京南苑听过梁漱溟的演讲，虽然当时的梁漱溟并不认得韩复榘这位坐在台下听讲的军官，但韩复榘却已经知道了梁漱溟，并对他颇为心折。因此，在1931年，当心存犹豫的梁漱溟一行来到济南时，韩复榘专门设宴款待，“席间，韩复榘对梁漱溟等人来山东搞乡村建设表示热烈欢迎，同时十分爽快地拨给梁漱溟10万元活动经费，至于实验地点则任其挑选”（33），宾主之间一番相谈甚欢的交流，令梁漱溟心中的种种疑虑顿时冰释。而纵观山东乡村建设运动和邹平实验的始末，韩复榘确实成了梁漱溟等人的政治“靠山”，不仅在有关乡村建设工作方面几乎是言听计从的，甚至还在“一次省政府纪念周上的讲话中公开承认：‘我就是迷信梁先生。’”（38）① 至于如何融入邹平乡村社会，梁漱溟虽生长在都市，但却对乡土文化特征不乏深刻认知。邹平实验非常重视乡村精英的力量，邹平的村学和乡学注重吸收具有声望和地位的乡绅，由他们担任学长或学董②，而乡建院对“预备到乡村服务的人才”（234），也就是训练部学员的招收，则特别注重就地取材。具体来说，其首要的条件即“世代居乡，至今其本人犹住家在乡村的。——这是为他不失乡村生活习惯，尤其要紧的，为是他熟谙乡村情形”（234）。③ 而乡建院甫立之际，还曾经专门主办了邹平县区乡小学教员约370人参与的乡村教师暑期讲习班，因为“小学教员究竟是乡村间比较有知识的人，容易接头；而他们散处全县，又散得很匀”④。经过乡建院的培训之后，自然会回到乡间社会代做一番说明。参照杨懋春先生对其家乡山东台头村的回忆，乡村教师往往在村中扮演着“非官方领导”的角色，他们的影响力甚至远在官方认可的村庄领导（如庄长）之上⑤，则乡建院举办乡村教师暑期讲习班的深意更不难想见。与此同时，乡建院还精心组织、安排了两次农展会，试图通过这种形式增进邹平当地民众对乡建院的直观感知和了解，并取得了显著的效果。如此，乡建院才在邹平升级为“县政改革实验区”之后，大刀阔斧地深入乡村社会，开展了一系列革

① 李远江：《山东：新儒家的乡村“复辟”》，唐建光主编：《解封民国》，北京：金城出版社，2011年。

② 俞可平、徐秀丽：《中国农村治理的历史与现状——以定县、邹平和江宁为例的比较分析》，《经济社会体制比较》2004年第2期。

③ 梁漱溟：《山东乡村建设研究院设立旨趣及办法概要》，《梁漱溟全集》第5卷。

④ 梁漱溟：《山东乡村建设研究院之工作》，《梁漱溟全集》第5卷，第304页。

⑤ 参见杨懋春：《一个中国村庄：山东台头》，张雄等译，南京：江苏人民出版社，2001年，第169—184页。

故鼎新的改革和建设工作。

另外，“第三方”团体改造乡村并不仅仅局限于合作，更要通过改造活动来实现乡村社会真正意义上的转变，其重点是完成对乡村民众的再造，用现代社会科学的概念来说即“赋能”。所谓“赋能”，具体指“对社区居民参与的调动，而这种参与是一种关怀‘他者’的取向，让‘他者’主导发展项目，化外部的支持为内在的发展动力”①。在这种赋能理念的主导下，“第三方”组织参与乡村建设的最核心目标体现为“造人”或“新民”，即激发改造对象的“自我觉醒”，促使改造对象真正拥有掌控并主宰自身命运的能力。在梁漱溟这里，赋能同样是邹平实验的一大关键，至于其所要赋的“能”，则不仅包括必备的现代生产知识和技能、合作生产与联合经营的观念等，而且还有新的伦理道德观念和“新政治习惯”，循此形成乡村社会的“新礼俗”、新秩序。这也就是“第三方”改造乡村社会通常所遵循的赋能逻辑。从根本上说，这个“赋能”的过程能否真正完成与实现，才是“第三方”改造乡村社会最终成败的关键所在。故梁漱溟在一次对乡学辅导员、乡理事等人的演讲当中吐露心事：

> 我们山东乡村建设研究院在邹平作乡村建设实验，什么时候才算成功呢？直截了当的说，就是村学、乡学真正发生组织作用，乡村多数人的注意力与活动力均行启发，新政治习惯培养成功，而完成县自治，研究院实验县的大功就算告成。②

据笔者之浅识，正是在合作与赋能的双重行动逻辑中，梁漱溟最终选择了运用社会教育的途径和方法。质言之，与政府、乡村双方的合作并不是要山东乡村建设研究院丧失作为“第三方”改造主体的独立地位，而社会教育既不同于行政手段横刀竖斧式的“砍削”，又能让乡建院众人在融入乡村社会的同时始终居于“师者”的地位，即在村学和乡学中担任教员或督导员。而在儒家思想传统中，教育或教化本来就被视为一种改造人、

① 罗婧：《他山之石，却难攻玉？——再探“第三方”改造困境的源头》，《社会学研究》2019年第5期。

② 梁漱溟：《我的一段心事》，《梁漱溟全集》第5卷，第536页。

重塑人的有效方式或途径，并在近代“教育救国论”的滥觞中①，其之于塑造“新民”的意义被进一步上升到了救亡图存的高度。由此可见，无论是从合作抑或赋能的逻辑来考量，社会教育方法都是一种比较合理的选择。②

2. “合作—赋能”双重行动逻辑的张力与社会教育方法的不足

山东乡村建设研究院既要在与政府和乡村双方的合作过程中维持相对独立的地位，又要致力于实现“赋能”的最终改造目标，这使得社会教育成为梁漱溟邹平实验中自觉运用的一种较为合理的方法选择。而社会教育方法不仅高度契合了乡村建设“合作”与“赋能”的双重行动逻辑，并具备自身的独特优势，如可以避免直接用强似“铁钩”的行政命令，将乡村社会这块“豆腐”划得千疮百孔、遍体鳞伤。倘若我们更进一步分析则不难发现，乡村建设过程中“合作”与“赋能”的双重逻辑本身就存在着一定的张力，而社会教育方法非但不能有效地弥缝二者之间的张力，反倒很容易在多方力量的拉扯中陷入进退失据的尴尬局面。因此，社会教育不足以成为改造乡村社会的一剂灵丹妙药。

具体言之，乡村建设中“合作”的逻辑要求“第三方”团体同时与政府、乡村双方建立起某种形式的合作关系，但现实往往是政府的意愿很快便压倒了乡村社会的利益诉求，尤其是在山东乡村建设运动中，尽管韩复榘个人对于梁漱溟的乡村建设理论不乏认同，对梁漱溟本人更是充满了敬意，并为梁漱溟主持的邹平实验竭尽所能地提供了便利，但他到底出身于行伍，只是因为在中原大战中及时地弃冯投蒋，意外获得了山东省政府主席的地位。“对于初来乍到的韩复榘来说，山东毕竟是个人地两生的新地方，错综复杂的社会关系与派别林立的地方势力是韩复榘首先要应付的问

① 关于近代史上之“教育救国论”及其相应的实践，国内学界已有丰富研究，感兴趣的读者，可参见丁守和：《实业救国、教育救国、科学救国思潮的再认识》，《文史哲》1993 年第 5 期；黄升任：《对“教育救国论”的再认识》，《探索与争鸣》1999 年第 7 期；朱成甲：《北京大学与五四运动——兼论北大与教育救国、文化救国思潮的内在联系》，《北京大学学报》（哲学社会科学版）2000 年第 3 期；吴玉伦：《教育救国思潮的形成与发展》，《湖南科技大学学报》（社会科学版）2005 年第 5 期；蒋国宏：《“教育救国”与民国时期资产阶级教育家的学运观》，《甘肃社会科学》2007 年第 6 期；吴春苗：《近代中国教育救国思潮的历史演变》，《高教探索》2019 年第 4 期；等等。

② 值得我们注意的是，民国时期一些具有代表性的乡村建设实验直接是由教育团体发起的，包括平教会的河北定县实验、中华职教社在江苏徐公桥等地开展的乡村建设实验等，而在这些乡村建设的实验中，社会教育同样是一种重要的方法。

题”[①]，他支持梁漱溟等人的乡村建设运动自然不会毫无个人目的。诚如论者所指出的，除了韩复榘的个人情怀及他与梁漱溟本人的早年交情之外，利用山东乡村建设运动巩固其在山东基层的统治，从而一方面抵制蒋介石势力的入侵，另一方面防止日渐壮大的中国共产党力量的渗透，这才是韩复榘作为地方军阀支持乡村建设的更现实的考量。[②] 梁漱溟等人与山东当局之间的所谓“合作”，实际上正是在这样一种军阀利益斗争形势极为错综复杂的空隙之中发生的。山东当局对于乡村建设不能不抱有现实的期待和要求，而走社会教育这一改良路线的邹平实验——因“以承认现存社会政治机构为先决条件”[③] ——自然很容易由此卷入错综复杂的地方利益博弈中，不自觉地成为政府利用的另一种工具。

当然，作为一个有理想、有抱负，并且有着较为成熟的理论（梁漱溟本人的乡村建设理论）作为指导的“第三方”乡村社会改造团体，乡建院在邹平等地的工作必然自始至终带入了梁漱溟等人改造乡村社会的远大理想与抱负。前文已经多次述及，梁漱溟所理解的乡村建设不仅“起于救济乡村运动”“起于乡村自救运动”“起于积极建设之要求”，更从根本上“起于重建一新社会构造的要求”[④]，循此去创造梁漱溟心目中的“新文化”或“新礼俗”，乃至完成“整个中国社会之建设，或可云一种建国运动”。[⑤]

乡建院深入乡村社会进行改造，不得不在一定程度上配合政府的工作，但又始终不离梁漱溟等人改造乡村社会的理想。这个合作的逻辑本来无可厚非，但问题在于，乡建院工作的另一重逻辑——赋能——则要求真正唤醒乡村民众，使他们承担起在乡村建设过程中的主体作用。这个赋能的逻辑时时提醒梁漱溟等人将参与乡村社会改造的最关键目标落实在“造人”“新民”上，促使乡村民众不仅在时代大潮中获得掌握自身命运与生活的能力，更要去培养他们的合作理念、道德观念以及“新政治习惯”，

---

① 李伟中：《20 世纪 30 年代县政建设实验研究》，北京：人民出版社，2009 年，第 53 页。

② 参见李先伦：《韩复榘支持梁漱溟乡村建设原因探析》，《华南农业大学学报》（社会科学版）2004 年第 3 期；李伟中：《20 世纪 30 年代县政建设实验研究》，北京：人民出版社，2009 年，第 52—59 页。

③ 孙冶方：《为什么要批评乡村改良主义工作》，《中国农村》1936 年第 2 卷第 5 期。

④ 参见梁漱溟：《乡村建设理论》，《梁漱溟全集》第 2 卷，第 149—166 页；梁漱溟：《乡村建设理论提纲》，《梁漱溟全集》第 5 卷，第 364—372 页；梁漱溟：《乡村建设是什么？》，《梁漱溟全集》第 5 卷，第 373—377 页。

⑤ 梁漱溟：《乡村建设理论》，《梁漱溟全集》第 2 卷，第 161 页。

等等。显然，作为“第三方”改造团体的乡建院，必须让民众获得看得见、摸得着的现实利益，才可能赢得他们的拥护和积极响应。因此，梁漱溟强调首先要从经济一面入手来开展乡村工作，“必经济上进展一步，而后才有政治改进教育改进的需要，亦才有作政治改进教育改进的可能”①。邹平实验也正是依靠农业改良、创办各类合作社等经济工作带来的现实利益，在一定程度上赢得了乡村民众的认可。但至于从此再进一步的政治和社会改造工作，诸如培养“新政治习惯”、重建乡村伦理秩序之类——这些梁漱溟本人更为看重的方面——究竟取得了怎样的成效，却是要打上一个大大的问号。诚如著名梁漱溟研究专家艾恺教授在 2013 年 12 月由北京梁漱溟乡村建设中心举办的纪念梁漱溟 120 周年诞辰的一次对话会上指出的，梁漱溟等人的邹平实验“给老百姓最深刻的印象，并不是梁先生复苏中国文化等工作，最深刻的反而是物质的好处”。艾恺本人多次造访邹平，并询问当地民众对于“梁先生其他方面的建设，就是精神建设方面有没有印象？他们会说当然有，也都赞美说很好。不过就我所了解，留下来最深刻的印象还是那些科技方面的东西”②。

为什么会出现上述的状况？据笔者浅识，这是因为从合作与赋能的双重逻辑张力来看，合作的逻辑突出了乡村建设团体改造乡村社会的理想；但赋能的逻辑却强调乡村民众的主体地位和真实意愿，要求乡村建设团体必须从关怀乡村民众出发，以农民群体的真实意志为依归。具体到梁漱溟等人的邹平实验，若从农民阶级的立场来看，梁漱溟为之设定的目标大致可以分为三类：一是农民可以从中获得现实利益的，如引入农业科技、创办合作社，这些改造得到了邹平民众的支持与拥护；二是农民虽然不能直接从中获得好处，但多多少少能够理解且在一定程度上认同或勉强接受的，如戒除早婚、迷信、赌博、贩卖毒品等弊风陋俗，“农民接受很勉强，不受欢迎”③；三是农民不能充分理解，恐怕也很可能不会真正认同的，

① 梁漱溟：《山东乡村建设研究院设立旨趣及办法概要》，《梁漱溟全集》第 5 卷，第 227—228 页。

② 张兰英等：《激进与改良——民国乡村建设理论实践的现实启示》，《开放时代》2014 年第 3 期。

③ 成学炎整理：《梁漱溟先生谈山东乡村建设》，山东省政协文史资料委员会、邹平县政协文史资料委员会编：《梁漱溟与山东乡村建设》，济南：山东人民出版社，1991 年，第 87 页。

如重建“新文化”“新礼俗”[①]，而这恰恰是乡建院更为看重的内容。再加上梁漱溟等人的邹平实验“实际上不是人民请我们到邹平，而是当时政府划邹平给我们实验”[②]。为了得到政府的支持，在邹平实验过程中，乡建院不仅难免需要代替政府完成各项任务，并在实验遇阻的时候又不得不频频借重政府的行政力量予以推动。因此，原本旨在教化和启迪民众的社会教育方法很容易变成贯彻和落实政府意图的一种方便途径，甚至完全蜕变成政府行政的另一种表现形式。这一点也引起了梁漱溟的深切反思：

> 我们要求社会大改造，而实际上靠政权作事，这是一个大矛盾！这个矛盾，以现在乡村工作的趋势看，像是要加重的样子。……一面借行政上强制的力量办教育，尤其是办民众教育；一面拿教育的方法、教育的工夫，来推行政府所要推行的各项新政。[③]

黄仁宇在阐述其脍炙人口的“大历史观”的时候，曾经使用了“潜水艇三明治”（submarine sandwich）这样生动形象的比喻，传神地描绘出传统中国社会的基本结构。照他的理解，中国传统社会“上面是一块长面包，大而无当，此乃文官集团；下面也是一块长面包，也没有有效的组织，此乃成千上万的农民。其中三个基本的组织原则，此即尊卑男女老幼，没有一个涉及经济及法治和人权，也没有一个可以改造利用”[④]。套用这一说法，那么梁漱溟通过社会教育的方法，呼吁知识分子下乡并身体力行，在一定意义上开辟了一条让上、下两片“面包”沟通的渠道，但由于上、下这两片“面包”并不能够真正地互相理解，即便梁漱溟等人深入乡村社会，他们的社会教育实际上也并不能够搔中乡村民众的真切痛痒，在梁漱溟寄予厚望的培养“新政治习惯”、创造“新文化”或“新礼俗”

---

① 事实上，这些过于高远的目标，不要说普通乡村民众，就连乡建院队伍中的一些成员恐怕也不能完全理解和认同。而梁漱溟解决内部思想不统一问题的方法，往往是诉诸其个人的号召力和频频强调所谓“精神陶炼”的价值。精神激励的作用固然值得重视，但很显然的是，这样的方式并不可能在真正意义上解决相应的问题。参见梁漱溟《以出家的精神做乡村工作》《精神陶炼要旨》《乡村工作人员修养法》等文，均收入《梁漱溟全集》第5卷。

② 成学炎整理：《梁漱溟先生谈山东乡村建设》，山东省政协文史资料委员会、邹平县政协文史资料委员会编：《梁漱溟与山东乡村建设》，济南：山东人民出版社，1991年，第86页。

③ 梁漱溟：《我们的两大难处》，《梁漱溟全集》第2卷，第574页。

④ 〔美〕黄仁宇：《〈万历十五年〉和我的“大”历史观》，《万历十五年》，北京：生活·读书·新知三联书店，2015年，第307—308页。

等方面更是如此。因此，梁漱溟的邹平实验最终在合作与赋能双重逻辑的张力之间，陷入了“依附政权”“乡村不动”的尴尬境地，甚至乡建院团体内部亦从此分裂成为不同的派系①。至此自然也就不难理解，邹平实验的实践困境昭然若揭。

三、乡村振兴视域下梁漱溟社会教育思想与实践的当代启示

时光如白驹过隙，从梁漱溟当年（1931 年）奔赴山东邹平等地开展乡村建设实验至今，岁月的车轮已经在不经意之间转过了 90 多个春秋。在这不平凡的 90 多年里，全国各族人民在中国共产党的领导下，前赴后继、艰苦奋斗，不断夺取革命、建设和改革事业的伟大胜利。与近代百年大变局中志士仁人前赴后继、艰难曲折的探索相比，在中国共产党引领的现代百年大变局中，中国人民不仅从此踏上了一条争取民族独立、人民解放的光明道路，也真正开启了国家富强、民族复兴、人民幸福的“中国梦”的伟大历史征程。目睹着中国共产党领导全国人民取得的一个又一个胜利，向来极度自信甚至有些自负的梁漱溟不得不承认：“我诚然错了。”②但山东乡村建设运动结束 80 多年后，梁漱溟关于“中国问题”的思考及其改造乡村社会的努力却从来没有从历史上真正地淡出，反倒重新在现代学界引起了广泛关注，特别是“中国农村又出现了各种各样的社会和文化问题，这些问题更无不促使人们重读梁先生的《乡村建设理论》”③。

诚然，自中华人民共和国成立特别是改革开放 40 多年以来，党和国家在农村地区相继推行了一系列的改革。④ 撮其要者言之，如经济上实行家庭联产承包责任制，逐步实现农村基本生产经营制度的变迁；开展农村

① 根据曾经多次担任邹平实验县县长的徐树人回忆，山东乡建院内部主要分为以梁耀祖为首的河南村治学院派、以孙则让为首的山东曹州帮、梁漱溟及其学生等三大派系。对此，尽管梁漱溟本人予以了否认，但他也承认，乡建院众人来自五湖四海，各人文化程度和经历迥异，因而对不少问题的看法和处理均有所不同。参见山东省政协文史资料委员会、邹平县政协文史资料委员会编：《梁漱溟与山东乡村建设》，济南：山东人民出版社，1991 年，第 82、95—96 页。

② 梁漱溟：《我致力乡村运动的回忆和反省》，《梁漱溟全集》第 7 卷，第 427 页。

③ 吴飞：《梁漱溟的“新礼俗”——读梁漱溟的〈乡村建设理论〉》，《社会学研究》2005 年第 5 期。

④ 参见陈锡文等：《中国农村改革 40 年》，北京：人民出版社，2018 年。

税费改革，直至2006年彻底取消了赓续数千年的“皇粮国税”（农业税），与税费改革前的1999年相比，“中国农民减负总额超过1000亿元，人均减负120元左右”①；实施精准扶贫战略，打赢了艰巨的脱贫攻坚战。政治上恢复乡镇体制并适时地推动乡镇机构改革，稳步实现从“管治”到“服务”的职能转变②；探索建立村民自治机制③、构建农村社会治安体制，维护乡村社会的稳定与和谐，一个具有中国特色的乡村治理体系正在逐步形成。④ 但不容忽视的是，改革开放以来尤其是新旧世纪之交，“三农”问题成为社会各界广泛关注的焦点。⑤ 时至今日，“因忽视各种现实条件与弱势群体利益而强势推进的全面都市化、不顾乡土社会特点而简单照搬的高成本现代治理、为‘三农’危机转嫁而合理化的发展主义意识形态”⑥ 诸因素交相叠加，仍然迫使乡村继续处在不利地位，导致资金、土地（如“就地转换”）以及劳动力“三要素”从乡村中大量流出。在新时代中国社会主要矛盾已经发生了深刻转变的情况下，当前发展不平衡不充分的主要短板显然仍集中体现在广阔的乡村。对此，习近平总书记一针见血地指出：

> 我们也要看到，同快速推进的工业化、城镇化相比，我国农业农村发展步伐还跟不上，“一条腿长、一条腿短”问题比较突出。我国发展最大的不平衡是城乡发展不平衡，最大的不充分是农村发展不充分。⑦

质言之，新时代乡村振兴战略在2018年的正式开启，“既是对百年农村发展历史困境的全面超越，也是对新时期以来解决‘三农’问题的历史经验的总结和升华”⑧。而随着乡村振兴战略的全面开启，以梁漱溟邹平实验

---

① 陈锡文等：《中国农村改革40年》，北京：人民出版社，2018年，第191页。

② 参见吴理财：《从“管治”到“服务”：乡镇政府职能转变研究》，北京：中国社会科学出版社，2009年。

③ 参见徐勇：《中国农村村民自治》，武汉：华中师范大学出版社，1997年。

④ 参见陈锡文等：《中国农村改革40年》，北京：人民出版社，2018年；陆益龙：《百年中国农村发展的社会学回眸》，《中国社会科学》2021年第7期。

⑤ 参见陆学艺：《中国“三农”问题的由来和发展前景》，《陆学艺文萃》，北京：生活·读书·新知三联书店，2019年，第111—137页。

⑥ 潘家恩、温铁军：《三个“百年”：中国乡村建设的脉络与展开》，《开放时代》2016年第4期。

⑦ 习近平：《习近平谈治国理政》第三卷，北京：外文出版社，2020年，第256页。

⑧ 王先明：《从农村复兴到乡村振兴的百年跨越》，《开放时代》2018年第3期。

为代表的民国乡村建设运动再次进入公众视线[①]，也令梁漱溟在坦言其“诚然错了”之后的另一番讲话变得或许更加值得玩味——“我诚然错了；然而所见仍然没有错，只不过是说出来太早了。——失之于太早”[②]。

（一）新时代乡村振兴面临的挑战——基于七省的实地调研

随着乡村振兴战略在2018年的正式开局，实施乡村振兴战略已经成为新时代“三农”工作的总抓手，旨在“按照产业兴旺、生态宜居、乡风文明、治理有效、生活富裕的总要求”[③]，促进乡村社会的全面振兴。但当代中国乡村仍存在着哪些突出的问题？或者说，乡村振兴仍将面临哪些现实的挑战？笔者在七省份开展实地调研，借助观察、访谈（见“附录三”）等途径搜集并获取大量实证材料。其中，东部省份选取的是江苏（盐城、南通），而考虑到在当前发展不平衡不充分的现实背景下，广大中、西部地区的乡村不仅呈现出了更严重的衰败和“空心化”等问题，而且这些地区的乡村实现振兴的难度也要远远大于东部沿海地区[④]，因此，我们分别从中、西部选取了多个省份，包括中部地区的安徽（安庆、合肥）、山西（大同、阳泉）、河南（平顶山）和江西（吉安），西部地区的陕西（商洛、宝鸡）、云南（红河哈尼族彝族自治州，简称红河州）（见表5.1）[⑤]——本部分将首先参照乡村振兴战略的总体要求，细致剖析当前制约乡村发展的主要因素，以更准确把握新时代乡村振兴面临的一些主要困难和挑战。

---

① 参见《文史哲》编辑部等:《2018年度中国人文学术十大热点》,《文史哲》2019年第3期。

② 梁漱溟:《我致力乡村运动的回忆和反省》,《梁漱溟全集》第7卷,第428页。

③ 《中共中央　国务院关于实施乡村振兴战略的意见(2018年1月2日)》和《乡村振兴战略规划(2018—2022年)》,北京:人民出版社,2018年。

④ 参见张劲松:《乡愁生根:发展不平衡不充分背景下中西部乡村振兴的实现》,《江苏社会科学》2018年第2期。

⑤ 当然,如贺雪峰教授所指出的,中国农村区域差异不仅体现在东、中、西之间,也体现在南、中、北之间。其中,东、中、西之间主要表现为经济发展水平上的差距,而南、中、北之间则反映了社会结构的差异。参见贺雪峰等:《南北中国:中国农村区域差异研究》,北京:社会科学文献出版社,2017年。因此,我们在选择调研地点的时候,除了考虑到通常所说的东、中、西之间的区别,也尽可能兼顾了这种南、中、北维度上的差异。

表 5.1 七省调研与访谈的基本情况①

调研地点	主要访谈对象②	调研时间
江苏盐城 S 村	邹书记（区委办公室副主任，S 村“第一书记”）	2019 年 3 月
江苏南通 M 村	李镇长（C 镇副镇长，兼任 M 村“包村干部”）	2020 年 12 月
安徽安庆 J 村	赵书记（市农业局科长，J 村“第一书记”）、汪主任（J 村村主任）	2018 年 9 月 2023 年 2 月
安徽安庆 N 村	王书记（N 村党支部书记）	2022 年 8 月
安徽合肥 X 村	龙主任（X 村副主任兼妇联主任，大学生村官）	2023 年 3 月
江西吉安 D 村	何主任（D 村村主任）	2023 年 2 月
河南平顶山 B 村	肖书记（B 村党支部书记）	2023 年 3 月
山西大同 L 村	王书记（区委宣传部科长，L 村“第一书记”）	2018 年 7 月
山西阳泉 H 村	史主任（H 村村主任）	2021 年 1 月
山西阳泉 Q 村	周主任（Q 村村主任）	2021 年 1 月
陕西商洛 Y 村	李书记（山阳县教育局副科长，Y 村“第一书记”）	2018 年 11 月
陕西宝鸡 T 村	景队长（麟游县纪委监委干部，驻 T 村工作队队长）	2020 年 10 月
云南红河州 G 村	李书记（省委宣传部副处长，G 村“第一书记”）	2019 年 7 月

1. 农民群体综合素质不高制约了乡村产业的发展

在新时代乡村振兴的过程中，产业兴旺是乡村振兴的经济基础。③ 按

① 遵循学术惯例，我们对具体的地点和人物均做了匿名处理，在此谨向所有为我们的调研工作提供帮助的领导、朋友，以及接受我们访谈的对象表示衷心的感谢。

② 除主要访谈对象之外，我们还访问了其他村干部和部分村民代表，限于篇幅，在此不一一枚举。

③ 参见《中共中央 国务院关于实施乡村振兴战略的意见（2018 年 1 月 2 日）》。

所谓“产业兴旺”的内涵极其丰富，“不能仅局限于第一产业农业的发展，而应着眼于‘接二连三’、一二三产融合、功能多样、质量取胜的现代农业产业的兴旺与发展”[①]。这不仅需要我们“重新定义农业”[②]，需要地方政府在政策引导、产业布局各方面做出统筹安排，更有待于农民群体自身综合素质的进一步提升。只有乡村民众掌握了先进的生产技术和现代生产经营的理念，才能更好地顺应农业现代化发展提出的一系列新要求，才能真正促进乡村产业的发展与兴旺，而这也正是当前制约不少地区实现乡村振兴的一个关键因素。例如，位于我国西南边陲云南省红河州山区的G村是一个少数民族（主要为彝族、哈尼族）聚居的村落，驻该村的“第一书记”李书记（彝族）在向我们介绍其当前工作重点时说：

> 我们这个地方现在要上马一些产业还是比较困难的，因为在山里嘛，又是少数民族的群众居多，大家受教育的程度还比较低，思想也很保守。说件不怕让你笑话的事，我刚来的时候联系了县里，让他们安排一下到村里放几场农技（农业科技——引者补）电影，但村里人死活不同意，说放这些东西会引起瘟疫，让人哭笑不得，担心激化矛盾最后就没放。现在我主要是联系了一些懂技术的人员经常下到村里面来手把手、面对面地教大家怎么种菌子啊，怎么制作和保存啊，怎么放羊、喂羊啊。我们这个地方山多，山上出产不少好品质的菌子，如果有办法到你们那里（东部沿海地区——引者补）去卖，肯定很有市场，但目前仍只是大家采回去后吃掉，偶尔拿一些到县里去卖卖，换回来几个零花钱。（访谈编号：LS2019072304[③]）

当然，不仅是云南省的G村，我们在调研其他村庄时，驻村“第一书记”、驻村工作队队长和本地村干部们也都或多或少地谈及类似的问题。根据在安庆市J村担任多年党支部书记的桂书记介绍，该村目前的非农产业很少，主要有一个雨衣加工厂、一个大米加工厂和几户农家乐，都是私人经营的，且规模很小，能够吸纳的劳动力十分有限。但村里实际上并不

---

① 黄祖辉：《准确把握中国乡村振兴战略》，《中国农村经济》2018年第4期。

② 关于这一问题的探讨，参见刘守英等：《中国乡村振兴之路：理论、制度与政策》，北京：科学出版社，2021年，第11—12页。

③ 访谈编号由“访谈对象姓名首字母＋访谈日期＋序号”组成，后文中的访谈编号均遵循此例，为了避免过多的脚注，后文将不再一一说明。

是没有尝试过创办集体企业，也不是没有尝试过引进一些高附加值的产业，问题在于，“农民合作能同甘，但不能共苦，集体企业不好办，想要从外面引进来吧，人家觉得我们这里的老百姓不具备相应的技能，招进来之后不仅要花大力气培训，散漫惯了的农民恐怕也不太适应车间生活，不太好管理。最后，村干部们心气都没了，现在就是在做一天和尚撞一天钟，混混日子”（访谈编号：GYQ2018092107）。即便是在产业基础较好的江苏南通 M 村，长期联系该村的“包村干部”、C 镇李副镇长同样指出，尽管 M 村的纺织业历史悠久，不少村民曾因此发家致富，但村民们的经营理念已经有些跟不上时代了，如纺织品的“花色常年不变，市场竞争力越来越弱”（访谈编号：LN2020120325）。更麻烦的是，电商经营模式的兴起，使不少村民被迫卷入陌生的电商市场，“被骗几万、几十万的大有人在”（访谈编号：LN2020120346）。

显然，农民群体的综合素质不高，难以跟上时代发展的步伐，成为制约乡村产业发展和产业兴旺的瓶颈，也严重影响着农民群体生活机遇的改善、生活富裕的实现。在现代社会，乡村产业振兴提出的更高标准要求，与农民群体当前综合素质仍然普遍不高、生产技能存在严重欠缺和小农观念局限之间形成的巨大落差，需要通过有效的途径迅速予以弥补。

2. 乡村社会伦理道德失范影响文明乡风的建设

一般认为，传统乡村社会秩序主要依靠伦理道德规范（也就是“德治”）和“乡绅自治”来维持，秦晖将这一关于传统乡村的认知范式（paradigm）概括为“国权不下县，县下惟宗族，宗族皆自治，自治靠伦理，伦理造乡绅”[①]。但在近现代百年大变局中，受到西方自由化、市场化浪潮等因素的侵蚀，乡村伦理道德秩序出现了失范危机，“繁荣兴盛农村文化，焕发乡风文明新气象”遂成为乡村振兴的另一要务。具体言之，“乡风文明”要求新时代的乡村振兴不应仅停留在“产业兴旺”“生活富裕”的经济层面，而必须“坚持物质文明和精神文明一起抓，提升农民精

① 参见秦晖：《传统十论——本土社会的制度、文化及其变革》，上海：复旦大学出版社，2003 年，第 3 页。值得注意的是，秦先生并不赞成这一认知范式。他认为，从我国历史上的总体态势来看，家族或宗族等血缘共同体并不能提供“有效的乡村‘自治’资源，更谈不上以这些资源抗衡皇权”（第 44 页）。而近年来学界关于传统中国基层管理制度的研究，也有助于我们重新反思这一习以为常的认知范式，可参见张德胜：《皇权下县：秦汉以来基层管理制度研究》，北京：清华大学出版社，2017 年。

神风貌，培育文明乡风、良好家风、淳朴民风，不断提高乡村社会文明程度”①，促进乡村民众精神生活的共同富裕。

从调研情况来看，“乡风文明”建设仍是乡村振兴面临的一道难题，需要付出更多的努力。在不少调研地点，驻村“第一书记”、村干部甚至村中的老人都向我们坦言，村里存在着不同程度的赌博、斗殴乃至不赡养老人等不良现象，而这往往又在西部边远地区的乡村中表现得更明显。如云南红河州G村的李书记就告诉我们，由于G村位于边远山区，民风虽较为淳朴，但也保留了许多不良风气，“村里的很多男人大多都无所事事，家里家外的事情都让妇女们去操劳，男人们没有事情干就聚在一起赌博和抽烟——水烟，输了就回家打老婆、打孩子，弄得鸡飞狗跳”（访谈编号：LS2019072337）。G村的另一个不良现象“就是早婚，不少女孩子十六七岁就嫁人了，男孩子也是不到二十岁就结婚，有的可能还要更早一些”（访谈编号：LS2019072339）。山西大同L村的王书记则指出，该村存在非常严重的攀比之风，婚丧嫁娶等方面尤甚。“彩礼要得多，开口最起码就是十万，又好面子讲排场，流水席一吃就是好几十桌，娶个儿媳妇有的时候直接就把人家给闹穷了，媳妇一进门，债主也跟着进门。”（访谈编号：WML2018071207）这一点同样得到了L村几位主要村干部的认可。而河南省平顶山B村的村民更是坦言：“最愁人的就是给儿子说媳妇，不给彩礼不中，城里没房子不中。”（访谈编号：XJY2023031026）以至于村里面有不少人“年轻时为了生儿子吃苦，年纪大了还要为了养儿子一家人吃苦”（访谈编号：XN2023030941）。

令人尤其感到不安的是，调研发现：赌博在不少乡村大有愈演愈烈之势，某些乡村在过年期间更是聚赌成风，不少人辛苦务工一年所得的积蓄，在返乡过年的短短几天之内就几乎全部输掉了，最后还是“找爸妈要了点路费，大年初二就跑出去打工了”（访谈记录：HJH2023020217）。即便是在经济仍欠发达的乡村社会、在一些并不富裕的农村家庭，年轻人“啃老”的现象也已经屡见不鲜。安徽安庆J村的妇联主席就告诉我们：“现在农村也出现了啃老的现象，我们村里面有个小姑娘，毕业后眼高手低，差的工作不愿意干，好的工作又找不到，最后干脆赖在家不愿意出门干活了，父母对她意见很大，经常闹冲突。这虽是个别极端的例子，但现

---

① 《中共中央　国务院关于实施乡村振兴战略的意见》，2018年2月4日，https://www.gov.cn/zhengce/2018-02/04/content_5263807.htm。

在眼高手低、伸手朝家里面要钱的年轻人还真不少。”（访谈编号：ZM2018092114）更令人吃惊的是，安徽合肥的X村由于靠近省会城市，多年来一直盛传该村要整体拆迁，当地的不少村民抱有“等待拆迁”的心理。该村的龙副主任向我们坦言，不少村民甚至因此患上了所谓的“拆迁病”，其具体表现就是“许多人都不踏实找事情做了，就算找到了事情，也都是想着挣点临时的生活费，不会安安心心地干，很多人成天惦记着‘一夜暴富’，吃喝玩乐地混日子，等待着拆迁”（访谈编号：LMJ2023032431）。

显然，“乡风文明”建设依旧任重道远，需要进一步以社会主义核心价值观为引领，从各种移风易俗的行动做起，传承、发展并不断提升乡村社会中优秀的传统文化资源，促成传统文化与现代文明相映成趣的文明乡风。

3. 农民的“不理性”行为破坏乡村的生态环境

新时代中国的乡村振兴，建设生态宜居的美丽乡村是关键。与都市相比，良好的生态环境理应成为农村地区的最大优势与宝贵财富。优美的乡村环境、闲适的田园生活，不仅“可以帮助城市人洗尽铅华”，使他们“享受慢食、慢村、慢生活”①，某些靠近城市、风光宜人的乡村，更可借此发展乡村旅游，盘活乡村经济。如我们调研的安庆市N村就因为背靠明山（化名）风景区，发展起“农家乐”、民宿等服务行业，该村的村容村貌建设、村民经济收入明显好于当地的一般乡村。大多数村民也因此选择留村留乡发展，使N村并未陷入中西部乡村通常面临的“空心化”困境，为乡村振兴奠定了良好的基础。当然，具备发展旅游业的乡村毕竟只是少数，但也值得警惕的是，由于农民的一系列“不理性”行为②，不少乡村的生态环境已经遭到了较严重的破坏。

根据实地调研，农民的这些“不理性”行为大致包括以下几个方面：一是封建迷信活动，如逢年过节祭神、逢初一或十五前往土地庙等地拜祭，这些拜祭活动往往会焚烧纸钱，特别是农民的祭祖行为稍有不慎就会引起山林火灾。陕西商洛Y村的村干部告诉我们：“每逢年节的时候，我

① 刘守英等：《中国乡村振兴之路——理论、制度与政策》，北京：科学出版社，2021年，第74页。

② 已有研究指出，中国农民行为背后有其自己的逻辑，因此，农民的行为并不完全是“非理性”的，但这不妨碍我们仅从结果论的角度，将农民的某些行为界定为“不理性”的。关于“农民理性”或者农民行为逻辑的研究，可参见贺雪峰：《熟人社会的行动逻辑》，《华中师范大学学报》（人文社会科学版）2004年第1期；徐勇：《农民理性的扩张：“中国奇迹”的创造主体分析——对既有理论的挑战及新的分析进路的提出》，《中国社会科学》2010年第1期。

们这些村干部就如临大敌，分别到各个山头去蹲点，防止（因村民祭祖行为引起的——引者补）山火。”（访谈编号：YZZ2018110913）安庆J村的村干部们更是叫苦不迭：“逢年过节原本是家家团圆的时候，我们这些村干部却要加班到晚上十点钟以后，万一农民烧纸钱引起了火灾，究竟是哪个人造成的可能根本就没办法查清，但村干部们因此被罚却是肯定的。”（访谈编号：GYQ2018092126）不少村干部表示，几乎每年都会因村民祭祖引发或大或小的火灾。二是农业生产中的秸秆焚烧等行为对环境的破坏。跟逢年过节的时候需要防止村民祭祖引发山火一样，每逢稻麦收获的季节，村干部开始“跟村民们打游击，每天加班到晚上十一二点，你只要稍微不注意，就有人跑出来烧（秸秆——引者补），不仅破坏环境，而且还会影响到旁边的高速公路，带来安全隐患”（访谈编号：BZJ2019033017）。三是某些地区存在偷伐树木、过度放牧等现象，造成生态环境的破坏。例如，山西大同L村村主任向我们诉苦：“村民们有时候会背着我们偷偷地进山砍树、放羊，在我们这靠近黄河，水土流失比较严重的地方，一棵树、一根草都很宝贵，随随便便地砍掉，让羊吃掉——那个山羊最厉害，不仅吃，还要用角把草根都拱出来——大家都这么干，水土流失当然也就治不好了。”（访谈编号：LME2018071233）四是受到历史遗留问题的影响。如山西省阳泉市的H村和Q村过去都曾开设过不少小煤矿，“那时候煤挖出来就是钱，有人还发了大财，大家都争先恐后地上”（访谈编号：ZHP2021011476）。现在这些小煤矿虽已陆续关停，但当地的生态环境已经受到严重影响，以至于生态修复成为当前的一项重要任务。

由于农民的种种“不理性”的行为，乡村生态环境面临着被破坏的风险，因此，生态宜居的乡村环境的建设与维护，仍需要从进一步转变农民群体的观念和意识，根治上述种种“不理性”行为入手。

4. 村民参与性不足限制乡村有效治理的实现

构建新型乡村治理体系、实现乡村社会的有效治理，是乡村振兴的政治与社会基础。新时代乡村社会有效治理的实现，不仅需要推进并完善各项制度，更应引导村民发展自治意识，宣传法治观念和弘扬德治精神，充分形成“自治、法治、德治”三者的合力。① 举例言之，作为一项在我国实行了40多年的制度，村民自治在现实中遇到的挑战依然不少，找回

① 关于“三治”融合的探讨，可参见郁建兴、任杰：《中国基层社会治理中的自治、法治与德治》，《学术月刊》2018年12期。

"自治"需因地制宜地"构建多层次多类型的村民自治实现形式体系"①，而"自治"的基础仍在于乡村民众牢固树立"自治"的意识，充分发挥"自治"的能力。

然而，目前乡村治理中的村民参与行动及参与意识均存在着严重不足的问题。在实地调研中，驻村干部和村干部的担忧更是印证了这一点。驻安徽安庆J村"第一书记"的赵书记告诉我们：

> 前几年我们还说农村是"61""38""99"（即儿童、妇女和老人——引者注）部队，现在情况更严重了，基本上都是老年人，连妇女和小孩都少了。从我们这个村支部往南走，以前的18户人家，你自己去看看有几家成天是"铁将军"把着门的就清楚了。村里面要办点事，想找人来商量简直是打着灯笼也难得找到几个年轻人。有时候，我让村里的干部们给一些在镇上打工的年轻人打电话，让他们有空回来商量事情，他们都不愿意，有的干脆就直接说你们随便怎么弄都好，我不管。（访谈编号：ZY2018092126）

其他驻村干部或村干部甚至普通村民，也都在访谈中提及所在村庄存在着较严重的"空心化"现象②，这导致乡村公共事务乏人问津："有能力的都出去了，剩下来的人大多也根本不关心村子里面的事情，找他们问意见的时候不见人，一旦出了点问题就全跑过来闹村干部。"（访谈编号：BZJ2019033028）

值得注意的是，与乡村集体事务无人问津相应的，却是村民们闲暇时间的增多。调研发现，由于农业机械的运用及不少村民将土地转包他人经营，一些乡村甚至开始了"小田变大田"的改革③，农民的闲暇时间显著增加。以安庆市J村为例，当我们2023年2月重返J村时，映入眼帘的

① 徐勇、赵德健：《找回自治：对村民自治有效实现形式的探索》，《华东师范大学学报》（人文社会科学版）2014年第4期。

② 值得注意的是，在一些经济较发达的乡村，面对的恰恰是与"空心化"相反的外来人口过多的压力。例如，在我们调研的江苏省南通市M村，该村村干部和镇里的"包村干部"李副镇长异口同声地表示，由于M村靠近当地的家纺市场，外来人口租赁厂房、住房等较多，且这些外来人口大多以同乡、同村聚居，给乡村秩序和乡村治理带来了一定的冲击。但由于我们的调研以中西部发展相对滞后的乡村为主，因此，"空心化"仍是最常见的现象。

③ 所谓"小田变大田"改革，目前主要是在安徽、江苏等省份开展的耕地整治试点工作。

不再是过去阡陌纵横的小块农田，而是经过平整之后更适合机械化种植的大块土地，村民们现在只是“在家门口种种菜，附近打打零工”（访谈编号：WXW2023020218），但闲暇时光的增多并未充分激发村民们对集体事务的关心。“现在不像‘大集体’的时候，那时候经常开会，要挖水库、要修路，都是大家一起干。现在是各顾各家，修路、挖水库这些事情都是上面拨钱下来干，用不着我们老百姓操心。”（访谈编号：JSW2023020537）不少村民表示，现在除了每年年底各家会派一位代表到队长家里开会，“算一下账”——主要是结算当年土地承包的租金和讨论下一年的租金标准，他们从来没有关心过队里或村里的集体事务，“不清楚村里有没有开会，队里有没有开什么的会，也搞不清楚”（访谈编号：JYZ2023020230）。在这种情况下，实现乡村社会的有效治理诚可谓任重道远。

（二）社会教育与乡村振兴——邹平实验的思路启发

从江苏、安徽、山西等七个省份的实地调研来看，新时代乡村振兴仍然面临着一系列的困难与挑战，与乡村振兴战略提出的“产业兴旺、生态宜居、乡风文明、治理有效、生活富裕”的总体要求尚存在较大的距离。尽管梁漱溟的邹平实验已经过去80余载，而相比于民国时期的乡村建设运动，新时代全面实施的乡村振兴战略，无论是在布局眼界，还是在实施条件等方面，均已实现了全方位的超越①，但如何赋能乡村民众、激活乡村组织、促进乡村振兴，仍可以从梁漱溟邹平实验采取的社会教育方法中获得有益的思路启发。

1. 重视社会教育，促进乡村振兴

梁漱溟的邹平实验之所以选择通过社会教育来进行，集中体现了梁氏本人对于乡村工作方法的重视。按梁漱溟虽非自幼生长在乡间，而完全是一个在北京生活、长大的“都市中人”，但他却清楚地认识到，乡村工作

① 试举其要者言之，从经济条件来看，梁漱溟的邹平实验是在近代中国积贫积弱的情况下进行的，而新时代乡村振兴战略则是在中国已经跃居世界第二大经济体，且“农村经济正处在历史最好时期”（贺雪峰：《大国之基：中国乡村振兴诸问题》，北京：东方出版社，2019年，第106页）的优势条件下展开；从政治条件来看，梁漱溟的邹平实验是在内忧外患、军阀割据的夹缝中艰难地摸索，而新时代乡村振兴战略则是在中国共产党的坚强领导下有序推进；再从乡村社会的结构变迁来看，乡村社会已然经历了从费孝通先生所说的“熟人社会”向当前所谓“半熟人社会”或者“无主体熟人社会”的转型。参见贺雪峰：《新乡土中国》，北京：北京大学出版社，2013年；吴重庆：《无主体熟人社会及社会重建》，北京：社会科学文献出版社，2014年。

并不容易，需要审慎选择合适的途径与方法。例如，在梁漱溟看来，乡村工作倘若借助行政手段来进行，固然能够立竿见影，甚至能够在短期内收获显著成效，但行政手段机械、刚硬，“强似铁钩”，容易将“好比豆腐”的乡村民众划得遍体鳞伤，而对山西村政的考察更坚定了梁漱溟的这一判断。[①] 同时，行政手段的命令、强制色彩过于浓厚，也不利于真正调动乡村民众的积极性、主动性和创造性。与之相比，社会教育作为乡村工作的主要方法，则可以避免此类弊端。梁漱溟认为，社会教育的最大优势就在于能以“他力”引生乡村社会和乡村民众的“自力”。[②] 因此，这一方法毫无行政手段机械、刚硬的弊病，最终真正依靠乡村民众的自身力量来建设乡村、改进乡村。

尽管时移世易，新时代乡村振兴战略是在党的坚强领导下展开，而且乡村社会正在经历从传统的“熟人社会”向所谓“半熟人社会”或者“无主体熟人社会”的巨大转变，但乡村工作同样需要重视方式、方法。值得警惕的是，随着我国国家政权建设的有序推进，政府力量不断增强并逐渐向下渗透[③]，乡村工作呈现出过分行政化的态势。从这个意义上来说，梁漱溟的社会教育思想与实践，有助于我们重新思考乡村工作的方式，而社会教育仍可作为乡村工作的一种重要方法，在振兴乡村社会的过程中彰显其功用。

2. 引导人才回乡，助力乡村建设

在近代“千年未有之大变局”中，乡村社会的日渐衰败，既使得传统士绅阶层纷纷离开乡村社会[④]，而外出求学的乡村子弟“学得了一些新知识，却找不到一条桥可以把这套知识应用到乡间去”[⑤]，乡村人才的流失致使近代中国乡村社会陷入了恶性循环当中。具体言之，乡村社会愈困顿，乡村人才愈流失；乡村人才愈流失，乡村社会愈困顿。[⑥] 梁漱溟先生

---

① 参见梁漱溟:《北游所见记略》,《梁漱溟全集》第 4 卷,第 880—910 页。

② 参见梁漱溟:《乡村建设大意》,《梁漱溟全集》第 1 卷,第 675—676 页。

③ 徐勇教授称之为“乡村的行政整合”。参见徐勇:《国家化、农民性与乡村整合》,南京:江苏人民出版社,2019 年,第 146—171 页。

④ 黄宗智、杜赞奇等人的研究细致呈现了这一变迁过程,参见〔美〕黄宗智:《华北的小农经济与社会变迁》,北京:中华书局,2000 年;〔美〕杜赞奇:《文化、权力与国家:1900—1942 年的华北农村》,王福明译,南京:江苏人民出版社,2003 年。

⑤ 费孝通:《乡土中国　乡土重建》,北京:生活 · 读书 · 新知三联书店,2021 年,第 189 页。

⑥ 参见费孝通:《乡土中国　乡土重建》,北京:生活 · 读书 · 新知三联书店,2021 年,第 181—195 页。

对于这一点同样有着深切的认知，他谆谆告诫广大知识分子，与其继续浮游在都市社会，混迹于军政学界之间，自甘沦落为只求到处混口饭吃的"高等乞丐"，不如大家一起返回乡村社会，以自身的所学所知服务于乡村，在投身乡村建设的历史进程中，实现知识分子群体独有的价值，挺立起中国读书人"以天下为己任"的脊梁，并为积贫积弱的近代乡村社会开拓出一条新的出路。而社会教育作为乡村建设的方法，仿佛架起了一座引导知识分子群体返乡的桥梁，有助于摆正知识分子在乡村建设中的位置，充分发挥知识分子在乡村建设中的作用。

与之相应，乡土人才的不足同样是当代乡村振兴面临的一大挑战，这在一些中西部地区的乡村体现得尤为明显。我们在安徽、山西、陕西等地的调研均表明，乡村社会日益明显的"空心化"态势，成为当前制约乡村振兴的重要障碍。因此，中共中央和国务院联合印发的《乡村振兴战略规划（2018—2022年）》指出，"强化乡村振兴人才支撑"，不仅要加快新型职业农民的培育和农村专业人才队伍的建设，更要"以乡情乡愁为纽带"，引导并支持企业家、专家学者等社会人才，投身乡村建设。[①] 显然，社会教育仍可作为一种重要的途径，拓宽知识分子群体服务乡村社会的渠道，引导更多的人才"回乡"，共同助力乡村建设。

3. 赋能乡村民众，激活乡村组织

邹平实验中，梁漱溟始终坚持将赋能乡村民众、激活乡村组织作为乡村建设的核心任务。如梁漱溟本人所言："乡村建设之事，虽政府可以作，社会团体可以作，必皆以本地人自作为归。"[②] 换言之，乡村民众才是真正的乡村建设主体。但梁漱溟同样看到，一盘散沙的乡村民众难以承担乡村建设主体的重任，唯有乡村民众懂得结成团体组织，通过乡村组织的有效运转，乡村民众的主体作用才能得到充分发挥。因此，梁漱溟率领乡建院同仁深入邹平乡村，广泛开展社会教育，其用意正在于以社会教育的方法，为乡村民众赋能，最终使"村学、乡学真正发生组织作用，乡村多数人的注意力与活动力均行启发，新政治习惯培养成功"[③]。由此可见，唤醒并赋能乡村民众、激活与运转乡村组织，始终是梁漱溟社会教育思想与实践的真正用心及深意之所在。

---

① 参见《乡村振兴战略规划（2018—2022年）》，北京：人民出版社，2018年，第90—92页。

② 梁漱溟：《山东乡村建设研究院设立旨趣及办法概要》，《梁漱溟全集》第5卷，第232页。

③ 梁漱溟：《我的一段心事》，《梁漱溟全集》第5卷，第536页。

显然，新时代乡村振兴战略同样需要坚持乡村民众的主体地位。因此，中共中央和国务院联合印发的《乡村振兴战略规划（2018—2022年）》明确，“调动亿万农民的积极性、主动性、创造性”，从而“给予了中国小农前所未有的关注”。[①] 而如何赋能乡村民众、激活乡村组织，当代中国的乡村振兴仍可以从梁漱溟的邹平实验及其运用的社会教育方法中获得启示。质言之，在梁漱溟那里，社会教育的一大关键优势就在于以“他力”引生乡村民众的“自力”，并在政、学（教）的良性互动中使乡村组织有序运转起来。结合笔者在江苏、安徽等地乡村的调研来看，梁漱溟的相关思考仍未过时，在信息技术蓬勃发展、知识更替日新月异的当今社会，梁漱溟的社会教育思想与实践通过“创造性的转化”，仍不失为一种重要的方法，从而为乡村民众赋能、激活并运转乡村组织，最终真正尊重和发挥亿万农民在乡村振兴中的主体作用。

（三）社会教育与乡村振兴——邹平实验的实践借鉴

梁漱溟的社会教育思想与实践，不仅能够为新时代乡村振兴提供有益的思路启发，而且其中的社会教育实践模式也有着鲜明的特色，能够为当代继续开展社会教育活动，以社会教育的方式助力乡村振兴，提供有所裨益的实践借鉴。

1. 多元主体参与，凝聚社会教育的合力

梁漱溟邹平实验中的社会教育主要是依靠返乡的知识分子群体，借助政府的支持，依靠创办乡学、村学，培养乡村教员（即训练部学员）等方式进行的。某种意义上说，梁漱溟的邹平实验已得如今方兴未艾的“治理”风气之先，他们改造乡村社会的“一种内在的冲动就是摆脱政府权力而由村民自己实行治理”[②]。随着社会主义市场经济的繁荣和社会力量的逐渐成长、成熟，现代社会已经日益呈现出多元化的态势，新时代乡村社会教育的开展，不仅需要更多具有乡土情怀的知识分子参与其中[③]，也需

---

① 黄宗智:《国家与社会的二元合一:中国历史回顾与前瞻》,桂林:广西师范大学出版社,2022年,第342页。

② 俞可平、徐秀丽:《中国农村治理的历史与现状——以定县、邹平和江宁为例的比较分析》,《经济社会体制比较》2004年第2期。

③ 在这一方面,不少知识分子正在进行有益的尝试。例如,以牟钟鉴、颜炳罡、赵法生为代表的知名学者坚持在山东各地开设乡村儒学讲堂,开展“儒学下乡”的社会教育活动。参见孔德永:《“儒学下乡”与乡村治理》,《东岳论丛》2016年第5期。

要各类社会组织或民间组织、具有社会责任感的企业等一起贡献力量，最关键的是要“将政党带进来”[①]，更充分地发挥党建引领和党员在社会教育中的模范带头作用和示范效应。总而言之，新时代社会教育需要凝聚多方力量，以形成社会教育的合力。

为此，政府应当尽力为各类主体参与乡村社会教育开拓出更大的空间、更畅通的渠道。诚如当年梁漱溟所批评的，借助政府的力量来做事情很容易陷入机械化的困境，因为政府主要运用命令、强制，“这个力量用下去，他一步一步都是机械的。上级交与下级，下级已经机械，一级一级的再往下去，则一级一级的更加机械”（337）[②]；而完全任由私人或社会力量来做，“没有强制力而是自动的，当然很好了；可是他干不动”（336）。故最理想的模式是同时成就乡村运动或文化运动和现政权的两个系统，并以“乡村运动为主力，现政权则为助力，以完成新社会之建造”（338—339）。[③] 事实上，政府助力“搭台”、多元主体共同参与，往往会收获更佳的效果。陕西商洛Y村的驻村“第一书记”告诉我们：

> 我们这里是贫困乡、贫困村，以前上面也拨了经费，由县政府专门组织对农民进行培训，但不少农民的热情并不高，觉得培训的内容用不上，来培训纯粹是浪费时间。去年（2017年——引者注），我们抓住和江苏C镇结对帮扶的机会，由两边的乡镇（党委和政府——引者补）牵头，具体事务交给C镇的一个商会来办。C镇的家纺产业十分发达，你也知道的，现在家纺很多都是电商在做，这个商会就是当地的青年微商联盟，会长W和商会的一些主要成员专程来我们考察了几趟，选择了一批年轻人进行培训，教他们怎么在网上开店、经营，双方之间开展合作，不少人都很感兴趣，现在已经在筹办第二期了。我总结了一下，我们西部的政府不了解市场动态，培训的内容往往跟不上形势，农民当然就不买你的账，像那个商会人家本来就是做

---

① 参见景跃进：《将政党带进来——国家与社会关系范畴的反思与重构》，《探索与争鸣》2019年第8期。

② 梁漱溟的这个说法颇接近于现代学界对官僚制度僵化、墨守成规的批判。Peter M. Blau and Marshall W. Meyer, *Bureaucracy in Modern Society*, New York: Random House, 1987; Ralph P. Hummel, *The Bureaucratic Experience: The Post-Modern Challenge*, Armonk, NY: M. E. Sharpe, 2008.

③ 梁漱溟：《乡村建设理论》，《梁漱溟全集》第2卷。

得很成功的，了解市场，也懂得经营，由他们来培训自然就很受欢迎了。（访谈编号：LZZ2018111042）

2. 贯彻群众路线，优化社会教育的内容

新时代乡村社会教育的开展既需要多元主体的共同参与，而在社会教育具体内容上则应当始终紧扣农民群体的真实诉求，调动广大乡村民众的积极性。事实上，梁漱溟等人在邹平的社会教育工作虽然取得了一定的成效，但由于社会教育的具体内容多数并未抓住农民群体的真切痛痒，最终难免陷入“依附政权”“乡村不动”的尴尬局面。[①] 诚如刘守英等人指出的，中国农民的心理和行为均有其自身特征，且“现阶段的小农早已不同于传统社会的小农”，乡村振兴需要认真了解和把握中国农民的特征及演变，充分尊重农民群体的主体地位，而不是仅凭一腔情愿，“依据某一理论对小农进行改造”。[②]

一般而言，如果没有看得见、摸得着的现实利益，农民恐怕很难会对任何组织和活动做出积极响应。因此，开展社会教育首先应当针对农民群体最迫切的需求，为他们提供更具实用性的帮助，让农民群众从社会教育中感受到实实在在的好处。当然，乡村社会教育并不是一般意义上的职业技能培训，而是广泛涉及乡村民众的精神生活、伦理观念、乡村社会的风俗习惯各个方面，试图通过这一途径实现乡村民众在知识技能、精神状态、道德伦理等方面全方位的提升，最终达到整个乡村社会的进步与发展。因此，新时代乡村社会教育的内容包罗万象，既应当体现出前瞻性、指引性，又需要充分尊重乡村民众的主体地位，把握农民群众最迫切的现实诉求并予以及时和有效的回应。

具体来说，我们认为，为使社会教育内容更贴近农民群众，有必要进一步推动社会教育与党的群众路线的结合。习近平总书记一再强调：“群众路线是我们党的生命线和根本工作路线，是我们党永葆青春活力和战斗力的重要传家宝。不论过去、现在和将来，我们都要坚持一切为了群众，一切依靠群众，从群众中来，到群众中去，把党的正确主张变为群众的自觉行动，把群众路线贯彻到治国理政全部活动之中。”[③] 只有始终坚持党

---

① 参见梁漱溟：《我们的两大难处》，《梁漱溟全集》第2卷，第573—585页。

② 刘守英、王宝锦：《中国小农的特征与演变》，《社会科学战线》2020年第1期。

③ 《习近平谈治国理政》，北京：外文出版社，2014年，第27页。

的群众路线，遵循“和群众打成一片”“虚心向群众学习”及“从群众中来到群众中去”的群众路线基本工作方法①，才能准确掌握农民群体真实的利益诉求。进而言之，遵循群众路线的工作方法使我们更容易把握群众关心的现实问题，在贴近民意、聚合民意的基础上，有针对性地形成社会教育方案，充实社会教育的具体内容，从而使社会教育有效回应农民群众的真实诉求，并在乡村振兴进程中发挥其所应有的功能。

3. 丰富教育形式，创新社会教育的模式

社会教育在新时代的“创造性转化”还需要落实在不断丰富教育形式、创新社会教育模式上。梁漱溟等人的邹平实验就采取了十分丰富的社会教育形式，除了利用乡建院训练部培养的学员们深入乡村社会，广泛创办乡学、村学，组织成人教育之外，又举办乡会乡射、农产品展览会、公共卫生宣传会等一系列活动，“还有排演文明戏、播放无声电影、组织武术队、举办农民运动会等方式”②。显然，与邹平实验相比，时代的进步为社会教育的开展形式带来了更多的挑战，诚如大同市L村党支部书记坦言：

> 现在人跟以前不一样了，以前村里面安排放一场电影，大家都带着小板凳过来了——几乎是全家出动，还有人专门从隔壁村赶过来凑热闹。现在放电影，没几个人来看，去年有次只有一对老夫妻过来看，放电影的广场就在他们家旁边，走几步道就到了。（访谈编号：LGC2018071423）

在调研过程中，不少驻村干部和当地的村干部都有“现在的群众工作很难做”（访谈编号：LS2019072388）或“让群众理解和支持我们的工作很难”（访谈编号：ZHP2021011442）的感慨。这既从侧面体现出深入开展社会教育的必要性，也意味着需要进一步丰富社会教育的形式，创新社会教育的模式，从而以更“接地气”的方式服务于农民群众、服务于乡村振兴战略。具体来说，一是要针对不同农民群体的特点（如年龄、民族、地区文化，等等），以农民群众喜闻乐见的形式开展社会教育；二是要充

---

① 关于群众路线基本工作方法的论述，可参见臧乃康：《党的群众路线与国家有效治理》，北京：中国社会科学出版社，2019年，第76—78页。

② 李伟中：《20世纪30年代县政建设实验研究》，北京：人民出版社，2009年，第115页。

分利用现代科技手段，使社会教育的形式更丰富多彩，更具吸引力和感染力；三是加强经验分享与交流，借鉴其他地方已有的成功模式；四是保持开放性，避免对既有模式的路径依赖，与时俱进地开拓并不断创新社会教育的模式。

四、本章小结

本章在前述各章的基础上，首先将梁漱溟等人的山东乡村建设运动放置在近代百年中国大变局中予以认识，并借鉴学界关于“第三方”改造乡村社会面临困境的分析，从组织行为逻辑和行动策略选择的角度，重新考察了社会教育方法的选择，由此深入反思梁漱溟等人的山东乡村建设何以会陷入“依附政权”和“乡村不动”的尴尬境地。在相对全面地剖析了山东乡村建设及社会教育方法的成败得失之后，结合新时代全面实施的乡村振兴战略，根据在江苏、安徽、山西等七省的实地调研，指出当前乡村社会存在的一系列问题，借鉴和运用梁漱溟的社会教育方法仍有必要性。换言之，梁漱溟的社会教育思想与实践，仍然能够为新时代乡村振兴提供重要的思路启发和实践借鉴，并就如何实现社会教育在新时代开阔、宏大叙事背景中的“创造性转化”进行了论述。

时光荏苒，八十余载光阴一晃而过。尽管历史早已经远远地超越了梁漱溟等人当年的邹平实验，但其深识睿思却从来没有真正地从历史上淡出。而如何深入发掘邹平实验的宝贵遗产，助力新时代全面推进的乡村振兴战略，最终实现“产业兴旺、生态宜居、乡风文明、治理有效、生活富裕”的总体要求，需要今天的我们作进一步思考与探索。

附　录

一、21世纪以来国内梁漱溟研究热点统计

（单位：篇）

年份	新儒学与文化哲学	伦理与宗教	乡村建设与社会教育	其他	总计
2000	13	6	7	19	45
2001	9	10	6	23	48
2002	11	11	7	13	42
2003	10	13	9	11	43
2004	16	21	18	23	78
2005	15	5	23	32	75
2006	17	9	31	36	93
2007	21	17	26	34	98
2008	14	16	27	38	95
2009	19	10	45	18	92
2010	20	14	28	42	104
2011	21	13	27	45	106
2012	8	12	27	38	85
2013	20	11	36	53	120
2014	22	9	27	31	89
2015	20	13	30	43	106
2016	18	11	26	27	82

续表

年份	新儒学与文化哲学	伦理与宗教	乡村建设与社会教育	其他	总计
2017	19	13	27	31	90
2018	16	11	28	38	93
2019	13	9	16	43	81
2020	20	6	18	8	52
2021	6	12	24	18	60
2022	6	5	16	25	52
2023	12	12	22	9	55

数据来源：据中国知网的检索统计整理。

二、20世纪20—30年代我国乡村建设运动相关团体和机构统计

名称	所在地	开始年份	主办机关
中山村	安阳	1925	中华农村促进会
北碚峡防团务局	涪陵	1927	峡防团务局
开弦弓丝业合作社	吴江	1927	本地自办
徐公桥乡村改进会	昆山	1928	中华职教社
唯亭山农村服务社	唯亭	1928	苏州青年会
东乡自治区	萧山	1928	国民党党部及本地
黄墟农村改进会	镇江	1929	中华职教社等
善庆农村学校	绍兴	1929	中华职教社
汤山实验区	南京	1929	省立汤山民教馆等
河南村治学院	辉县	1929	豫省府
新农试验场	萨拉齐	1929	绥省府
社桥村实验民众教育馆	无锡	1930	江苏省立教育学院
高长岸实验民众教育馆	无锡	1930	江苏省立教育学院
中冷新村	镇江	1930	江苏义教联合办事处
十家墩新农村	唯宁	1930	江苏建设农矿厅
乌江实验区	和县	1930	金陵大学
台山实验区	台山	1930	女青年会
福生园实验区	烟台	1930	女青年会
新造乡民学校	番禺	1930	—
镇平自治区	镇平	1930	本地自办
黄沙坞村信用兼营合作社	海监	1930	本地自办
清河镇乡村社会实验区	清河	1930	燕京大学
俞塘改进区	俞塘	1930	俞塘民教馆
定县实验区	定县	1930	平教会
五里亭改进区	闽侯	1930	闽教厅

续表

名称	所在地	开始年份	主办机关
善人桥农村改进会	吴县	1931	中华职教社
顾高庄农村改进会	太县	1931	中华职教社
诸家桥农村实验学校	余姚	1931	中华职教社
白沙改进区	鄞县	1931	中华职教社
香泉学校	汲县	1931	—
羊山实验区	九龙	1931	香港青年会
界沟实验区	南汇	1931	地方自办
山东省乡村建设研究院	邹平	1931	鲁省府
长安村农村改进区	萧县	1931	—
北夏普及民教实验区	无锡	1932	江苏省立教育学院
惠北普及民教实验区	无锡	1932	江苏省立教育学院
西善桥乡村实验区	江宁	1932	省立南京教馆
山海工学团	宝山	1932	—
东安农村改进区	武进	1932	本地自办
湖塘桥农村改进区	武进	1932	本地自办
龙山农村服务社	济南	1932	齐鲁大学
李村九水等乡建设办事处	青岛	1932	青岛市府
东阳家庄农村改进社	太原	1932	铭览学校
华北工业改进社	北平	1932	中华基督教协进会
丁桥农村服务社	芜湖	1932	芜湖青年会
湖南棉业试验场	长沙	1932	省县合办
广西垦镇水利试验区	柳城	1932	广西省府
下蜀自治实验区	句容	1932	省立南京民教馆等
高俞卫生实验区	上海	1933	上海市政府
莫干农村改进会	莫干山	1933	本地自办
浙江第一农村合作社	杭县	1933	浙建厅
湘东乡生活改进实验区	萧山	1933	湘湖乡师
平山村自治实验区	惠阳	1933	惠阳乡师
土屋民教实验区	济南	1933	鲁省立民教馆

续表

名称	所在地	开始年份	主办机关
祝甸民教乡村实验区	济南	1933	鲁省立民教馆
河北省县政建设研究院	定县	1933	冀省府
洛阳实验区	洛阳	1933	中国社会教育社等
北平师大乡村教育实验区	杭县	1933	北平师大
金家巷农村会二社	上海金家巷村	1933	大夏大学
浙江第一农村合作实验区	杭县	1933	浙建厅
江津实验区	江津	1933	江津平教会
沈家村横板桥顾家桥	杭县留下	1934	浙江地方自治专修学校
凌家桥民众教育实验区	杭县	1934	浙江省立民教馆

资料来源：善峰：《梁漱溟社会改造构想研究》，济南：山东大学出版社，1996年，第246—248页。

三、访谈提纲

一、个人简况

1. 姓名：______________________
2. 性别：______________________
3. 年龄：______________________
4. 文化程度：__________________
5. 驻村时间：_________年______月
6. 工作单位：__________________
7. 职务：______________________
8. 联系方式：__________________

（注：针对村干部，则5—7三项调整为填写担任村干部时间、现任职务等）

二、访谈提纲

——针对驻村干部

1. 请简短介绍一下您的个人生活和工作经历，谈谈您驻村以来最深刻的一些感受和体会。

2. 请简要介绍一下您所驻村的基本情况。

3. 结合“产业兴旺、生态宜居、乡风文明、治理有效、生活富裕”的乡村振兴战略总要求，谈谈您所驻村当前存在的主要问题有哪些。

4. 为了解决这些问题，您认为当前最需要从哪些方面着手？

5. 您认为，在乡村振兴过程中，政府应该扮演什么样的角色？政府的作用应当如何发挥？

6. 您认为，在乡村振兴过程中，农民需要扮演什么样的角色？农民能否胜任这些角色？如果不能，应该怎么办？

7. 您认为，在乡村振兴过程中，企业、社会组织等应该扮演什么样的角色？应当如何发挥这些组织的作用？

8. 您所在村庄是否存在赌博、斗殴、不孝敬老人等不良现象？就您的了解谈谈当前乡村的社会风气存在哪些突出的问题。

9. 您所在村庄是否存在村民公共参与不足的问题？就您的了解谈谈如何实现乡村社会的有效治理。

10. 您还有哪些问题想和我们分享，请您畅所欲言。

——针对村干部

1. 请简短介绍一下您个人的生活和工作经历，从事过哪些职业？哪年开始在村里当干部？分别担任过哪些职务？

2. 请简要介绍一下贵村的现状，如地理位置、人口、经济条件等。

3. 谈谈您对乡村振兴的理解。结合“产业兴旺、生态宜居、乡风文明、治理有效、生活富裕”的总体要求，谈谈贵村当前存在的主要问题有哪些。

4. 为了解决这些问题，您认为当前最需要从哪些方面着手？村党支部和村委会是否已经开始了相关工作？面临的主要困难有哪些？

5. 村党支部和村委会是否尝试过创办集体企业？是否尝试过引进企业和项目？效果如何？

6. 您所在村庄是否存在赌博、斗殴、不孝敬老人等不良现象？就您的了解谈谈当前乡村的社会风气存在哪些突出的问题。

7. 您所在村庄是否存在村民公共参与不足的问题？就您的了解谈谈如何实现乡村社会的有效治理。

8. 您还有哪些问题想和我们分享，请您畅所欲言。

——针对村民

1. 请您简单介绍一下个人工作、生活的基本情况。

2. 就您的了解，谈谈村里面的基本情况。

3. 您觉得村里面近些年的变化大不大？主要变化有哪些？您怎么评价这些变化？

4. 就您的了解，您觉得村里当前存在着哪些主要问题？

5. 村里或队里平时开会多不多？什么情况下会组织大家开会？您会主动参加村里或队里的会议吗？为什么？

6. 您认为本村的村干部怎么样？您能谈谈对主要村干部的评价吗？

7. 您是否了解国家正在全面推进的乡村振兴战略？您觉得乡村振兴会给您所在的村庄带来哪些变化？对此，您有怎样的期待？

8. 您还有哪些问题想和我们分享，请您畅所欲言。

参考文献

一、中文著作

《乡村振兴战略规划（2018—2022年）》，北京：人民出版社，2018年。

《中华人民共和国乡村振兴促进法》，北京：中国民主法制出版社，2021年。

曹锦清：《黄河边的中国：一个学者对乡村社会的观察与思考》，上海：上海文艺出版社，2013年。

曹跃明：《梁漱溟思想研究》，天津：天津人民出版社，1995年。

陈翰笙等编：《解放前的中国农村》第二辑，北京：中国展望出版社，1987年。

陈来：《现代中国哲学的追寻——新理学与新心学》，北京：人民出版社，2001年。

陈来：《中华文明的核心价值：国学流变与传统价值观》，北京：生活·读书·新知三联书店，2015年。

陈荣捷：《朱子新探索》，上海：华东师范大学出版社，2007年。

陈锡文等：《中国农村改革40年》，北京：人民出版社，2018年。

陈序经、江恒源：《乡村建设运动·农村改进的理论与实际》，北京：中国社会科学出版社，2019年。

邓伟志、徐新：《家庭社会学导论》，上海：上海大学出版社，2006年。

邓正来：《国家与社会：中国市民社会研究》，北京：北京大学出版社，2008年。

范瑞平：《当代儒家生命伦理学》，北京：北京大学出版社，2011年。

费孝通：《乡土中国》，北京：人民出版社，2008年。

费孝通：《乡土中国　乡土重建》，北京：生活·读书·新知三联书店，2021 年。

费孝通：《孔林片思：论文化自觉》，北京：生活·读书·新知三联书店，2021 年。

冯天瑜：《中华元典精神》，武汉：武汉大学出版社，2006 年。

冯友兰：《新事论：中国到自由之路》，北京：生活·读书·新知三联书店，2007 年。

费孝通、吴晗等：《皇权与绅权》，长沙：岳麓书社，2012 年。

冯友兰：《中国哲学史》，上海：华东师范大学出版社，2011 年。

干春松：《制度化儒家及其解体》，北京：中国人民大学出版社，2012 年。

顾红亮：《实用主义的儒化》，北京：社会科学文献出版社，2016 年。

顾红亮：《儒家生活世界》，上海：上海人民出版社，2016 年。

顾忠华：《韦伯学说》，桂林：广西师范大学出版社，2004 年。

郭齐勇、龚建平：《梁漱溟哲学思想》，北京：北京大学出版社，2011 年。

郭齐勇主编，问永宁副主编：《当代中国哲学研究（1949—2009）》，北京：中国社会科学出版社，2011 年。

郭忠华、郭台辉编：《当代国家理论：基础与前沿》，广州：广东人民出版社，2017 年。

哈佛燕京学社、三联书店主编：《儒家与自由主义》，北京：生活·读书·新知三联书店，2001 年。

何信全：《儒学与现代民主——当代新儒家政治哲学研究》，北京：中国社会科学出版社，2001 年。

贺雪峰：《新乡土中国》，北京：北京大学出版社，2013 年。

贺雪峰等：《南北中国：中国农村区域差异研究》，北京：社会科学文献出版社，2017 年。

贺雪峰：《大国之基：中国乡村振兴诸问题》，北京：东方出版社，2019 年。

洪汉鼎：《当代西方哲学两大思潮》，北京：商务印书馆，2010 年。

胡适：《胡适的日记》第 1 册，北京：中华书局，1985 年。

胡适：《胡适文存》，合肥：黄山书社，1996 年。

胡适：《中国哲学史大纲》，桂林：广西师范大学出版社，2013 年。

黄俊杰：《孟学思想史论（一）》，台北：东大图书公司，1991 年。

黄俊杰编：《中国经典诠释传统（一）：通论篇》，上海：华东师范大学出版社，2008 年。

黄书光主编：《中国社会教化的传统与变革》，济南：山东教育出版社，2005 年。

金观涛、刘青峰：《兴盛与危机：论中国社会超稳定结构》，香港：香港中文大学出版社，1992 年。

金观涛、刘青峰：《开放中的变迁：再论中国社会超稳定结构》，香港：香港中文大学出版社，1993 年。

景海峰、黎业明：《梁漱溟评传》，南昌：百花洲文艺出版社，1995 年。

劳思光：《新编中国哲学史》，桂林：广西师范大学出版社，2005 年。

李晨阳：《道与西方的相遇：中西比较哲学重要问题研究》，北京：中国人民大学出版社，2005 年。

李景林：《教化的哲学——儒家思想的一种新诠释》，哈尔滨：黑龙江人民出版社，2005 年。

李景林：《教化视域中的儒学》，北京：中国社会科学出版社，2013 年。

李景林：《教化儒学续说》，北京：中国社会科学出版社，2020 年。

李伟中：《20 世纪 30 年代县政建设实验研究》，北京：人民出版社，2009 年。

李泽厚：《中国现代思想史论》，北京：东方出版社，1987 年。

李渊庭、阎秉华编著：《梁漱溟先生年谱》，桂林：广西师范大学出版社，2003 年。

廖名春：《〈荀子〉新探》，北京：中国人民大学出版社，2014 年。

林宏星：《〈荀子〉精读》，上海：复旦大学出版社，2011 年。

林毓生：《中国传统的创造性转化》，北京：生活・读书・新知三联书店，1988 年。

梁济著，黄曙辉编校：《梁巨川遗书》，上海：华东师范大学出版社，2008 年。

梁培宽、梁培恕：《父亲梁漱溟》，武汉：长江文艺出版社，2014 年。

梁培恕：《中国最后一个大儒：记父亲梁漱溟》，南京：江苏文艺出版社，2012 年。

梁漱溟：《梁漱溟全集》，济南：山东人民出版社，2005 年。

刘莉莎：《梁漱溟、马一浮、熊十力教育思想与实践研究》，北京：中国社会科学出版社，2020 年。

刘梦溪：《中国文化的狂者精神》，北京：生活·读书·新知三联书店，2012年。

刘梦溪：《马一浮与国学》，北京：生活·读书·新知三联书店，2018年。

刘守英等：《中国乡村振兴之路：理论、制度与政策》，北京：科学出版社，2021年。

刘述先：《儒家思想的转型与展望》，石家庄：河北人民出版社，2010年。

柳友荣：《梁漱溟心理学思想研究》，合肥：安徽人民出版社，2004年。

卢福营：《能人政治：私营企业主治村现象研究》，北京：中国社会科学出版社，2010年。

陆学艺著，北京市陆学艺社会学发展基金会编：《陆学艺文萃》，北京：生活·读书·新知三联书店，2019年。

鲁西奇：《中国古代乡里制度研究》，北京：北京大学出版社，2021年。

罗义俊编著：《评新儒家》，上海：上海人民出版社，1991年。

马东玉：《梁漱溟传》，北京：东方出版社，1993年。

马勇：《梁漱溟教育思想研究》，沈阳：辽宁教育出版社，1994年。

马勇：《思想奇人梁漱溟》，北京：北京大学出版社，2008年。

马勇：《中国圣雄：梁漱溟传》，石家庄：河北人民出版社2010年版。

苗春德主编：《中国近代乡村教育史》，北京：人民教育出版社，2004年。

潘家恩：《回嵌乡土——现代化进程中的中国乡村建设》，北京：中国人民大学出版社，2020年。

钱穆：《论语新解》，北京：生活·读书·新知三联书店，2002年。

钱穆：《中国历代政治得失》，北京：九州出版社，2012年。

秦晖：《传统十论——本土社会的制度、文化及其变革》，上海：复旦大学出版社，2003年。

曲延庆：《邹平通史》，北京：中华书局，1999年。

任剑涛：《伦理政治研究——从早期儒学视角的理论透视》，广州：中山大学出版社，1999年。

山东省政协文史资料委员会，邹平县政协文史资料委员会编：《梁漱溟与山东乡村建设》，济南：山东人民出版社，1991年。

山东乡村建设研究院等编：《山东乡村建设研究院概览·山东乡村建设研究院及邹平实验区概况》，北京：中国社会科学出版社，2019年。

山东乡村建设研究院等编：《社会调查及邹平社会》，北京：中国社会科学出版社，2022 年。

善峰：《梁漱溟社会改造构想研究》，济南：山东大学出版社，1996 年。

山西省地方志办公室编：《民国山西村政建设》，太原：山西人民出版社，2014 年。

孙伟：《重塑儒家之道——荀子思想再考察》，北京：人民出版社，2010 年。

孙向晨：《论家：个体与亲亲》，上海：华东师范大学出版社，2019 年。

孙正聿等：《马克思主义基础理论研究》，北京：北京师范大学出版社，2019 年。

谭安奎：《公共理性与民主理想》，北京：生活·读书·新知三联书店，2016 年。

唐建光主编：《解封民国》，北京：金城出版社，2011 年。

陶行知：《中国教育改造》，北京：商务印书馆，2014 年。

汪东林：《我对于生活如此认真：梁漱溟问答录》，北京：当代中国出版社，2013 年。

王汎森：《思想是生活的一种方式：中国近代思想史的再思考》，北京：北京大学出版社，2018 年。

王国维：《观堂集林（外二种）》，石家庄：河北教育出版社，2001 年。

王雷：《中国近代社会教育史》，北京：人民教育出版社，2002 年。

王庆节：《道德感动与儒家示范伦理学》，北京：北京大学出版社，2016 年。

王先明：《走近乡村——20 世纪以来中国乡村发展论争的历史追索》，太原：山西人民出版社，2012 年。

王晓波等编：《现代中国思想家》第八辑，台北：巨人出版社，1978 年。

王亚南：《中国官僚政治研究》，北京：中国社会科学出版社，1981 年。

王宗昱：《梁漱溟》，台北：东大图书公司，1992 年。

韦政通：《时代人物各风流》，北京：中华书局，2011 年。

吴重庆：《无主体熟人社会及社会重建》，北京：社会科学文献出版社，2014 年。

吴飞：《人伦的“解体”：形质论传统中的家国焦虑》，北京：生活·读书·新知三联书店，2017 年。

吴洪成：《教育家梁漱溟研究》，济南：山东人民出版社，2016 年。

吴洪成、姜柏强：《新儒家梁漱溟的教育事业》，太原：山西人民出版社，2018年。

吴理财：《从“管治”到“服务”：乡镇政府职能转变研究》，北京：中国社会科学出版社，2009年。

吴新颖、杨定明：《儒家教化论》，杭州：浙江大学出版社，2018年。

吴星云：《乡村建设思潮与民国社会改造》，天津：南开大学出版社，2013年。

肖滨主编：《政治学导论》，广州：中山大学出版社，2009年。

萧公权：《中国政治思想史》，沈阳：辽宁教育出版社，1998年。

笑思：《家哲学：西方人的盲点》，北京：商务印书馆，2010年。

许纪霖、宋宏编：《史华慈论中国》，北京：新星出版社，2006年。

许良英、王来棣：《民主的历史》，北京：法律出版社，2015年。

徐英瑾：《演化、设计、心灵和道德——新达尔文主义哲学基础探微》，上海：复旦大学出版社，2013年。

徐勇：《中国农村村民自治》，武汉：华中师范大学出版社，1997年。

徐勇：《国家化、农民性与乡村整合》，南京：江苏人民出版社，2019年。

晏阳初著，宋恩荣主编：《晏阳初全集》，天津：天津教育出版社，2013年。

晏阳初著，宋恩荣编：《平民教育与乡村建设运动》，北京：商务印书馆，2014年。

杨伯峻：《论语译注》，北京：中华书局，2009年。

杨伯峻：《孟子译注》，北京：中华书局，2010年。

杨开道：《中国乡约制度》，北京：商务印书馆，2015年。

杨立华：《中国哲学十五讲》，北京：北京大学出版社，2019年。

余纪元：《亚里士多德伦理学》，北京：中国人民大学出版社，2011年。

余英时：《士与中国文化》，上海：上海人民出版社，1987年。

余英时：《朱熹的历史世界：宋代士大夫政治文化的研究》，北京：生活·读书·新知三联书店，2004年。

余英时：《钱穆与现代中国学术》，桂林：广西师范大学出版社，2006年。

余英时：《宋明理学与政治文化》，长春：吉林出版集团有限责任公司，2008年。

岳庆平：《家国结构与中国人》，香港：中华书局，1989年。

岳庆平：《中国的家与国》，长春：吉林文史出版社，1990 年。

臧乃康：《党的群众路线与国家有效治理》，北京：中国社会科学出版社，2019 年。

詹世友：《道德教化与经济技术时代》，南昌：江西人民出版社，2002 年。

张城：《社会与国家：梁漱溟的政治哲学》，北京：人民出版社，2017 年。

张德美：《皇权下县：秦汉以来基层管理制度研究》，北京：清华大学出版社，2017 年。

张德胜：《儒家伦理与社会秩序：社会学的诠释》，上海：上海人民出版社，2008 年。

张灏：《幽暗意识与民主传统》，北京：新星出版社，2006 年。

张惠芬主编：《中国古代教化史》，太原：山西教育出版社，2009 年。

张静主编：《国家与社会》，杭州：浙江大学出版社，1998 年。

张崑将：《日本德川时代古学派之王道政治论：以伊藤仁斋、荻生徂徕为中心》，上海：华东师范大学出版社，2008 年。

张朋园：《中国民主政治的困境：1909—1949 晚清以来历届议会选举述论》，长春：吉林出版集团有限责任公司，2008 年。

张祥龙：《家与孝：从中西间视野看》，北京：生活·读书·新知三联书店，2017 年。

章太炎：《国故论衡》，上海：上海古籍出版社，2003 年。

张仲礼：《中国绅士研究》，上海：上海人民出版社，2008 年。

郑大华：《梁漱溟与现代新儒学》，台北：文津出版社，1993 年。

郑大华：《梁漱溟与胡适——文化保守主义与西化思潮的比较》，北京：中华书局，1994 年。

郑大华：《梁漱溟学术思想评传》，北京：北京图书馆出版社，1999 年。

郑大华：《民国乡村建设运动》，北京：社会科学文献出版社，2000 年。

朱承：《治心与治世：王阳明哲学的政治向度》，上海：上海人民出版社，2008 年。

朱承：《信念与教化：阳明后学的政治哲学》，上海：上海人民出版社，2018 年。

祝彦：《“救活农村”：民国乡村建设运动回眸》，福州：福建人民出版社，2009 年。

二、外文译著

〔澳〕约翰·基恩：《生死民主》，安雯译，北京：中央编译出版社，2016 年。

〔德〕斐迪南·滕尼斯：《共同体与社会：纯粹社会学的基本概念》，林荣远译，北京：商务印书馆，1999 年。

〔德〕加达默尔：《真理与方法》上卷，洪汉鼎译，上海：上海译文出版社，1999 年。

〔德〕卡尔·雅斯贝斯：《历史的起源与目标》，魏楚雄、俞新天译，北京：华夏出版社，1989 年。

〔德〕马克斯·韦伯：《中国的宗教：儒教与道教》，康乐、简惠美译，桂林：广西师范大学出版社，2010 年。

〔德〕施路赫特：《理性化与官僚化：对韦伯之研究与诠释》，顾忠华译，桂林：广西师范大学出版社，2004 年。

〔古希腊〕亚里士多德：《尼各马可伦理学》，廖申白译注，北京：商务印书馆，2003 年。

〔古希腊〕亚里士多德：《政治学》，吴寿彭译，北京：商务印书馆，1965 年。

〔加〕贝淡宁：《贤能政治：为什么尚贤制比选举民主制更适合中国》，吴万伟译，北京：中信出版社，2016 年。

〔美〕艾恺：《最后的儒家：梁漱溟与中国现代化的两难》，王宗昱、冀建中译，北京：外语教学与研究出版社，2013 年。

〔美〕艾恺采访，梁漱溟口述，一耽学堂整理：《这个世界会好吗?：梁漱溟晚年口述》，天津：天津教育出版社，2011 年。

〔美〕戴维·赫尔德：《民主的模式》，燕继荣等译，北京：中央编译出版社，2008 年。

〔美〕杜维明：《青年王阳明（1472—1509）：行动中的儒家思想》，朱志方译，北京：生活·读书·新知三联书店，2013 年。

〔美〕杜赞奇：《文化、权力与国家：1900—1942 年的华北农村》，王福明译，南京：江苏人民出版社，2003 年。

〔美〕费正清、赖肖尔主编：《中国：传统与变革》，陈仲丹等译，南京：江苏人民出版社，2012 年。

〔美〕赫伯特·芬格莱特：《孔子：即凡而圣》，彭国翔、张华译，南京：江苏人民出版社，2010 年。

〔美〕黄仁宇：《万历十五年》，北京：生活·读书·新知三联书店，2015 年。

〔美〕黄宗智：《国家与社会的二元合一：中国历史回顾与前瞻》，桂林：广西师范大学出版社，2022 年。

〔美〕黄宗智：《长江三角洲小农家庭与乡村发展》，北京：中华书局，2000 年。

〔美〕黄宗智：《华北的小农经济与社会变迁》，北京：中华书局，2000 年。

〔美〕吉尔伯特·罗兹曼主编：《中国的现代化》，国家社会科学基金“比较现代化”课题组译，南京：江苏人民出版社，2003 年。

〔美〕加布里埃尔·A. 阿尔蒙德、西德尼·维巴：《公民文化——五个国家的政治态度和民主制》，徐湘林等译，北京：东方出版社，2008 年。

〔美〕理查·罗蒂：《哲学和自然之镜》，李幼蒸译，北京：生活·读书·新知三联书店，1987 年。

〔美〕刘子健：《中国转向内在：两宋之际的文化转向》，赵冬梅译，南京：江苏人民出版社，2012 年。

〔美〕罗斯·埃什尔曼、理查德·布拉克罗夫特：《心理学：关于家庭》，徐晶星等译，上海：上海人民出版社，2012 年。

〔美〕浦嘉珉：《中国与达尔文》，钟永强译，南京：江苏人民出版社，2009 年。

〔美〕塞缪尔·亨廷顿：《第三波：20 世纪后期的民主化浪潮》，欧阳景根译，北京：中国人民大学出版社，2013 年。

〔美〕田浩：《功利主义儒家：陈亮对朱熹的挑战》，姜长苏译，南京：江苏人民出版社，2012 年。

〔美〕易劳逸：《家族、土地与祖先：近世中国四百年社会经济的常与变》，苑杰译，重庆：重庆出版社，2019 年。

〔美〕余纪元：《德性之镜：孔子与亚里士多德的伦理学》，林航译，北京：中国人民大学出版社，2009 年。

〔美〕约瑟夫·熊彼特：《资本主义、社会主义与民主》，吴良健译，北京：商务印书馆，1999 年。

〔日〕城山智子：《大萧条时期的中国：市场、国家与世界经济（1929—1937）》，孟凡礼、尚国敏译，南京：江苏人民出版社，2010年。

〔日〕沟口雄三：《中国的公与私·公私》，郑静译，北京：生活·读书·新知三联书店，2011年。

〔日〕子安宣邦：《孔子的学问：日本人如何读〈论语〉》，吴燕译，北京：生活·读书·新知三联书店，2017年。

〔英〕罗素：《中国问题》，秦悦译，上海：学林出版社，1996年。

〔英〕塞缪尔·芬纳：《统治史》第1卷，王震、马百亮译，上海：华东师范大学出版社，2014年。

费孝通：《中国士绅》，赵旭东、秦志杰译，北京：生活·读书·新知三联书店，2009年。

萧公权：《中国乡村：19世纪的帝国控制》，张皓、张升译，北京：九州出版社，2018年。

杨懋春：《一个中国村庄：山东台头》，张雄等译，南京：江苏人民出版社，2001年。

赵鼎新：《东周战争与儒法国家的诞生》，夏江旗译，上海：华东师范大学出版社，2006年。

三、期刊论文

柴文华、王杨秀：《梁漱溟研究60年（一）——批判类和传记类述评》，《学术交流》2019年第9期。

陈嘉明：《哲学与教化》，《光明日报》2010年1月19日。

陈越光：《是谁主持编辑了〈梁漱溟全集〉?》，《文史哲》2018年第1期。

丁守和：《实业救国、教育救国、科学救国思潮的再认识》，《文史哲》1993年第5期。

丁为祥：《从“得君行道”到“觉民行道”——阳明“良知学”对道德理性的落实与推进》，《学术月刊》2017年第5期。

董运生、张立瑶：《内生性与外生性：乡村社会秩序的疏离与重构》，《学海》2018年第4期。

段澜涛：《梁漱溟研究60年（二）——思想综合类和专题类述评》，《学术交流》2019年第9期。

干春松：《梁漱溟的“理性”概念与其政治社会理论》，《文史哲》2018 年第 1 期。

高瑞泉：《秩序的重建：现代新儒学的历史方位》，《武汉大学学报》（人文科学版）2014 年第 5 期。

高瑞泉：《儒家秩序观念的现代重勘：以梁漱溟为中心的讨论》，《江海学刊》2019 年第 3 期。

顾红亮：《梁漱溟的教育观念及其意义》，《南京社会科学》2010 年第 1 期。

顾红亮：《梁漱溟与杜威的生命哲学》，《学海》2010 年第 5 期。

顾红亮：《论梁漱溟对罗素哲学的儒化》，《学术月刊》2015 年第 4 期。

郭小聪、琚挺挺：《论儒家传统文化的“治道”思想及其现代意义》，《中山大学学报》（社会科学版）2014 年第 5 期。

韩俊：《关于实施乡村振兴战略的八个关键性问题》，《中国党政干部论坛》2018 年第 4 期。

贺雪峰：《熟人社会的行动逻辑》，《华中师范大学学报》（人文社会科学版）2004 年第 1 期。

何建华、于建嵘：《近二十年来民国乡村建设运动研究综述》，《当代世界社会主义问题》2005 年第 3 期。

黄克剑、周勤：《佛光烛照下的一代儒宗——梁漱溟文化思想探要》，《哲学研究》1990 年第 3 期。

黄启祥：《论五四时期的“孝道悖论”》，《文史哲》2019 年第 3 期。

黄升任：《对“教育救国论”的再认识》，《探索与争鸣》1999 年第 7 期。

黄玉顺：《梁漱溟先生的全盘西化论——重读〈东西文化及其哲学〉》，《社会科学研究》2018 年第 5 期。

黄祖辉：《准确把握中国乡村振兴战略》，《中国农村经济》2018 年第 4 期。

蒋国宏：《“教育救国”与民国时期资产阶级教育家的学运观》，《甘肃社会科学》2007 年第 6 期。

金岳霖：《中国哲学》，《哲学研究》1985 年第 9 期。

景海峰：《五伦观念的再认识》，《哲学研究》2008 年第 5 期。

景海峰：《教化：理解中国哲学的新视角》，《中国社会科学报》2011年8月9日。

景海峰：《从诠释学看儒家哲学的教化观念》，《深圳大学学报》（人文社会科学版）2011年第6期。

景跃进：《将政党带进来——国家与社会关系范畴的反思与重构》，《探索与争鸣》2019年第8期。

琚挺挺、原超：《儒家与女性主义关怀伦理的社会政策观比较》，《公共行政评论》2017年第1期。

孔德永：《“儒学下乡”与乡村治理》，《东岳论丛》2016年第5期。

李承贵：《当代儒学的四大使命》，《杭州师范大学学报》（社会科学版）2012年第6期。

李抗：《生命心理学：梁漱溟的心理学范式取向》，《心理学探新》2017年第4期。

李抗、汪凤炎：《人心是何？现代新儒家的心理观》，《心理科学》2018年第5期。

李平生、张秋菊：《论中国早期无政府主义家庭观》，《东岳论丛》2008年第6期。

李善峰：《梁漱溟的现代化思想初探》，《东岳论丛》1996年第4期。

李善峰：《一个现代国家建设的系统方案——纪念梁漱溟〈乡村建设理论〉出版80周年》，《济南大学学报》（社会科学版）2017年第6期。

李善峰：《乡村团体组织重建的“本土化”尝试——以梁漱溟的邹平乡村建设实验区为例》，《山东社会科学》2018年第11期。

李维武：《从批判旧家庭到走出小家庭——中国早期马克思主义者的家庭观》，《学术月刊》2017年第6期。

李先伦：《韩复榘支持梁漱溟乡村建设原因探析》，《华南农业大学学报》（社会科学版）2004年第3期。

梁涛：《荀子人性论辨正——论荀子的性恶、心善说》，《哲学研究》2015年第5期。

刘金海：《知识实践视角下的“乡村建设”研究——基于定县教育、邹平实验和乌江试验的比较分析》，《人文杂志》2021年第4期。

刘京希：《尚贤制抑或民主制？——“贤能政治”论争述评》，《文史哲》2018年第3期。

刘守英、王宝锦：《中国小农的特征与演变》，《社会科学战线》2020年第1期。

陆益龙：《百年中国农村发展的社会学回眸》，《中国社会科学》2021年第7期。

罗婧：《他山之石，却难攻玉？——再探“第三方”改造困境的源头》，《社会学研究》2019年第5期。

罗志田：《异化的保守者：梁漱溟与“东方文化派”》，《社会科学战线》2016年第3期。

罗志田：《守旧的趋新者：梁漱溟与民初新旧东西的缠结》，《学术月刊》2016年第12期。

罗志田：《借世界说中国：梁漱溟言学问的窘境》，《社会科学研究》2017年第1期。

罗志田：《讲堂论学：梁漱溟特有的论学模式》，《文史哲》2017年第5期。

罗志田：《文化的眼光：梁漱溟认识取向的特色》，《复旦学报》（社会科学版）2017年第6期。

罗志田：《凭直觉成大学问：梁漱溟的治学取向和方法》，《读书》2018年第5期。

潘家恩、温铁军：《三个“百年”：中国乡村建设的脉络与展开》，《开放时代》2016年第4期。

潘家恩等：《“铁钩”与“豆腐”的辩证——对梁漱溟20世纪50年代思想张力的一个考察视角》，《开放时代》2018年第2期。

沈毅：《“家”“国”关联的历史社会学分析——兼论“差序格局”的宏观建构》，《社会学研究》2008年第6期。

宋恩荣：《梁漱溟的乡村教育实验》，《教育研究与实验》1988年第2期。

宋恩荣、毕诚：《论梁漱溟的教育社会学思想》，《湖北大学学报》（哲学社会科学版）1989年第6期。

宋恩荣：《梁漱溟在中国教育现代化进程中的思考》，《华东师范大学学报》（教育科学版）1998年第4期。

孙冶方：《为什么要批评乡村改良主义工作》，《中国农村》1936年第2卷第5期。

谈火生：《中西政治思想中的家国观比较——以亚里士多德和先秦儒家为中心的考察》，《政治学研究》2017 年第 6 期。

王先明：《从农村复兴到乡村振兴的百年跨越》，《开放时代》2018 年第 3 期。

魏文一：《“刚”的人生态度与新知识分子——梁漱溟早期论中国文化的路向》，《社会学研究》2016 年第 4 期。

魏文一：《梁漱溟乡村建设理论中的村学与乡学》，《学海》2017 年第 5 期。

《文史哲》编辑部等：《2018 年度中国人文学术十大热点》，《文史哲》2019 年第 3 期。

温铁军：《我们还需要乡村建设》，《开放时代》2005 年第 12 期。

闻翔：《梁漱溟与现代中国社会学——以“中国问题”与“人生问题”为线索》，《江海学刊》2019 年第 2 期。

吴春苗：《近代中国教育救国思潮的历史演变》，《高教探索》2019 年第 4 期。

吴飞：《梁漱溟的“新礼俗”——读梁漱溟的〈乡村建设理论〉》，《社会学研究》2005 年第 5 期。

吴玉伦：《教育救国思潮的形成与发展》，《湖南科技大学学报》（社会科学版）2005 年第 5 期。

胥仕元：《教育：梁漱溟乡村建设之途径》，《当代世界社会主义问题》2005 年第 3 期。

徐勇：《农民理性的扩张：“中国奇迹”的创造主体分析——对既有理论的挑战及新的分析进路的提出》，《中国社会科学》2010 年第 1 期。

徐勇、赵德健：《找回自治：对村民自治有效实现形式的探索》，《华东师范大学学报》（人文社会科学版）2014 年第 4 期。

颜昌武：《行政国家：一个基本概念的生成及其蕴涵》，《公共行政评论》2018 年第 3 期。

俞可平、徐秀丽：《中国农村治理的历史与现状——以定县、邹平和江宁为例的比较分析》，《经济社会体制比较》2004 年第 2 期。

俞可平、徐秀丽：《中国农村治理的历史与现状（续）——以定县、邹平和江宁为例的比较分析》，《经济社会体制比较》2004 年第 3 期。

郁建兴、任杰：《中国基层社会治理中的自治、法治与德治》，《学术月刊》2018 年 12 期。

张丰乾：《“家”“国”之间——“民之父母”说的社会基础与思想渊源》，《中山大学学报》（社会科学版）2008 年第 3 期。

张凤阳：《道德边界的消蚀——文化保守主义视野中的个人主义》，《南京大学学报》（哲学·人文科学·社会科学）2000 年第 1 期。

张凤阳：《西方伦理的传统范式与现代转型》，《南京社会科学》2003 年第 12 期。

张劲松：《乡愁生根：发展不平衡不充分背景下中西部乡村振兴的实现》，《江苏社会科学》2018 年第 2 期。

张浩：《从“各美其美”到“美美与共”——费孝通看梁漱溟乡村建设主张》，《社会学研究》2019 年第 5 期。

张兰英等：《激进与改良——民国乡村建设理论实践的现实启示》，《开放时代》2014 年第 3 期。

张三萍、马慧玲：《梁漱溟是全盘西化论者吗？——与黄玉顺教授商榷》，《理论月刊》2022 年第 7 期。

赵妍杰：《为国破家：近代中国家庭革命论反思》，《近代史研究》2018 年第 3 期。

周逸先、宋恩荣：《试论梁漱溟乡村教育理论的形成与发展》，《教育探索》2002 年第 1 期。

周炽成：《性朴论与儒家教化政治：以荀子与董仲舒为例》，《广西大学学报》（哲学社会科学版）2015 年第 1 期。

朱成甲：《北京大学与五四运动——兼论北大与教育救国、文化救国思潮的内在联系》，《北京大学学报》（哲学社会科学版）2000 年第 3 期。

四、外文论著

Amy Gutmann and Denins Thompson, *Why Deliberative Democracy*, Princeton: Princeton University Press, 2004.

Angus C. Graham, *Disputers of the Tao: Philosophical Argument in Ancient China*, La Salle IL: Open Court, 1989.

Benjamin Schwartz, *The World of Thought in Ancient China*, Cambridge, Mass.: Harvard University Press, 1985.

Benjamin Schwartz, *In Search of Wealth and Power: Yen Fu and the West*, Cambridge, Mass.: Harvard University Press, 1964.

Donald J. Munro, *The Concept of Man in Early China*, Stanford, CA: Stanford University Press, 1969.

Donald Munro, *A Chinese Ethics for the New Century: The Ch'ien Mu Lectures in History and Culture, and Other Essays on Science and Confucian Ethics*, Hong Kong: The Chinese University Press, 2005.

Edward Slingerland, *Effortless Action: Wu-Wei as Conceptual Metaphor and Spiritual Ideal in Early China*, Oxford: Oxford University Press, 2003.

Edward Slingerland, *Trying not to Try: The Art and Science of Spontaneity*, New York: Crown, 2014.

Gary Lawson, "The Rise and Rise of the Administrative State", *Harvard Law Review*, 1994 (6): 1231-1254.

Guy S. Alitto, *The Last Confucian: Liang Shu-ming and the Chinese Dilemma of Modernity*, Berkeley: University of California Press, 1986.

Hao Chang, *Chinese Intellectuals in Crisis: Search for Order and Meaning (1890—1911)*, Berkeley, CA: University of California Press, 1987.

Henry Rosemont, Jr. and Roger T. Ames, *The Chinese Classic of Family Reverence: A Philosophical Translation of the Xiaojing*, Honolulu: University of Hawai'i Press, 2009.

Jiyuan Yu, "Aristotle's Political Animal and Confucius's Relational Self", *History of Philosophy Quarterly*, 2005 (4): 281-300.

John Dunn, *Setting the People Free: The Story of Democracy*, London: Atlantic Books, 2005.

Jon Elster (ed.), *Deliberative Democracy*, Cambridge: Cambridge University Press, 1998.

Jonathan Barnes, *The Presocratic Philosophers*, London and New York: Routledge, 1982.

Judith R. Harris, *The Nurture Assumption: Why Children Turn Out the Why They Do*, New York: Free Press, 1998.

Paul M. Churchland, *Matter and Consciousness: A Contemporary Introduction to the Philosophy of Mind*, Cambridge, Mass.: The MIT Press, 1988.

Peter K. Bol, *Neo-Confucianism in History*, Cambridge, Mass.: Harvard University Press, 2008.

Peter M. Blau and Marshall W. Meyer, *Bureaucracy in Modern Society*, New York: Random House, 1987.

Ralph P. Hummel, *The Bureaucratic Experience: The Post-Modern Challenge*, Armonk, NY: M. E. Sharpe, 2008.

R. H. Tawney, *Land and Labor in China*, Boston: Beacon Press, 1932.

Ronna Burger, *Aristotle's Dialogue with Socrates: On the Nicomachean Ethics*, Chicago and London: The University of Chicago Press, 2008.

Ruiping Fan, *Reconstructionist Confucianism: Rethinking Morality after the West*, New York: Springer, 2010.

Vern L. Bengtson et al., *Sourcebook of Family Theory and Research*, Thousand Oaks, CA: Sage Publications, 2005.

Virginia Held, *The Ethics of Care: Personal, Political, and Global*, Oxford: Oxford University Press, 2006.

后　记

新时代乡村振兴战略在2018年的全面开局，使学界的眼光再次转回民国时期的乡村建设运动，而梁漱溟邹平实验作为民国乡村建设运动的代表，更是学界瞩目的焦点，本书就是紧随这一态势贡献的一点思考。而本书能够入选国家社科基金后期资助项目（编号：20FKSB034），既令我们备受鼓舞，也时刻敦促我们开展更深入的研究，以进一步完善作品。

书成之际，我们首先要感谢的是南通大学管理学院臧乃康教授。臧教授不仅是我们工作中的同事，也是我们学习、生活中可敬可爱的师长，更是我们为人为学的榜样。臧教授最早提醒我们关注国家社科后期资助项目的申报，并在申报过程中给予我们很多鼓励，而在获批立项之后，臧教授也时时关注着我们的研究进展，为我们最终完成本书提供了不少帮助。借“后记”这一方小小的天地，我们谨向臧乃康教授致以衷心的感谢！

我们还要向本书在申报和结项阶段的八位匿名评审专家表示深深的谢意。这不仅是因为专家们对拙著的青眼，更因为专家们在不同阶段为我们完善本书提供了宝贵的建设性意见。尽管我们的水平有限，未能充分吸收各位专家的智慧，导致本书仍存有不少遗憾，但如果没有各位专家的帮助，本书显然还会存在更多的问题。遗憾的是，由于全程匿名评审，我们无法列出各位专家的姓名，但我们仍要在这里真诚地对各位专家的指导表示感谢。

再者，我们也要向山东大学出版社接纳拙作和肖淑辉编辑耐心、专业的服务表示感谢。这是我们人生中的第一部学术著作，能够在享誉士林的山东大学出版社出版面世，既是对我们的鼓励，也是我们莫大的荣幸。

最后，我们要向各自的家人表达谢意。毫无疑问，这份感谢中还包含着浓浓的歉意。当我们为完成本研究埋头书桌、徘徊在田间地头的时候，我们同样清楚自己究竟错过了多少本该分担家务、陪伴家人的时光。

琚挺挺　黄丽娟

2024 年 3 月 28 日于南通大学啬园校区